Ganterbaum
Das mutige Leben des »Loffer Sepp«

W0065684

Josef Roith

Ganterbaum
Das mutige Leben des
»Loffer Sepp«

Herausgegeben von
Josef Bader

2001
Buchendorfer Verlag

deutsche buecherei0292 deutsche bibliothek
Ganterbaum : das mutige Leben des »Loffer Sepp« / hrsg. von
Josef Bader. – München Buchendorfer Verl., 2001
    ISBN 3-934036-56-2

Umschlaggestaltung: Caroline Saupe, München
Satz und Repro: Design-Typo-Print GmbH, Ismaning
Druck und Bindung: Kösel, Kempten
Printed in Germany

ISBN 3-934036-56-2

INHALT

VORWORT

Ganterbaum, so lautet der Titel dieser Autobiographie eines Menschen, der in seinem Leben viel er- und überleben musste.

Die Lebensspanne des Werdenfelsers Josef Roith, des »Loffer Sepp« mit Hausnamen, deckt sich über Jahrzehnte hinweg mit einer tragischen Epoche der deutschen Geschichte. Sein Lebenskampf in einer für uns heute nur noch schwer vorstellbaren Härte ist Inhalt dieses Buches.

Der Ganterbaum ist der Baum, auf dem die anderen geschlagenen Bäume aufgelegt werden, um sie der Nässe und der Fäulnis des Boden zu entziehen. Er spielt in Roiths jungen Jahren als Holzknecht eine große Rolle in seinem Arbeitsleben und ist als Sinnbild für seinen lebenslangen Grundantrieb zu verstehen, die Existenz zu sichern und sich über den Boden der Armut, der Not und auch der Verfolgung zu erheben.

Der Loffer Sepp war stets auf der Suche nach Ganterbäumen für sein Leben. Er hat sie gefunden.

In seinen Aufzeichnungen schreibt er: »Ich möchte ausdrücklich betonen, daß alles, was ich hier niederschreibe, der Wahrheit entspricht und keine Fantasien sind. Wenn das einer nicht glaubt oder versteht, dann ist mir das Wurscht.«

Dem ist eigentlich nichts mehr hinzuzufügen.

Josef Bader

EINLEITUNG

Am 6.1.1897, sagte mir immer meine Mutter, bin ich geboren worden. Nach amtlicher Erfassung ist meine Geburt am 7.1.1897 in Etzmannsried, Gemeinde Boden, Bezirksamt Neuenburg vor´m Wald, erfolgt. Wie es zu der Differenz von einem Tag kam, weiß ich auch nicht.

Jedenfalls wird meine Mutter gewußt haben, wann sie mich zur Welt gebracht hat. Mein Vater wird mich halt am 7.1.1897 angemeldet haben, und nach der Uhrzeit wird vielleicht gar nicht gefragt worden sein. Es ist bald 75 Jahre her, und beide Eltern leben schon lange nicht mehr, als daß sie Auskunft über dieses unwichtige Ereignis geben könnten. Ich hatte die ganzen Jahre bisher auch Wichtigeres zu tun, als über meine Vergangenheit zu schreiben, und jetzt tue ich es auch nur, um mir die Zeit zu vertreiben.

Josef Roith, genannt »Loffer Sepp«, kurz nach dem 1. Weltkrieg

Seit einem Jahr bin ich ein alter Austragler. Meine liebe Alte will genauso wenig vom Spazierengehen wissen wie ich, denn die Beine wollen nicht mehr. So hocke ich in der warmen Stube und vertreibe mir die Zeit mit Schreiben. Ganz umsonst wird es wohl nicht sein, was ich hier niederschreibe.

Es ist für mich, und vielleicht können sich auch andere etwas herausklauben. Jedenfalls muß ich es, da ich nun angefangen habe, auch zu Ende bringen, denn ich weiß nicht, wie lange mir der Herrgott noch Zeit dazu läßt. Im übrigen ist es gar nicht so einfach für mich, alles im Kopf zu finden, was früher war, und ich hatte manche schlaflose Stunde bei Nacht, um nachzudenken. Doch werde ich mich bemühen, alles der Reihenfolge nach aus dem Gedächtnis zu holen und der Wahrheit entsprechend niederzuschreiben. Nun kann es losgehen; doch man muß bedenken, daß jetzt Herbst 1971 ist, wo ich damit anfange, mein Leben zu beschreiben.

KINDERZEIT
1897 bis 1903

Mein Vater Karl Roith ist 1869 in Etzmannsried, es ist dies ein kleines Einödanwesen bei Neukirchen–Balbini, geboren und mußte schon früh auf Arbeitsuche von zu Hause wegwandern. Es mußten dies damals viele junge Oberpfälzer tun, weil es da wenig Arbeit gab und der Kindersegen in jeder Familie groß war. Oberpfälzer trifft man überall auf Arbeitsuche. Bei dieser Gelegenheit kam mein Vater auch ins schöne Werdenfelser Land und lernte da in Oberau an der Loisach meine 1870 geborene Mutter Maria Hibler, Mesmerbauerstochter*, kennen. Sie ging mit ihm in die Oberpfalz, weil er daheim das kleine elterliche Anwesen übernehmen wollte, und sie heirateten 1896 in Neukirchen-Balbini, wo ich dann Anfang Januar 1897 geboren wurde.

Begreiflicherweise kann ich mich nur an wenige Ereignisse erinnern, welche damals, ich meine von meinem dritten Lebensjahr bis zu unserem Wegzug im Jahr 1903 nach Oberau, vorgefallen sind. Das tiefstgreifende war wohl, wie mein Bruder Wastl, sieben Jahre, und ich, dreieinhalb Jahre, im Sommer 1900 aus Leichtsinn unser Elternhaus angezündet haben. Es ist total niedergebrannt.

Meine Eltern waren nicht zu Hause, und wenn Nachbarn, welche in der Nähe auf dem Felde arbeiteten, nicht geholfen hätten, so wäre wohl das Vieh im Stall, alle Möbel im Hause und auch meine kleine Schwester mitverbrannt. Jedenfalls kann ich mich noch an einige Einzelheiten von damals erinnern.

Wir hatten einen Hund, einen halbhohen braunen Kerl mit zottigem Fell, der zitterte ein wenig. Ob aus Altersschwäche oder aus welchem Grund, weiß ich nicht. Also, wir dachten, den friert es wohl, und machten ihm in der Streuschupfe* ein Feuer. Ich sehe es noch genau vor mir. Als die Flammen ziemlich in die Höhe schlugen, haben wir beide wohl Angst bekommen und einen Schleifstein, der in der Nähe lag, zusammen aufgehoben und ins Feuer fallen lassen, um es zu löschen. Jetzt sind natürlich die Funken in die Höhe gestoben und haben die Scheune in Brand gesteckt. Ich weiß dann nur noch, daß ich in den Betten gelegen bin, die hilfsbereite Nachbarn in den Garten gestellt hatten und ich mich vor Angst darin verkrochen habe und zusehen mußte, wie niedergehende Funken immer neue Löcher hineingebrannt haben.

Was meine Eltern dann gesagt oder getan haben, als sie nach Hause kamen und alles niedergebrannt war, weiß ich nimmer. Auch nicht, wie der Wiederaufbau des Anwesens vor sich gegangen ist und wo wir vier Kinder während des Wiederaufbaues untergebracht waren, denn es ist später selten zwischen uns Kindern und den Eltern über dieses Ereignis gesprochen worden. Nur weiß ich aus späteren Andeutungen, daß die Eltern schlecht, beziehungsweise gar nicht versichert waren und damals auf die Mildtätigkeit der anderen Dorfbewohner und der Behörden angewiesen waren, aber trotzdem arg in Schulden geraten sind. Dies war auch ein Grund dafür, daß wir im Frühjahr 1903 nach Oberau in Mutters Heimatgemeinde gezogen sind. Meiner Mutter hat es da in der Oberpfalz nicht so gefallen, obwohl die Leute nett und hilfsbereit waren.

Wie gesagt, wir hatten ein kleines Einödanwesen, so 25 Minuten vom Ort Neukirchen-Balbini entfernt. Ein Hanggrundstück, leicht gegen einen nahen Wald abfallend mit ein paar kleinen Weihern zur Karpfenzucht. Ich entsinne mich noch, wie diese Weiher einmal abgelassen und die Karpfen herausgeholt wurden, die meisten wahrscheinlich zum Verkauf. Einmal sind mein Bruder und ich zwischen den Weihern im hohen Gras mit langen Ruten auf Rebhendljagd gegangen, aber ohne Erfolg, weil die immer aufgeflogen sind, bevor wir nahe genug heran waren, um zuzuschlagen.

Ein andermal war der ganze Hang stark vereist, da ist mein Vater mit mir auf einem niederen, selbstgebauten Schlitten den Hang hinuntergerast. Beinahe konnte er einem der offenen Weiher nicht mehr ausweichen, da hatte ich die Lust, es nochmals zu versuchen, verloren.

Mitten im Hang war eine Quelle mit gutem Wasser. Ich mußte oder wollte damals eine Kuh an der Kette auf die Weide führen. Sie ging mit mir Knirps willig zu dem Becken an der Quelle. Dort meinte ich, sie müsse Wasser saufen. Die Kuh wollte aber nicht so wie ich und schubste mich ins kalte Wasserbecken. Zum Glück habe ich den Knebel der Kette nicht losgelassen, aber wie am Spieß geplärrt, bis meine Mutter kam und mich errettete aus meiner verzweifelten Lage. Man kann halt eine brave Kuh nicht zum Trinken zwingen, wenn sie keinen Durst hat, aber das wußte ich damals noch nicht.

Wir haben das gute Wasser dieser Quelle damals nicht für uns genutzt. Sie lag ein bißchen weit ab vom Haus, und im Hof hatten wir eine Pumpe. Ich weiß das deshalb noch so genau, weil ich mit der ein unliebsames und für mich sehr schmerzhaftes Erlebnis hatte.

Mein Onkel half meinem Vater beim Holzsägen mit einer sogenannten Wiegsäge*. Sie hatten einen kleinen Fichtenholzstamm von 20 Zentimeter Durchmesser auf einem Sägebock liegen. Ich stand dabei und schaute zu. Auf einmal brach so ein Block runter und fiel mir auf den linken Vorderfuß. Natürlich war ich barfuß, etwas anderes gab es damals für uns Kinder nicht. Es war ein ziemlich rauhes Trumm mit Rinde und Aststumpen. Ich habe natürlich wieder geschrieen wie am Spieß. Einer von beiden faßte mich unter den Arm, riß mich unter dem Block raus und hielt mich unter die Pumpe. Das kalte Wasser floß auf den Fuß, von welchem Haut und Fleisch in Fetzen hingen. Man sieht die Narbe heute noch.

Ein andermal haben wir, mein Bruder und ich, wieder einmal in der aufgebauten Scheune gespielt. Er drehte das Schwungrad der Häckselmaschine mit den vielen Messern dran, und ich hielt natürlich meinen rechten kleinen Finger hinein. Das erste Glied wurde zu drei Vierteln abgeschnitten. Das abgerissene Fingerteil fiel ins Innere von der Maschine. Den Stummel hat der Bader dann behandelt. Es waren etwas rauhere Methoden früher, aber man hat es überlebt, wie man sieht.

Ich muß jetzt fortfahren mit meinen Erinnerungen. Wie gesagt, meiner Mutter gefiel es sowieso nicht in der abgeschiede-

13

nen Gegend. Als das meiste vom Haus nach dem Brand wieder aufgebaut und mein Vater in ziemliche Schulden geraten war, verkaufte er den Hof an einen Verwandten, und wir zogen in die Heimat meiner Mutter nach Oberau. Wir mußten da in aller Frühe raus und zum Bahnhof Bodenwöhr gehen. Ich entsinne mich noch gut, daß mir das Gehen ziemlich beschwerlich wurde – es ist ein Weg von zwei Stunden. Mein Onkel, der auch mitging und tragen half, nahm mich in seine »Kirm«, den Tragekorb, auf den Rücken. Im Morgengrauen sind wir beim Bahnhof angekommen. Ich habe vielleicht Augen gemacht, wie der Zug mit seinen zwei Lichtern in der Ferne auftauchte, um uns auf die Reise mitzunehmen!

Als der Zug in Regensburg über die Donau fuhr, gab es für meine Kinderaugen ein weiteres Wunder zu bestaunen, nämlich die imposante Steinerne Brücke. Auch die Einfahrt ins Loisachtal blieb mir unvergeßlich. Als unser Zug kurz vor der Ankunft in Oberau an dem sogenannten »Hängenden Stein« vorbeifuhr, meinte ich, der Berg würde uns mitsamt dem Zug gleich erdrücken. Diese Kindheitserinnerungen sind noch ganz deutlich. Sogar elektrisches Licht und eine Wasserleitung gab es damals schon in Oberau. Ich war sehr erstaunt ob solchem Luxus.

Das Austragshaus meiner Großmutter, „zum Mesmer" in Oberau

Wie solche Eindrücke ein Leben lang in einem haften bleiben können! Dazu gehört auch, wie ich in der ersten Nacht bei unserer Großmutter in Oberau gleich das Bett versaut habe. Wahrscheinlich sind mir die vielen ungewohnten Genüsse von der langen Reise auf den Magen geschlagen.

Nach einiger Zeit bei unserer Großmutter – sie hatte noch den Bauernhof »zum Mesmer« in Oberau inne – kamen wir dann nach Ettal. Meine Eltern haben da beim Wegmacher eine Wohnung für uns gefunden. Dort beginnt auch ein neuer Abschnitt in meinem Leben, nämlich die Schulzeit.

SCHULZEIT
1903 bis 1910

Von der Ettaler Zeit gibt es nicht viel zu berichten, weil sie für mich weniger eindrucksvoll war. Am 1. Mai 1903 kam ich in Ettal in die Schule. In dem Schulhaus ging man über eine Steintreppe nach unten, und da war ein sehr großes Fenster, durch das man in den Schulraum sehen konnte. An das habe ich einmal aus Übermut hingespuckt, und drinnen stand der Lehrer. Als ich ihn sah, war es schon zu spät. Es setzte dann am nächsten Tag für diese Untat eine Abreibung, und das mit Recht.

Ein andermal im Sommer 1903 haben wir Kinder am hellichten Tag auf der Wiese hinter der Wirtschaft »Am Ettaler Berg« eine Gemse oder einen Gamsbock bemerkt. Sie lief nicht weg, als wir nahe herangingen. Jedenfalls ist dies bei diesen Tieren nicht üblich, daß sie sich am hellichten Tag auf den Wiesen im Tal herunten aufhalten. Wir verständigten den Jäger, der da gerade in der Wirtschaft saß. Er glaubte uns nicht gleich, dann stand er doch auf, um nachzuschauen, was da los war. Er ging zu der Gemse hin und konnte sie anfassen. Aber da bekam er einen tüchtigen Rempler, und sie sprang davon, aber nicht allzu weit, dann blieb sie wieder stehen. Der Jäger probierte nochmals eine Annäherung, und sie ließ es auch diesmal geschehen, daß er an sie herankam. Als er sie wieder anfaßte, gab sie ihm einen tüchtigen Renner, daß er gleich auf den Boden stürzte. Diesmal lief sie weg, aber weiter. Da hat er sie dann erschossen. Wir Buben hatten dies alles aus geziemender Entfernung mit angesehen. Für die Meldung bekam jeder einen süßen Schnaps in der Wirtschaft. Die Gams wird wahrscheinlich spinnert oder krank gewesen sein.

Nun habe ich gleich noch ein für mich weniger reizvolles Erlebnis beim »Wegmacher«, wo wir in der Wohnung waren. So nebenbei muß gesagt werden, daß mein Vater an der Ettaler Bergstraße mit mehreren Männern Arbeit bekam. Deshalb

16

Oberau im Loisachtal in den 20er Jahren

hat uns auch der Wegmacher eine Wohnung gegeben. Der Wegmacher hatte nebenbei noch eine kleine Landwirtschaft und somit auch einen Stall mit elektrischem Licht. Man wird es gleich sehen, warum ich das Licht erwähne. Ich war damals und auch später noch ein gelegentlicher Bettnässer. Die Ursachen dafür wollen wir jetzt gar nicht untersuchen, denn es gibt viele Gründe dafür. Jedenfalls, und das ist für mich unvergessen, hat man mir abends das »Pfeifferl« abgebunden mit einer feinen Schnur und zugeknotet, anstatt eine Schlaufe zum Aufbinden zu lassen. In der Nacht mußte ich biseln und bekam große Schmerzen. Mein Bruder, dreieinhalb Jahre älter als ich, ging mit mir in den besagten Stall, um die dünne Schnur aufzubinden. Da sie aber verknotet war, ging das nur mit Hilfe eines Messers. Da war das elektrische Licht ein Segen, sonst wäre im Finstern mit dem scharfen Messer ein größeres Unheil passiert. Übrigens kann ich mich nicht erinnern, daß dieses Experiment nochmals an mir ausprobiert worden wäre, und wie lange wir genau in Ettal gewohnt haben, weiß ich auch nicht mehr. Jedenfalls sind wir im Laufe meines zweiten Schuljahres nach Oberau gezogen und haben beim Kempf, einem Eisenbahner, gewohnt.

17

Er hatte ein Haus an der Straße nach Murnau, ein ziemlich schönes Haus für damalige Verhältnisse. Es waren auch einige Söhne in unserem Alter da. Der älteste, Jakob, hatte einen schweren Unfall aus Leichtsinn, denn da ist ein Mann mit einem Pferdewagen, einem sogenannten Leiterwagen, im Trab an dem Haus vorbeigefahren in Richtung Eschenlohe, um Streu im Moos zu holen. Etliche Buben sind nachgelaufen, um auf den Wagen zu gelangen. Einige von hinten. Der Kempf Jackl wollte am Hinterrad aufsteigen. Es hat ihm den Fuß hineingedreht und abgebrochen. Da der Fuhrmann im Trab fuhr, hat er es auch nicht gleich bemerkt. Erst als ihn einer der aufgesprungenen Buben aufmerksam machte, konnte er den Wagen halten und den Kempf Jackl aus seiner Lage befreien und nach Hause fahren. Ich weiß es deshalb so gut, weil wir ihn hie und da besucht haben. Er lag ja zu Hause in der Stube ebenerdig. Es stand da auch eine komische Flasche. Ich hab´ ihn gefragt, was da drin ist. Er sagte Wein, ob ich probieren wolle. Ich hab dann gleich gemerkt, was das für ein Wein ist, als mich die anderen ausgelacht haben.

Ein andermal schickten mich die größeren Buben in einen kleinen Kramerladen (es gab nur den einen) mit einem Fünferl, das sie mir schenkten. Ich sollte um ein Fünferl »Ibidumm« holen. Durchs Fenster in der Tür haben sie dabei zugeschaut und gegrinst. Aber dann, als mir die Kassiererin eine schöne Tüte mit Guatln* gab und mir auftrug, denen ja keine zu geben, da haben sie nimmer gegrinst.

In der Schule, die war an den damaligen Pfarrhof angebaut, sind so um die 35 Kinder gegangen, alles durcheinander, Buben und Mädchen, alle sieben Klassen. So klein war damals Oberau noch – etwas über 300 Einwohner.

Es gab da die Pappenfabrik im Privatbesitz Kienzerle und das Sägewerk Pöttinger, also hatte es auch schon Arbeit für die Männer, welche nicht gerade auf den Höfen arbeiteten. Die Bauern sind zum großen Teil mit Einspänner-Landauern und Stellwagen am Bahnhof vorgefahren, um die Fremden, welche mit der Bahn kamen, nach Ettal, Linderhof oder Oberammergau zu fahren. Manche Fremde sind auch per Bahn gekommen und haben Fahrräder dabeigehabt. Da sind dann wir Buben in

18

Aktion getreten und haben uns angeboten, den Fremden das Fahrrad die alte Ettaler Bergstraße hinaufzuschieben – um 20 Pfennig. Es gab manchmal sogar ein Fuchzgerl*, das war doch für uns kleine Burschen ein Haufen Geld damals. Übrigens, wir kleineren mußten uns schon ganz schön schinden über den alten Ettaler Berg. Die Bauern sind ja mit den Fremden die neue Bergstraße hinaufgefahren.

Es waren da immer einige Männer beschäftigt, auch mein Vater, um die Straße sauber zu halten von herabfallendem Gestein und so weiter. Einmal im Winter hatten die paar Arbeiter beobachtet, wie ein Fuchs, als sie in der Frühe zur Arbeit gingen, etwas im Schnee verscharrte und weggelaufen ist, als sie kamen. Der Fuchs hatte ein Reh so lange gejagt, bis es in der Todesangst über eine Felsenwand auf die Straße gefallen ist. Jedenfalls wollte der schlaue Kerl das tote Reh, als die Arbeiter kamen, mit Schnee zudecken und später wieder holen. Die Arbeiter haben es natürlich nach Hause genommen und vom Jäger zum eigenen Verzehr gekriegt. Da haben auch wir was von dem Rehbraten abbekommen.

So hoch ging es bei uns nicht her, denn wir waren damals immerhin schon vier Kinder, und das fünfte war im Kommen und hat dann auch 1905 beim Kempf in Oberau das Licht der Welt erblickt. Wir anderen vier sind aus der Oberpfalz nach Ettal und Oberau gekommen, also hatten unsere Eltern damals schon zu kratzen, um all die hungrigen Mäuler zu stopfen. Meine Mutter ging nebenbei in die Villa Pöttinger, um im Haushalt zu helfen.

Ich weiß auch noch, wie sie uns mitnahm im Herbst nach Weghaus oder in die Schwaigen oder Eschenlohe, um mit dem kleinen Wagerl Fallobst heimzuziehen. Einmal sind wir auch richtig in die Nacht hineingekommen beim Nachhauseweg. Auf einmal röhrte ganz neben der Straße unterm »Hängenden Stein« ein Hirsch. Wir haben vielleicht Angst bekommen, auch die Mutter, und haben mit dem Wagerl voll geschenktem Obst zu laufen angefangen. Als wir um den »Hängenden Stein« herumkamen, sahen wir in der Ferne ein Licht auftauchen. Es war der Bäckermeister Miller, genannt »Mebbes«, von Murnau, der mit dem Einspänner von seiner wöchentlichen

Tour nach Hause fuhr. Wir waren froh, denn wir kannten ihn gut, weil unsere Großmutter damals eine Brotniederlage hatte mit seinem Brot.

Um unser Wirtschaftsgeld aufzubessern, haben wir abends in den Gräben und kleinen Bächen im Frühjahr mit der Laterne Frösche gefangen, getötet und die Schenkel enthäutet und in Garmisch in den Hotels verkauft. Ich kann mich nicht entsinnen, daß wir Kinder auch mal was von den Leckerbissen abbekommen hätten, denn die mußten zu Geld gemacht werden. Wir bekamen höchstens mal Weinbergschnecken, die unser Vater zurecht machte, zum Probieren.

Ein anderes Erlebnis fällt mir noch ein. Als wir mit den Fahrrädern der Fremden am Fuß der alten Ettaler Bergstraße beim Kienzerle-Wohnhaus vorbei mußten, haben wir immer eine heimliche Angst ausgestanden, denn im Zwinger, ganz an der Straße, waren ein paar Bernhardinerhunde untergebracht. Das waren für uns kleine Buben die reinsten Löwen mit ihrem tiefen Gebell.

Einige Bauern von Oberau hatten damals noch sogenannte Gipsstämpfe in Betrieb, auch Flöße wurden an der Loisach gebaut. Da gab es für uns Buben allerhand zu schauen und zu erleben. Über den Bahngleisen hatte der Posthalter einen kleinen Weiher mit Springbrunnen in der Mitte, da sind mehrere von uns halt auch im Winter Schlittschuh gefahren und prompt eingebrochen und mittags zu spät mit nassen Klamotten in die Schule gekommen. Durch die nasse Hose haben wir dann die Hiebe, die es gab, besser gespürt. Wo gibt es heute noch Hiebe in der Schule! Weil wir gerade von Hieben sprechen, im Hiebe austeilen war mein Vater nicht schüchtern. Also wir beiden Buben schliefen beim Kempf auf dem Dachboden. Mein Bruder hatte irgend etwas angestellt, was mein Vater erfahren hatte. Als er nachts heimkam, hat er meinen Bruder aus dem Bett gerissen und mit einem Stock den blanken Hintern verhauen. Einen Schlafanzug gab es damals noch nicht. Wir Kinder haben alle mit dem Bruder mitgeplärrt, und er hat aus Angst und Schmerzen seine Notdurft nicht mehr halten können und den ganzen Boden mitsamt der Treppe versaut. So ein Erlebnis merkt man sich, erst recht, wenn man wegen einer Kleinigkeit, wie man meint, ungerecht seine Hiebe bekommt – immer mit dem Haselnußstecken.

Noch ein anderes Erlebnis ist mir aus der kurzen Oberauer Zeit im Gedächnis geblieben. Beim heutigen Kopphaus war damals so eine Art Gewölbe angebaut, es mag vielleicht ein Backofen gewesen sein. Es diente damals dem Jäger Greil, einem komischen Original, als Zwirchraum* für sein geschossenes Wild. Ich kann mich noch gut erinnern, was das für ein Ereignis für uns Buben war, als der Greil seine ganze Strecke an Wild auf dem Rasen vor dem Zwirchraum ausgelegt hatte. Also da waren Hirsch, Gams, Fuchs, Dachs und so weiter. Wild zur Strecke bringen – da war der Greil gut. Er war ein guter Schütze, und wie ich erst später herausbekommen habe, hat er es auch mit seiner Reviergrenze nicht allzu genau genommen. Er war beim Staat angestellt, ist dann ins Berchtesgadener Revier versetzt worden und später wieder nach Oberau gekommen. Aber davon später.

Unsere Oberauer Zeit in meiner Jugend ging nun zu Ende, weil meine Eltern ein kleines altes Haus, »zum Loffer«, mit etwas Grund erworben haben in Hagen bei Murnau; ich glaube zu nur 1200 Mark. Das Haus hatte eine offene Feuerstelle mit offenem Kamin und ein flaches Dach mit Schindeln gedeckt und mit Steinen beschwert, wie man solche Häuser auch heute noch als Fremdenattraktion bestaunen kann.

Arbeit bekam der Vater zuerst in Murnau. Es wurde damals eine Kanalisation gebaut, und der ganze Markt bekam ein neues Pflaster, welches es heute noch hat. Später hat mein Vater dann Arbeit in dem Remonten-Depot* Schwaiganger und seinen Nebenschwaigen* Guglhör oder Pömetsried angenommen, im Sommer in der Landwirtschaft als Akkordmäher und im Winter als Waldarbeiter (Akkordholzer). So nebenbei haben meine Eltern dann das alte Haus so nach und nach umgebaut – das, was da war, aufgestockt und ein neues Dach, eine bessere Küche mit Herd, in der Stube einen Kachelofen, einen Stall für Viehhaltung, dazu dann eine Scheune fürs Heu und so weiter gemacht.

Wir Kinder waren inzwischen auf fünf (drei Buben und zwei Mädchen) angewachsen. Eine Schwester war in der Oberpfalz bei Verwandten zurückgeblieben, und drei Kinder (zwei Zwillingsbrüder und eine Schwester) waren schon bald nach der Geburt in der Oberpfalz gestorben.

Bei der Gelegenheit ist zu erwähnen, daß noch eine Stiefschwester in Oberau lebte – ein lediges Kind meiner Mutter, welches in Oberau bei der Großmutter, der damaligen Mesmerbäuerin, aufgewachsen ist. Eben diese Stiefschwester ist so um 1908 zu unserem Nachbarn in Hagen als Dienstmädchen gekommen. Dieser Nachbar, es war ein Regierungsrat aus Würzburg, hatte das Nachbaranwesen »Angerbauer« in Hagen gekauft, und die Familie Wöhrle lebte ab da mit Frau Wöhrle, zwei Söhnen, Ferdinand und Franz, und einer Köchin und meiner Stiefschwester als Hausgehilfin ständig in Hagen. Nebenbei bemerkt hat meine Stiefschwester Zenzi Hibler den Sohn Franz der Familie Wöhrle geheiratet und ist 1969 mit 79 Jahren in Hagen gestorben.

Nun zu uns anderen fünf Kindern und unseren Eltern, welche das alte Häuschen mit Garten so billig gekauft hatten: Es war auch noch eine Wiese mit eineinhalb Tagwerk dabei – ein Tagwerk sind 3333 Quadratmeter. Wie gesagt gingen da gleich die Reparaturen los, um das Häuschen einigermaßen bewohnbar zu machen und um auch Viehhaltung, wenn auch vorerst eine kleine, zu ermöglichen.

Wir Kinder mußten, soweit schulpflichtig, nach Murnau, so eine halbe Stunde Weg, zur Schule gehen. Im Sommer war ja der Schulweg ganz schön, aber im Winter war dies für uns eine arge Beschwernis. Der Weg war eigentlich ein schöner Fußweg mit Alleebäumen, Vogelbeeren, Walnüssen und Bänken zum Ausruhen. Der Verschönerungsverein Murnau hatte ihn für die Gäste angelegt – das war eine bemerkenswerte Leistung für die damalige Zeit. Für uns Kinder aber, hauptsächlich für die unteren Schulklassen, war der Weg im Winter eine arge Strapaze, denn wir mußten uns den Weg im Winter durch den Schnee selber antreten. Wenn da keine Alleebäume dagewesen wären, welche die Richtung angaben, wären wir sicher oft daneben gekommen, denn es gab da schwere Verwehungen, so daß wir oft bis zu zwei Stunden brauchten für die kurze Strecke. Wir größeren Buben, die vorausgewatet sind, mußten oft die kleinen Kinder weiterbringen, wenn sie vor Hände- und Fußerfrieren nicht mehr weiter wollten und sich einfach hingesetzt haben in den Schnee.

Ein gutes Schuhwerk und Winterkleidung, wie es heute für Kinder gibt, gab es damals noch nicht, die kleinen Kinder mußten das von den größeren abgelegte Zeug anziehen. Was das hauptsächlich in Bezug auf Schuhe, welche einem nicht paßten, auch wenn sie von einem größeren Geschwister waren, bedeutete, das kann nur der ermessen, der es selbst erlebt hat. Ich hatte nach meiner Schulzeit jahrelang zu tun, um meine erfrorenen Zehen, Finger und Ohren auszuheilen. Noch Jahre danach als Knecht sind mir jeden Winter die kleineren Zehen und die Ohren am Rand aufgebrochen, und die Haut hat sich über einer wäßrigen, halb eitrigen Flüssigkeit abgeschält. Dabei war man bei den Bauern zum Arbeiten da, nicht, um so Bagatellen wie erfrorene Zehen und Ohren auszuheilen.

Was kann denn da die heutige Jugend schon mitreden! Gewiß, die haben andere Probleme. Die sagen höchstens, wenn man das alles erzählt: Ihr seid ja blöd gewesen, wenn ihr euch das gefallen habt lassen. Aber was wissen die schon von unserer strengen und ärmlichen Erziehung damals.

In der Schule wurde unser Zuspätkommen (die Schulzeit war von acht bis zwölf und von ein Uhr bis halbdrei Uhr nachmittags, am Mittwoch und Samstag auch vormittags) nicht bestraft, im Gegenteil, wir durften die Schuhe ausziehen und die frierenden Füße aufwärmen. Es waren auch andere Kinder da, welche einen weiten Weg in die Schule hatten, von Froschhausen-Egling, Weindorf und Hechendorf, aber die hatten eine mehr befahrene Straße wie wir von Hagen-Perlach und Guglhör. Die Mädchen von Guglhör hatten fast eine Stunde im Sommer zu gehen, im Winter war die Strapaze für diese Mädchen noch größer, aber in Perlach kamen ein paar Buben als Begleiter dazu, bis sie in Hagen zu uns stießen.

In der Mittagszeit hatten die auswärtigen Kinder Gelegenheit, in der »Lappenanstalt« (Kindergarten von Ordensschwestern betreut) einen Teller warme Suppe und Brot gegen ein

kleines Entgelt zu bekommen. Man war da über Mittag aufge-
räumt, denn es lohnte sich nicht, in der kurzen Mittagspause
den weiten Weg nach Hause und nachmittags wieder zur
Schule zu gehen. Auch alle größeren Mädchen hatten Ordensschwestern als Lehrerinnen, während uns Buben jeweils ein
Lehrer in der ersten und zweiten, dritten und vierten und von
der fünften bis zur siebten Klasse zusammen unterrichtete.

Der unsere in den oberen Klassen hieß Hauptlehrer Wohlgeschaffen. Er war noch ledig und nebenbei ein passionierter
Jäger. Das weiß ich deshalb noch, weil ich ihm einige Male
während der Schulzeit seine Jagdtrophäen, zum Beispiel
Fuchs- oder Rehbockköpfe zum Präparieren reinigen mußte.
Das habe ich auch bei meinem Vater, aber mit Schlangen-
Wirbelsäulenknöchelchen, machen müssen. Die kleinen Wir-
belknöchelchen waren schneeweiß, wenn sie sauber geputzt
waren und wurden vom Silberer* Rapp in Murnau in Silber
gefaßt zu schönen Halsketten verarbeitet, das nur nebenbei gesagt.

Nun zur Schule. Unser Jahrgang 1897 hatte damals 33
Schüler. Es war der stärkste Jahrgang damals in Murnau, und
es würde zu weit führen, wollte ich alle Namen aufführen. Also
hatte der Lehrer 75-80 Schüler zu unterrichten. Daß dabei eine gewisse Strenge nötig war, ist doch selbstverständlich. Sechs
Tatzen war das Höchstmaß oder eine Portion Übergelegte auf
den Hintern. Ob das ohne blutige Striemen an den Händen
und dem Hintern abging, hing vom Rohrstock (spanisches
Rohr) oder dem Haselnußstecken ab, der benutzt wurde. Übrigens, der Haselnußstecken gehörte auch bei uns daheim zum
Hausrat und wurde mir und auch den anderen Geschwistern, aber bei mir besonders oft, so alle paar Wochen mal ausprobiert – als Mittel zur Erziehung »sehr« geeignet, weil man
da nach meiner Meinung durch die vielen oft ungerechtfertig-
ten Züchtigungen nur noch störrischer wird. Ein milderes
Mittel war, wenn mich mein Vater an beiden Ohren beutelte
und mit seinen Fingernägeln deutliche, hinter den Ohren nur
schwer heilende Spuren hinterließ.

Zu solchen Maßnahmen gab es bei mir oft einen Anlaß.
Entweder hatte ich wieder einmal mein Bett naß gemacht oder

ich hatte, wenn er von der Arbeit heimkam, vom gehackten Holz in der Hütte (nach der Nachmittagsschule) noch nicht alles aufgerichtet oder er hatte sonst einen Ärger abzureagieren. Da waren wir Kinder dann gerade recht. Es ist traurig, wenn ich so über meinen Vater berichten muß, aber der Wahrheit dieses ganzen Berichtes wegen muß ich es tun, um festzustellen, daß man mit zu vielen Schlägen keine Kinder aufziehen kann. Das bleibt in einem haften ein ganzes Leben lang, und es gibt einem fürs spätere Leben die Erkenntnis, wie man es nicht machen soll.

Dessen ungeachtet war unser Vater kein ausgesprochener Grobian. Von ihm konnte man allerhand lernen, was im Leben zu gebrauchen war. Er spielte gut Ziehharmonika und hat auf Hochzeiten oder Gungeln* manche Mark zuverdient. Auch zu Hause spielte er manchmal etwas auf, wenn er gerade gut gelaunt war. Das Bier mochte er auch gerne und so kam es, ich entsinne mich an ein paar Mal, wir lagen schon im Bett, daß er betrunken nach Hause kam. Aus irgendeinem Grund fing er an, das Geschirr zu zertrümmern. Mutter wollte ihn natürlich wieder besänftigen, und als der Zorn verraucht war und er ins Bett ging, mußte in den nächsten Tagen halt das Geschirr wieder erneuert werden. Eins fällt mir heute noch auf. Er hat bei diesen Zornausbrüchen nie sein Weib, also unsere Mutter, geschlagen, und das rechne ich ihm trotz aller Vorbehalte auch heute noch hoch an. Ich bin heute noch der Meinung, wer sein eigenes Weib schlägt und nachher wieder zu ihr ins Bett schlüpfen will, ist ein tragischer Kerl, wobei ich nicht sagen will, daß es nicht Weiber gibt, die manchmal eine Abreibung bräuchten. Ich jedenfalls bisse mir lieber die Zunge ab, als daß ich ein Weib und hauptsächlich mein eigenes, schlagen würde.

Verlassen wir dieses unliebsame Thema, nur eins noch sei erwähnt. Unsere Mutter war mit uns Kindern immer nett und hilfsbereit, selten bekam eines auch nur eine Watschen* von ihr, obwohl sie wahrhaftig genug Sorgen hatte.

Da der Vater viel von seinem Verdienst und seine eigene Zeit nach der Arbeit zum Ausbau des Hauses verwenden mußte, blieb für das Wirtschaftsgeld der Mutter nicht viel übrig, und wir wurden in Bezug auf Ernährung nicht verwöhnt. Fleisch, Milch, Butter und Eier gab es für uns nicht. In der Woche Brennsuppe, eine sogenannte Riebelsuppe oder auch mal Buttermilchsuppe und geröstete Erdäpfel, Kraut mit einem Haber* oder aus Maismehl ein Türkenmus. Alle diese Speisen wurden mit Rinderfett oder Schweineschmalz zubereitet. Da wir auch einen eigenen kleinen Obst- und Gemüsegarten hatten, gab es auch manchmal daraus was. Die Milch wurde verkauft, auch Butter und Eier, und reichte der Mutter mal das Geld nicht für das Einkaufen der anderen Dinge, welche noch gebraucht wurden, wie Kaffee (keinen Bohnenkaffee, sondern Malzkaffee oder Feigenkaffee – es gab auch einen noch billigeren abgepackten Kaffee für arme Leute), dann wurden eben unsere Sparbüchsen als Nothelfer hergenommen. Sonntags gab es einen halben Rinderkopf, der kostete beim Metzger eine Mark zwanzig bis eine Mark fünfzig, und der wurde gekocht. Da gab es dann ein paar Tage eine Fleischsuppe mit verschiedenen Einlagen, und von dem anfallenden Fleisch vom Kopf (das beste wurde für den Vater zum Mitnehmen in die Arbeit aufgehoben) gab es dann zusammen mit Kartoffelsalat auch für uns Kinder etwas Fleischiges, also eine schöne Abwechslung für uns.

Unser ältester Bruder ist 1906 am 1. Mai aus der Schule entlassen worden, und dann gleich vom Tisch weg zu den Bauern in Dienst gekommen. Dies blühte uns Kindern allen, weil unser Vater der Meinung war, wir sollten anstatt in die Lehre zu gehen, um ein Handwerk zu lernen (es mußte damals bezahlt werden, wenn einer was lernen wollte), erst mal die Bauernarbeit erlernen. Da mußte er nicht bezahlen, sondern bekam am Schluß des Jahres vom Bauern noch den Lohn in seine Tasche. Freilich konnte er das Geld für die Verbesserung seines Hauses gut gebrauchen. Bis es bei mir soweit war, dauerte noch ein paar Jahre hin. Frühestens am 1. Mai 1910 sollte ich aus der Schule kommen, aber davon später. Jetzt war ich der Älteste zu Hause, und von den damaligen Begebenheiten will ich nun berichten.

Je größer und älter ich wurde, desto mehr mußte ich vor und nach der Schule im Stall arbeiten. Inzwischen hatte sich der

26

Vater schon ein paar Kühe angeschafft und als Zugtiere abgerichtet, um das Feld und die dazugepachteten und gekauften Wiesen zu bewirtschaften. Auch ein weiterer Bruder war 1907 dazugekommen. Als wenn das arme Weib, unsere Mutter, nicht schon so geplagt genug gewesen wäre, jetzt wurde sie auch noch krank und mußte auch später noch ein paarmal in die Klinik nach München. Aber vorerst war es noch nicht soweit, und sie konnte jetzt noch fest im Haus, im Garten und auf dem Feld mitarbeiten, um die Familie durchschlagen zu helfen.

Das Einkaufen hatten meistens wir Kinder, hauptsächlich ich als der Älteste, in Murnau nach der Schule zu besorgen. Auch mußte ich manchmal für eine Nachbarin was mitbringen, da gab es dann eine Kleinigkeit in die Sparbüchse. Den besagten halben Rinderkopf kauften wir damals beim Metzger Sauer gleich beim Rathaus.
Ein andermal bin ich auch beim Metzger Haller zum Einkaufen gegangen. Als ich die Sachen schon im Rucksack hatte und aufschreiben lassen wollte, fragte mich Frau Haller (zwei von ihren Buben, der Sepp und der Wiggl, waren Schulkameraden von mir), für wen die Sachen gehören zum Aufschreiben. Ich sagte, für Loffer von Hagen, da mußte ich vor den Leuten, welche noch im Laden waren (Hallers waren ein gutes Geschäft mit Wirtschaft dabei), meine Sachen wieder auspacken und zurückgeben. Ich hab mich vielleicht für meine Familie geschämt! Ich bin bis heute nicht mehr zum Haller, weder in die Metzgerei, noch in die Wirtschaft gegangen. Es ist mir so etwas nie wieder in einem Geschäft in Murnau vorgekommen, und ich mußte sicher noch öfter irgendwo etwas anschreiben lassen.

Es waren noch ein paar Metzgereien da und es gibt auch heute noch den Schägger und den Baletshofer und den Bauer. Von allen gingen Söhne mit mir zur Schule, aber die Ware wieder hergeben ist mir nirgends mehr passiert. Ich schäme mich heute noch und bin empört, daß man mir diese Blamage zugefügt hat.

Nun genug davon. Es gab auch gute Leute in Murnau, ich denke da an die gute Frau Len vom Pantlbräu. Ich habe heute noch Flaschenbier vom Pantl im Haus. Die kam öfters, als die

Mutter krank und bettlägrig war, zu uns ins Haus und kümmerte sich um unsere Familie. Ich durfte einige Male in die Küche beim Pantl zum Mittagessen kommen. Auch beim Dr. Asam, der meinen Vater und die Mutter behandelte, durfte ich zum Essen kommen und bekam für die Geschwister zu Hause was geschenkt zum Naschen. Sowas gab's doch bei uns nie! Wenn Mutter mal zum Einkaufen nach Murnau ging, brachte sie wohl eine Tüte Guatln mit. Was war die Metzgersfrau Sauer für eine gute Frau! Da bekam man auch mal einen Wurstzipfel geschenkt. Zu kaufen gab's sowas für uns nicht.

Wir Kinder mußten, und wir taten es gerne, auch auf andere Weise uns Geld in die Sparbüchse machen, indem wir Beeren – es gab Erd- und Blaubeeren -, Schwammerl und Zinnkraut sammelten und verkauften. Die Schwammerl wurden zum Eigengebrauch gesammelt und die guten wie Steinpilze und Reherl auch verkauft. Es gab in Murnau »bessere Leute« als Abnehmer für diese Sachen genug. Das Zinnkraut haben wir Säcke voll gesammelt und an die Wirtschaften und Brauereien verkauft. Es gab damals fünf Braunbier- und zwei Weißbierbrauereien in Murnau, und die brauchten wie auch die übrigen Wirtschaften das Zinnkraut, um die Zinndeckel auf den Bierkrügen mit dem gebrühten Zinnkraut zu putzen. Für einen Sack voll Zinnkraut gab es ein Fuchzgerl oder mehr, für uns ein Haufen Geld, wenn wir etliche Säcke davon hatten.

Übers Erdbeerbrocken* habe ich mal einen Aufsatz für die Schule geschrieben. Ich habe ihn dreimal vorlesen müssen. Ich wußte erst nicht warum. Dreimal – ich hab gedacht, es sei mir ein Fehler darin unterlaufen und habe beim drittenmal zu flennen angefangen. Dabei sagte der Lehrer, der Aufsatz gefiele ihm so gut, darum mußte ich ihn ein paarmal der Klasse vorlesen.

Unser Lehrer hatte auch einen kleinen Gemüsegarten an der Schule am Schloßberg, da wurden während der Schulzeit hie und da ein paar Buben, darunter meistens auch ich, zur Gartenarbeit abgestellt.

Im Jahre 1907 ist bei uns wie schon erwähnt wieder ein Brüderchen zur Welt gekommen, auf daß die Familie ja nicht kleiner und die Sorgen für die Eltern ja nicht weniger wurden.

Je größer und älter ich wurde, umso mehr Arbeit bekam ich. Vor der Schule im Stall misten, nach der Schule anstatt mit den anderen zu spielen und rumzurennen schnell wieder heim. In der Holzleg* gab`s Arbeit oder im Garten oder auf dem Feld Kartoffeln holen. Dabei habe ich einmal unter einer größeren Schar wilder Fasanen einen weißen gesehen. Als ich es dann gelegentlich dem Jäger sagte, glaubte er es zunächst nicht, aber er ist dann der Sache nachgegangen und hat den weißen Fasan tatsächlich schießen können. Ich habe dafür ein paar Fasanenfedern bekommen – natürlich nicht von dem weißen.

Ein andermal mußte ich wieder auf dem Feld arbeiten, da sah ich einen kleinen Ballon durch die Luft fliegen und ganz in der Nähe niedergehen. Ich war weit und breit allein auf dem Feld und bin schnell hingelaufen, wo er niederging. Er war so zwei Meter lang und über ein dünnes Drahtgeflecht mit buntem Kreppapier bezogen. An dem unteren offenen Ende war auf einem Drahtkranz eine Kerze befestigt und dazu auch eine Karte mit Namen des Auflassers. Man sollte da mittels der Karte angeben, wo der Ballon niedergegangen und von wem er gefunden worden war, und daß der Finder den Ballon behalten könne, stand auch drauf. Nun war ich stolzer Besitzer eines Ballons, und um den Neid der Kameraden zu erwecken, habe ich mir einen langen Haselnußstecken geschnitten und den Ballon daran gebunden und als Trophäe nach Hause getragen. Eine lange Lebensdauer hatte der nicht bei mir, denn jeder wollte den Ballon bestaunen und rumtragen.

So ging ein Jahr ums andere rum, es kam für uns Sechstklassler die erste heilige Kommunion. Im dritten Schuljahr hatten wir die erste Beichte zu erlernen.

Also nun zur Kommunion drei Jahre später: Jeder mußte sich womöglich schon vorher um einen sogenannten »Död«, also Firmpaten, umsehen. Meiner war ein Arbeiter auf dem Remonten-Depot Schwaiganger, wo auch mein Vater, wie schon vorher erwähnt, arbeitete. Übrigens hatte mir Vater den guten Firmpaten besorgt, weil einen Buben als Pate zur Firmung zu führen, das war damals für einen Arbeiter eine besondere finanzielle Belastung, und mein Firmpate Buchner konnte diese Belastung übernehmen, weil seine Frau wie er auch in Schwaiganger mitarbeitete. Sie waren kinderlos und haben sehr viel für uns, hauptsächlich mich, ihr Patenkind, getan. Da war erst einmal, daß sie mir zu meiner ersten heiligen Kommunion einen neuen Anzug machen ließen. Es gehörte dies gar nicht zu den Aufgaben eines Firmpaten, weil der ja hauptsächlich für die Firmung zuständig ist. Also die Firmung fand erst im nächsten Jahr nach der Erstkommunion statt. Da wurden zwei Jahrgänge zusammengenommen, aber ich war da schon im 7. Schuljahr. Aber der Anzug, der ja auch für die Firmung gemacht war, ist mir in dem einen Jahr schon zu klein geworden. Weil ich so schnell in die Höhe geschossen war, daß er mir nicht mehr paßte, mußte ich zur Firmung den schwarzen Brautanzug von meinem Vater anziehen, der mir wohl in der Länge paßte, aber an der Breite haperte es.

Das wurde damals nicht so tragisch genommen, denn es gab mehrere Kinder armer Leute, die bei einem solchen Anlaß nicht so korrekt angezogen waren. Die Hauptsache war die Firmung und was damit zusammenhängt. Mein Pate fuhr mit mir und noch einem bekannten Mädchen, welche auch Firmung hatte, mit einem Kahn im Staffelsee auf die Insel Wörth, im See die größte Insel.

Es war da eine tausendjährige Linde zu bestaunen mit einem beträchtlichen Umfang. Ich glaube, die existiert heute nicht mehr. So in zwei Meter Höhe vom Boden weg war ein Ast abgesägt worden. Die so entstandene Plattform hatte man mit Zement geglättet, so daß sich darauf gut drei Personen an einen Tisch zum Frühstück setzen konnten. Wenn man bedenkt, daß es nur ein abgesägter Ast war, so kann man sich ein Bild vom Umfang dieser alten Linde machen – ein Erlebnis für uns Kinder. Es bleibt noch zu erwähnen, daß der Pate für alles, Kahnfahrt, Essen und Trinken, den ganzen Tag über aufgekommen ist. Ich bekam auch noch eine silberne Taschenuhr mit silberner Kette, ein Gebetbuch und einen Rosenkranz zum Geschenk.

Ich wurde auch öfters zu Weihnachten, Neujahr oder am Josefitag* – er hieß auch Josef wie ich – eingeladen. Da gab´s dann Kaffee und Kuchen, seltene Genüsse für unsereins. Obwohl es ein weiter Weg war durch eine waldige Gegend, ging ich immer gerne zu den Buchners. Es gab da immer auch kleine Geschenke für die Eltern und Geschwister. Es waren wirklich gute und sozial eingestellte brave Leute, und ich habe sie auch später nicht ganz vergessen.

Nun wieder zu unserer Familie. Aus der Oberpfalz ist dem Vater sein Bruder, der Vetter Schorsch, auch noch hergekommen und hat in Pömetsried, einer Nebenschwaige von Schwaiganger, Arbeit als Ochsenknecht gefunden. Er ist dann später auf die Achele-Schwaig bei Saulgrub versetzt worden. Auf beiden Schwaigen habe auch ich später als Remonten-Wärter und Ochsenknecht Beschäftigung gefunden, aber davon später.

Ich muß jetzt schon schauen, daß ich der Reihe nach berichte, sonst werde ich ewig nicht fertig mit diesem Lebensbericht.

Meine Mutter wusch und flickte diesem Onkel Schorsch auch die Wäsche, die mußte ich dann abholen oder überbringen. Ich bekam dann auch ein paar Kücherl. Das ist eine bayerische Spezialität aus Hefeteig mit Butterschmalz gebacken, für uns Kinder eine Rarität, die konnte unsere Mutter uns nicht bieten. Auch von unseren Nachbars-Bäuerinnen in Hagen gab es öfter ein paar Kücherl. Diese geschenkten wohlschmeckenden Leckerbissen habe ich nicht selber gegessen, sondern für uns alle nach Hause getragen. Also bei diesem Wäsche holen und bringen durfte ich auch mal auf die großen Kirschbäume steigen und für uns Kinder Kirschen brocken soviel ich konnte. Solche wilden Kirschbäume standen eine ganze Menge an der Straße von Pömetsried nach Schwaiganger.

Zu Hause ging es mit Mutter ihrer Gesundheit immer mehr bergab. Mal mußte sie wieder nach München in die Klinik, dann war sie wieder zu Hause bettlägrig. Es kam dann jedesmal eine Haushälterin ins Haus, eine davon war von der guten Pantlbäuerin, der Frau Len, besorgt worden. Sie kam auch ein paarmal selber ins Haus und sah nach dem Rechten. Mit Mutter wurde es immer schlechter, und trotzdem mußte die arme Haut noch ein Kind zur Welt bringen. Das kleine Wesen war ein Mädchen. Es ist gleich nach der Geburt, als Vater ihr die

Nottaufe gegeben hatte, gestorben. Ich mußte das kleine Schwesterlein in einem kleinen Särglein eigenhändig auf den Friedhof zur kirchlichen Beerdigung tragen.

Es gibt aber auch erfreuliche Dinge zu berichten. Wenn in Murnau mal ein größeres Trachten-, Veteranen- oder Turnerfest war mit Umgang* der vielen Vereine, dann rissen wir Buben uns ums Taferltragen*. Ich hatte auch mal das Glück, so einen Posten als Taferltrager zu erwischen, ich glaube, mein Verein war aus Söchering. Nun kriegte ja der Taferlbub außer einem Geldbetrag auch ein Mittagessen gratis. Man fragte mich, was ich für einen Braten wolle zu Mittag. Ich wünschte mir Regensburger Würste, also sogenannte »Dicke«. Auf die Frage, warum »Dicke« und keinen Braten, sagte ich wahrheitsgemäß: »Da kann ich meinen Geschwistern auch welche heimbringen.«

Also bekam ich zwölf »Dicke«, die kosteten damals eine Mark. Ich aß etliche davon mit Bier und Brot, die Semmeln und Brezen und die anderen Würste wollte ich alle nach Hause bringen. Ich muß zu meiner Schande gestehen, alle habe ich nicht nach Hause gebracht, sondern noch ein paar davon gegessen, denn der Geist war willig, doch das Fleisch war schwach.

Kam es einmal vor, daß einige von uns keinen Taferlverein erwischten, so haben wir uns nach Abzug der Vereine aus dem Festlokal zum Aufmarsch an den übriggebliebenen Genüssen wie Bierreste, Brezen- und Semmelreste und gelegentlich auch Wurstresten gütlich getan. Es gab dort auch Zigarrenstummel zu finden, diese gaben uns dann den Rest. Auf dem Nachhauseweg haben wir nicht nur gekotzt wie die Metzgerhunde, sondern auch noch die Hose vollgemacht – von dem inneren Katzenjammer gar nicht zu sprechen. Die Hose mußte ich mir natürlich auf dem Nachhauseweg selber ausräumen, denn Zeit war genug dazu, und Wasser gab es auch auf dem Weg.

Nun muß ich wieder zu den letzten Ereignissen vor und beim Tod unserer lieben Mutter zurückkommen. Nach der Geburt und dem Begräbnis meiner kleinen Schwester mußte die kranke Mutter wieder zu einer Operation nach München.

Sie kam krank und bettlägrig nach Hause. Eines Tage, es war der neunte Tag nach der Operation, also ein kritischer Tag einer schwerkranken Frau, rief sie mich – wir waren in der Stube neben dem Krankenzimmer versammelt – zu sich ans Krankenbett und eröffnete mir, der ich inzwischen mit zwölfeinhalb Jahren der Älteste war, sie müsse jetzt sterben. Sie machte mir ein Kreuzzeichen auf die Stirn und trug mir auf, ich solle auf meine jüngeren Geschwister aufpassen und schnell meinen Vater von der Arbeit in Guglhör heimholen. Auf dem Weg dorthin hörte ich schon das Sterbeglöcklein in der Kirche in Hagen läuten.

Nachdem ich weggelaufen war, wurden auch meine jüngeren Geschwister und die Großmutter, welche beim Nachbarn drüben war, und auch meine Stiefschwester ans Sterbebett gerufen. Bis ich mit meinem Vater nach einer Stunde wieder heimkam, war alles schon vorüber, und mein Vater ist bei seinem toten Weib, welches soviel Leid und wenig Freude mit ihm erlebt hat, weinend in die Knie gesunken mit den Worten: »Oh meine Marie!«

Meine Großmutter und die Stiefschwestern hatten in der Zwischenzeit die Wertsachen schon ausgeräumt. Dieses war am 17. Juli 1909. Meine Mutter hatte mit 39 Jahren 13 Kindern das teilweise kurze Leben geschenkt und ist nach einem aufopferungsvollen Leben für uns Kinder allzu früh an Unterleibskrebs verstorben. Uns Kindern sagte man damals Magenkrebs. Mutter wurde unter großer Anteilnahme der Bevölkerung auf dem Hagener Friedhof beerdigt.

Zur Beerdigung war außer unserem Onkel Schorsch von Pömetsried auch eine Base (eine Schwester vom Vater) aus der Oberpfalz anwesend, die hat dann bei der Heimfahrt gleich unseren jüngsten Bruder, den zweijährigen Schorschl, mitgenommen, um ihn aufzuziehen. Die andere Schwester, die achtjährige Marie, ist mit der Großmutter nach Oberau gekommen und da aufgezogen worden. Der älteste Bruder Wastl war schon bei den Bauern in Uffing und Rieden am Staffelsee im Dienst. Ich mußte ihn zur Beerdigung der Mutter auch zu Fuß heimholen. Also waren außer mir nur noch Schwester Kathl, zehnjährig, und Bruder Karl, vierjährig zu Hause geblieben.

Es kam dann eine Haushälterin zu uns, um die Haus- und Stallarbeit zu erledigen. Wir hatten damals schon etliche Kühe außer sonstigem Kleinvieh wie Hühner und Enten – auch Bienen waren im Garten. Es gab selbstverständlich für uns Kinder vor und nach der Schule wenig Zeit zum Spielen – wir mußten bei der Hausarbeit mithelfen, da der Vater immer zur Arbeit ging, um Geld zu verdienen. Außerdem hat er laufend das kleine Anwesen vergrößert und verbessert, und Schnaps und Bier mochte er sehr gerne.

Zuerst hat er eine kleine Scheune fürs Heu, dann eine größere mit Durchfahrt und Zufahrt dazu gebaut. Einen Keller hat er gegraben und einen Brunnenschacht für einen Pumpbrunnen in der Küche. Es gab wohl eine hölzerne Wasserleitung mit ein paar öffentlichen Brunnen im Ort, aber bei längerer Trockenheit im Sommer blieb das Wasser aus, also hat sich unser Vater selber mit größter Mühe einen Brunnen gegraben vor dem Haus. Er mußte tief runter, teilweise in Fels und hatte Glück, daß er auf eine Wasserader stieß.

Unser Vater war sein Leben lang beschäftigt. Als Liebhaberei hatte er sich eine Anzahl von verschiedenen Singvögeln zugelegt. Die dazugehörigen Käfige hat er in allen Größen selber gebastelt. Es gab auch für uns viel zu tun, um all die gefiederten Gäste (manchmal zwölf bis fünfzehn Stück) zu versorgen. Es waren auch welche darunter, die Mehlwürmer als Futter haben mußten, die hat er in einer kleinen Kiste mit Kleie hinter dem Stubenofen selbst gezüchtet.

Nun trat ein anderes Ereignis in unser Leben. Eines Tages, so Anfang 1910, brachte Vater eine ältere Frau ins Haus und eröffnete uns Kindern: »Die wird jetzt eure Mutter!«

Natürlich war die Haushälterin, welche uns betreut hatte, nun überflüssig. Ob es ihr recht war, konnte ich mit meinen 13 Jahren, die ich inzwischen alt war, nicht beurteilen. Daß zu der vielen Arbeit in Haus, Hof und Garten und zu drei Kindern, die wir noch waren, eine richtige Hausfrau ins Haus kommt, ist ja zu verstehen. Aber diese Frau, die uns da der Vater brachte, entpuppte sich als eine typische böse Stiefmutter für uns.

Sie war eine Witwe mit einem kleinen Häuschen in Murnau gewesen. Das Häuschen hat sie dann auch verkauft, Vater konnte den finanziellen Zuwachs gut gebrauchen. Aber trotzdem, das sei gesagt, hat er den Lohn, den wir bei den Bauern bekamen, in jedem Jahr für sich abgeholt, aber davon erst später, noch sind wir zu Hause.

Zum Schlafen hab ich nicht einmal ein Zimmer gehabt, sondern nur ein altes Bett neben dem Heuboden, in welches ich immer noch hie und da näßte. Wir waren doch alle unterkühlt; hauptsächlich im Winter fehlte uns eine wärmende Kleidung und Unterwäsche und gute, warme Schuhe. Von Frühjahr bis Herbst mußten wir sowieso barfuß rumlaufen und auch zur Schule gehen. Ich kann mich noch erinnern, fast dauernd hatte ich mir eine Kappe der großen Zehen abgestoßen an irgendeinem Stein auf den Wegen. Kurz und gut, es kam das Frühjahr 1910 und damit das Ende der Schulzeit, und ein neuer Abschnitt in meinem Leben begann.

KNECHTSZEIT
1910 bis 1916

OHLSTADT

Ich wollte ja so gerne irgend ein Handwerk erlernen, sei es
Maurer, Zimmerer, Schmied oder Metzger, aber der Vater sagte zu uns: »Erst lernt´s mal die Bauernarbeit, dann ist immer
noch Zeit, ein Handwerk zu lernen!«

Wie schon gesagt, wenn damals ein Vater seine Buben in die
Lehre schicken wollte, so mußte er dafür bezahlen, sogenanntes Lehrgeld, während es bei den Bauern nichts kostete. Im
Gegenteil, er kassierte auch noch den geringen Lohn. Im ersten Jahr bekam ich eine Mark fünfzig die Woche und freie
Kost und Wohnung und im Jahr ein Paar Socken und Hemden. Also, ich kam durch unseren Nachbarn in Hagen – er ist
ein Bauer gewesen – zu dessen Bruder, welcher in ein Anwesen
nach Ohlstadt geheiratet hatte, als Dienstbote in Stelle.

Da nun in Murnau unser Schuljahr erst Ende September zu
Ende gewesen wäre, ich aber schon in Ettal am 1. Mai 1903
zur Schule gekommen war, so hat mich mein Vater, um mich
von Tisch und Bett los zu sein, kurzerhand schon am 10. April
1910 nach Ohlstadt gebracht. Da fand am 11. April die Prüfung statt, und am 1. Mai war meine Werktagsschulzeit und
die gesetzlichen sieben Jahre zu Ende, also vom Vater genau
ausgetüftelt.

Am 10. April kam ich nach Ohlstadt, am 11. mußte ich erst
einmal morgens im Stall mithelfen, dann noch mit dem Bauern eine Fuhre Mist auf eines seiner Felder fahren, dann brachte er mich in der Früh – ich war ja völlig fremd – in die Schule,
wo die Prüfung für die oberen drei Klassen, Buben und Mädchen zusammen, stattfand.

Erst einmal kam der Bauer (er war auch Gemeinderatsmit-
glied) mit mir zu spät; die Prüfung hatte schon begonnen.
Dann fielen mir, vielleicht vor Aufregung, die ganzen Bücher

Schlusszeugnis der Werktagschule

für

Roith Josef

geboren am 7ten *Januar* 1897

zu *Grammelkam* Bez.-A. *Landhut v. H*

Religion: *katholisch* Heimat: *Neukirchen-Balbini*

Name des Vaters *Karl Roith* Beruf *Taglöhner*
der Mutter

erste Impfung am *5. Mai 1897* wiedergeimpft *20. April 1909*

erster Eintritt in die Werktagschule am *1. Mai 1903* zu *Ittel*

Bemerkungen:

Der Schüler hat die Werktagschule vom *1. Mai 1903* bis zum *30. April 1910*

sohin *7* Schuljahre und zwar seit *11. April 1910* in *Ohlstadt*

zuletzt in der *III.* Klasse, *oberen* Abteilung mit *großem* Fleisse besucht und

ein *sehr lobenswürdiges* Betragen gepflogen

Bei *einen* Anlagen hat *er* sich folgende Noten erworben:

Religion:	1 d.i. noch sehr gut	Geschichte:	1 d.i. sehr gut
Lesen:	1 d.i. sehr gut	Naturkunde:	1 d.i. sehr gut
Sprachlehre:	1 d.i. sehr gut	Singen:	1 d.i. gut
Rechtschreiben:	1 d.i. gut	Zeichnen:	
Aufsatz:	1 d.i. gut	Turnen:	1 d.i. gut
Schönschreiben:	1 d.i. noch gut	Handarbeiten:	
Rechnen:	1 d.i. sehr gut		
Geographie:	1 d.i. sehr gut		
Hauptnote:	1 d.i. noch sehr gut		

Der Schüler wird aus der Werktagschule entlassen, bleibt aber nach Massgabe
der bestehenden Vorschriften zum Besuche der Sonntagschule oder der sie vertretenden Schuleinrichtung

verpflichtet

Ohlstadt den *11. April* 19*10*

Der K. Distriktsschulinspektor:
J. Pölzl

Der K. Lokalschulinspektor:
Jos. Lauxxxmg

Der Lehrer
Ampenberger Hubert

Schlusszeugnis der Werktagsschule

und Hefte vor den versammelten Prominenten, Schulrat, Pfarrer, Lehrer, Bürgermeister und etliche Gemeinderäte, vor dem Katheder auf den Boden. Ich hatte auch keinen Schulranzen mehr, sondern alles unterm Arm. Es war also für mich gleich eine gute Einführung in die neue Schule, welche ich nun bis zum 1. Mai, zu meiner Entlassung aus der Werktagsschule, besuchen mußte. Vor und nach der Schule hatte ich da schon beim neuen Dienstherrn zu arbeiten im Stall, in der Holzlege oder auf dem Feld. Sonntags mußten wir Schulentlassenen dann nach der Kirche noch zwei Stunden in die Sonntagsschule gehen und nachmittags nach der Vesper in die Kirche auch noch zur Christenlehre durch den Pfarrer bis zum 16. Lebensjahr. Dann war unserer Schulpflicht Genüge getan.

Nun zurück zur Prüfung am 11. April 1910. Mein Lehrer in Murnau, Herr Wohlgeschaffen, hatte mir trotzdem, daß es ihm nicht paßte, daß ich schon am 1. Mai aus der Schule entlassen werden sollte, ein gutes Zeugnis ausgestellt, und das hat mir auch bei mündlichen und schriftlichen Prüfungen in Ohlstadt vorangeholfen.

In den nächsten drei Wochen bis zu meiner Entlassung am 1. Mai hatte ich es in der Schule gut, denn die Themen, die da behandelt wurden, hatten wir in Murnau schon größtenteils durchgenommen, somit war es für mich ein Leichtes, in Ohlstadt mitzukommen. Ich wurde höchstens in Ausnahmefällen mal gefragt und bekam auch ein sehr erfreuliches Abgangszeugnis – von zwölf Noten sechs Einser, vier Zweier und je einmal eins bis zwei und zwei bis drei, also ein gutes Zeugnis, wenn man bedenkt, daß ich jeden Tag vor und nach der Schule zur Arbeit herangezogen wurde.

Um sechs mußte ich aus dem Bett, dann beim Vieh ausmisten helfen, dann das Vieh putzen – der Landwirt zum »Greilinger«, Michael Jocher, hatte immerhin so zwei Dutzend Rinder im Stall. Der Bauer, die Tochter und ich machten die Stallarbeit, während die ältere Bäuerin, schon so um 55, das Essen zubereitete auf einem offenen Herdfeuer.

Das gab es damals hie und da noch, der Rauch zog in einem offenen Kamin, ähnlich wie in einer Schmiede, ab. Über dem Feuer stand ein Dreifuß, da wurde in einer Pfanne morgens die

Brennsuppe (die gab es jeden Tag) gemacht, und am Feuer standen neben der Glut so eiserne, bauchige Hafen*, darin wurde Sauerkraut, selber eingetretenes, oder Rollgerstensuppe zum Mittagessen gekocht. Dazu gab es wochentags das ganze Jahr hindurch Mehlspeisen in gutem Butterschmalz zubereitet zum Essen, manchmal auch Dörrobst aus dem eigenen großen Obstgarten oder im Sommer Salat als Zuspeise. Fleisch gab es ausnahmsweise von der Freibank*. Wenn ein Stück Vieh, das auf der Alm abgestürzt war oder im Stall sonstwie notge-schlachtet werden mußte, auf die Freibank kam, wurde als gegenseitige Hilfe das Fleisch aufgekauft; es war dieses Fleisch ja auch wesentlich billiger als normalerweise beim Metzger. Schweinefleisch gab es damals als Eigenschlachtung selten, es gab damals wenige Bauern, die Schweine für sich fütterten.

Ja, wenn die Zeit der Hirsch- oder Gamsbrunft war, konnte man in der Freibank billiges Wildbret kaufen. Sonntags bekam man morgens Kaffee mit Brot oder vom Samstag übriggeblie-bene Nudeln, also gebackene Mehlspeisen zum Einbrocken* in der Schüssel. Auch wochentags wurde Suppe aus der großen Gemeinschaftsschüssel in der Mitte des Tisches gegessen. Daß vor und nach dem Essen ein Tischgebet gesprochen wurde, war selbstverständlich.

Der Bauer war der zweite Mann der Bäuerin, der erste war verstorben, und da war eine Tochter von 28 Jahren da, die hat-te Ende 1909 ein Baby bekommen, deshalb wurde ich zur Mithilfe eingestellt. Außerdem war da noch ein Ziehsohn im Haus mit 20 Jahren, er mußte im Herbst 1910 zum Militär. Dieser Ziehsohn arbeitete nicht zu Hause, sondern bei der Bahn, und er half nur gelegentlich daheim in der Landwirt-schaft oder im Wald mit. Wirklich großzügig von dem Bauern: Der von ihm großgezogene Sohn brauchte, soviel ich weiß, kein Kostgeld abzugeben, er konnte also seinen ganzen Ver-dienst für sich verwenden, beziehungsweise für seine bevorste-hende Militärzeit sparen. Wenn man in der Militärzeit vom Gesparten zusetzen kann, dann ist es schon leichter, Soldat zu spielen, denn damals gab es ja auch nur 30 Pfennig täglich Sold; große Sprünge konnte man da nicht machen. Ich kann da ein Lied davon singen, aber das kommt erst später.

Zu meinen Pflichten damals gehörte es auch, auf den kleinen Sohn der Tochter aufzupassen, wenn diese große Wäsche hatte. Es waren ja immerhin sechs Personen im Haus. Er ist, nebenbei gesagt, heute, 1971, der Besitzer des Anwesens, und ich komme immer wieder einmal vorbei. Vor dem Haus war ein Betonpflaster mit ein paar Stufen zur Straße hin. Auf diesem Pflaster ließ ich den Kinderwagen mit den hohen Rädern hin und her laufen. Auf einmal hatte ich es übersehen, und der Wagen stürzte mit dem Kind kopfüber die zwei Stufen hinab auf den steinigen Weg. Dem Kleinen, so ein gutes halbes Jahr alt, ist nicht viel passiert. Er hat natürlich geschrien, und seine Mutter kam herbeigelaufen. Ich weiß nicht mehr genau, ob ich ein paar Backpfeifen erhielt oder nicht, jedenfalls durfte ich von da an nicht mehr auf den Kleinen aufpassen.

Es gab da noch die Oma, die Bäuerin, aber in deren Hände gab die Tochter das Kind nicht gerne, denn die alte Bäuerin war geistig ein bißchen verschroben. Aber sie tat trotzdem ihre Arbeit. Dabei redete und schimpfte sie für sich in einem Streitgespräch mit einem nicht anwesenden Partner. Das hörte sich manchmal recht komisch an. Wenn sie es gar zu laut trieb, dann wurde sie vom Bauern oder der Tochter zur Ordnung gerufen. Es dauerte aber nicht lange, dann brabbelte sie doch wieder weiter. Bei der Gelegenheit unterlief ihr dann während dem Kochen mancher Mißgriff, und es kam schon vor, daß der Bauer, wenn er gerade schlechter Laune war, die ganze Schüssel mit der Morgensuppe hinuntergeworfen hat auf den Boden. Die Tochter, die ja gar nicht seine Tochter war, mußte dann schnell einen Kaffee auf den Tisch bringen.

In der Küche war der offene Herd mit Bruchsteinen gemauert, in der Stube stand ein großer Kachelofen. Er galt als Backofen und wurde von der Küche aus geheizt. Elektrisches Licht gab es noch keines, wohl aber eine Wasserleitung und am Stall außen einen Brunnen. Es war in der Küche und im Stall immer so ein gewisses Halbdunkel.

In dem alten Gemäuer am Herd und Backofen hielt sich natürlich allerhand Ungeziefer, Russn* und Schwabn*, fast so groß wie ein Maikäfer. Da kam es schon mal vor, daß einer im Dörrobst oder sonstwo mitgekocht wurde und als Beilage auf den Tisch kam. Der Herd wurde dann bald, nachdem ich da war, abgebrochen und ein neuer Herd von einem Ofensetzer aus Kacheln gebaut. Auch der Fußboden bekam ein neues Pflaster, da war es dann aus mit den Schlupfwinkeln dieser ungebetenen Hausbewohner. Für den Ofensetzer wurde eine Fuhre Lehm geholt, der wurde erst mal richtig eingeweicht und dann (das mußte ich machen) auf einer Holzdielenunterlage mit einer Schaufel oder Spaten ganz fein zerkleinert und mit dem sogenannten Agn, das ist ein Abfallprodukt vom Haar- oder Flachsgrammeln*, gründlich vermischt.

Der Flachs wurde selbst angebaut und gegrammelt und dieser dann in Heimarbeit im Winter gesponnen und vom Weber zu grobem Leinen gewebt. Das Gemisch aus Lehm und dem Flachsabfall brauchte man dann zum Zusammenbauen der Kacheln. Es ging dies natürlich nicht an einem Tag vonstatten, weil die Kacheln erst zurechtgehauen und geschliffen werden mußten.

Abwechslungsreiche Arbeit gab es für mich gerade genug. Der Bauer hatte einen Torfstich, da wurde im Frühjahr Torf gestochen, so drei Lagen tief. Das machte der Bauer. Ich mußte die schweren, nassen Stücke wegkarren und erst mal auf dem Boden ausbreiten. Das war nicht gerade leicht für mich. War dann später der Torf etwas abgetrocknet, dann wurden die halbgetrockneten Stücke wieder umgeschichtet auf einen sogenannten Kasten und kranzweise um einen in den Boden gesteckten Fichtenstab so bis einem Meter hoch aufgestapelt. War der Brennstoff dann im Laufe des Sommers ganz trocken, dann wurde er in die Torfhütte gekarrt, um im Herbst oder Winter gelegentlich zum Verbrauch abgeholt zu werden.

Der Bauer hatte auch ein paar Waldabteile mit zum Teil sehr schönem Baumbestand (Fichten und Tannen). Ich muß schon sagen, er hat seinen Waldbesitz sehr geschont und nur gelegentlich ein paar Bäume gefällt. Da gab es dann für mich wieder Arbeit, den Abfall, Äste und Rinde zu Brennholz aufzuarbeiten. Auch mußte ich auf seinen Wiesen die Büsche, Erlen und Eschen aushacken oder zu Hause in der Holzlege bei schlechtem Wetter arbeiten. Im Winter hatte ich auch mit dem Dreschflegel oder der Maschine zu dreschen, alles für mich neu und nicht leicht. Ich war ja noch keine 14 Jahre alt.

Der Bauer hatte ein paar Wiesen ganz in der Nähe des Anwesens, dort wurde Getreide wie Roggen, Weizen, Gerste und Hafer, aber auch Kartoffeln, alles für den Eigenbedarf, angebaut. Der Roggen und der Weizen wurde dann zu dritt oder besser zu viert, wegen des Takts, gedroschen. Auf der Tenne wurde auch der Hafer, die Gerste und zum Teil auch der Weizen durch die Dreschmaschine (von Hand gedreht) gelassen. Das besorgte die Tochter, der Bauer und ich mußten die Dreschmaschine in Gang halten, was für nur zwei Personen und besonders für mich eine schwere Arbeit war. Da ging das Putzmühle drehen dann schon leichter für mich. Das Roggenstroh wurde zur Herstellung von Garbenbändern gebraucht und zum Füttern der Strohsäcke. Man lag so schön warm drinnen und wollte morgens gar nicht gerne raus. Es ist mir in den zwei Jahren ein paarmal passiert, daß ich meinen warmen Pfuhl ein bißchen durchnäßt habe, aber da hat niemand etwas gemerkt davon.

Das Getreide wie Roggen und Weizen wurde von der Hagener Mühle mit Pferdefuhrwerken im Turnus abgeholt und bei der Rückfahrt das Roggen- und Weizenmehl gebracht. Das Roggenmehl wurde zum Brotbacken, das Weizenmehl für die Mehlspeisen das ganze Jahr über verbraucht, und der Hafer wurde zum Füttern der Hühner und der Fahrochsen benötigt, denn die Ochsen mußten schwere Arbeit leisten wie Heu aus den Stadeln* holen oder Streu, Laub, Torf, Mist und Brennholz fahren. Außerdem mußten sie ackern und eggen. Es waren immer vier bis sechs Ochsen in verschiedenem Alter vorhanden, auch das weibliche Jungvieh wurde selber gezogen. So standen, wie schon erwähnt, immer rund zwei Dutzend Stück Vieh im Stall, und daß die viel Futter und Pflege brauchten, leuchtet ein.

Die schwerste Ochsenarbeit war wohl, das Langholz über die steilen Wege im Winter aus dem Bergwald zu holen. Wie gefährlich diese Arbeit für´s Gespann und den Fahrer sowie Helfer war, kann nur der ermessen, der sie notgedrungen machen mußte. Das war für mich neu und aufregend zugleich.

Daß ich es bald berufsmäßig machen würde, wußte ich zu der Zeit noch nicht, aber davon später.

Im Frühsommer gab´s schon wieder was anderes zu tun wie morgens erst mal Grünfutter für das Vieh holen. Mähen durfte ich das erste Jahr noch nicht, ich hatte es aber zu Hause schon gelegentlich machen müssen, um mit dem Schubkarren für die paar Kühe Gras zu holen. Der Bauer hatte in der Ortsnähe eine zweimahdige Wiese mit ein paar Tagwerk. Das Heu von dieser Wiese wurde mit den Ochsen eingefahren, dann kamen die großen Zugochsen auf die Alm, auch das Jungvieh.

Der Bauer hatte noch vier andere Wiesen, dort waren aber Blockstadel aus Baumstämmen. Da kam dann das Heu und der zweite Schnitt, das Grummet, hinein. Dazu war kein Fuhrwerk nötig, denn an jedem Stadel hing ein ungefähr zwei Meter breites und vier Meter langes Holzgestell mit einer Holzachse. Die Räder wurden von uns mitgebracht, und auf diesen Wieskarren wurde das Heu zum Stadel gezogen. Der Bauer und zum Teil auch seine Tochter und der Ziehsohn haben das Heu mit der Sense gemäht. Es war weder eine Mähmaschine, noch ein bespannbarer Rechen, noch ein Heuwender vorhanden, also mußten alle diese Arbeiten von Hand gemacht werden.

Das Egartheu, also der erste Schnitt, brauchte bei schönem Wetter zwei Tage, bis man es einfahren konnte. Besser ging es schon mit dem einmahdigen, ungedüngten Wiesheu. Es waren dies Wiesen an Hängen mit ganz kurzem aber sehr gutem, kräftigem Heu, das hauptsächlich zum Füttern der Ochsen verwendet wurde. Die Bauern, welche Pferde züchteten in Ohlstadt, hatten im Wiesheu ein gutes Pferdefutter außer dem Hafer und Häcksel.

So nebenbei gesagt gab es in Ohlstadt damals Bauern, welche zehn bis zwölf Pferde, zum Teil auch zur Zucht, im Stall hatten. Bei etlichen anderen standen neben den Pferden auch noch so 30 bis 40 Stück Rindvieh im Stall. Man sieht, daß mein Dienstherr nur so ein mittlerer Bauer war. In Ohlstadt gab es auch sehr viel Obst. Das wurde noch viel verkauft in die umliegenden Dörfer. Ausländisches Obst wie heute gab es damals noch keins.

Ich mußte immer noch zur Schule gehen. Gefragt wurde ich selten, auch nicht, wenn ich den Finger hob. Ich entsinne mich, einmal mußten wir jeder für sich auf der Schiefertafel eine große schwierige Rechenaufgabe lösen. Der Lehrer machte dieselbe Aufgabe an der großen Tafel. Wie es dann an die Bekanntgabe der Lösung ging, bin ich aufgestanden und habe gesagt: »Das ist falsch!«

Ich meinte die Aufgabe des Lehrers. Selbstverständlich mußte ich vortreten und die Aufgabe auf der großen Tafel lösen, was mir auch gelungen ist, denn besonders im Rechnen war ich sehr gut, ob im Kopf oder auf der Tafel, und daß die Schulkameraden neben mir abgeschrieben haben, nicht bloß im Rechnen, das wurde auch öfters vom Lehrer gerügt. Nun, das soll nicht als Prahlerei aufgefaßt werden, nur der Wahrheit halber festgestellt werden, denn ich hasse im Leben nichts mehr als lügen und stehlen.

Ein Ereignis aus der Werktagsschulzeit muß ich noch erwähnen. Als wir an einem Sonntag anfangs Mai nach der Kirche von zehn bis zwölf Uhr in unsere erste Sonntagsschulstunde gingen, es waren auch noch die zwei nächsthöheren Klassen mit Buben und Mädchen anwesend, mußten wir fünf Feiertagsschüler-Erstklässler in der ersten Bank vorne bei Schulbeginn aufstehen. Der Lehrer Metzger, ein kleiner Spitzbart, stellte sich vor uns hin (drei von uns haben ihn überragt), hielt jedem eine kleine Predigt und haute jedem von uns links und rechts ein paar kräftige Watschen herunter, ohne irgendeinen Grund zu haben. Ich muß heute noch gestehen, ich war über die seltsame Methode der Schuleinführung sehr verblüfft, auch die anderen vier Kameraden. Ein paar von uns wären sicher in der Lage gewesen, es leicht mit diesem Bürschlein von einem Lehrer aufzunehmen, aber bei dem damaligen Obrigkeitsdenken haben wir auch zu fünft nicht gewagt, gegen diese Unverschämtheit des Lehrers aufzumucken. Wenn ich das so überdenke, kann ich mir vorstellen, daß er uns mit diesen kräftigen unbegründeten Watschen den Schneid* abkaufen wollte. Der Gerechtigkeit halber muß ich auch sagen, daß der Lehrer Metzger in späterer Zeit gar nicht so schlecht war gegen die, welche was konnten und auch sonst guten Willens waren, am

Sonntag in die Schule zu gehen. Lange hatten wir diesen Lehrer übrigens nicht, er heiratete eine Ohlstädter Bauerstochter und wurde dann versetzt, ich glaube, nach Kohlgrub.

Es kam dann ein anderer Lehrer für uns Feiertagsschüler, bei dem hatte ich eine besonders gute Nummer. Der wollte immer, daß ich in eine andere Schule, Mittelschule oder so, käme, aber da stand ja nichts drin, denn mein Vater hat mich ja zum Arbeiten und daß ich mir selber meinen Lebensunterhalt verdiene, außer Haus geschafft und nicht, daß ich zur Schule gehe und er dafür bezahlen muß. Übrigens, der sympathischste Lehrer war ein schneidiger junger Mann von 24 Jahren. Er war aber mit einer 48jährigen Münchner Hausbesitzerin verheiratet. Lange ist er nicht in Ohlstadt geblieben, weil sie ihn rausgeekelt haben.

Ich war ja auch nicht lange in dem Dorf, weil ich schon Lichtmeß 1912 nach Eschenlohe zu einem größeren Bauern kam, aber davon später. Noch bin ich in Ohlstadt auf meiner ersten Dienststelle in meinem jungen Leben.

Im Frühjahr, als ich aus der Schule war, ging's Heimarbeiten los. Wie gesagt, mähen durfte ich noch nicht, das besorgte der Bauer selber. Er war auch schon Mitte 50 und stand schon um vier Uhr früh auf zum Mähen. So um halb sieben ging ich nach der Stallarbeit mit der morgendlichen Brennsuppe zum Bauern aufs Feld. Nachher mußte ich das mit der Sense gemähte Gras anbreiten*, bis dann die Tochter kam und dem Bauern beim Mähen half. Sie brachte die Frühstücksmilch in einer steinernen Tonflasche mit, die Flasche wurde zum Kühlbleiben unters gemähte Gras oder ins Wasser gelegt.

So um zehn Uhr gab es die kalte Milch mit Brot eingebrockt aus einer Gemeinschaftsschüssel auf dem Boden im Kreis um die Schüssel liegend als zweites Frühstück. Hier sei noch erwähnt, daß ich den ganzen Sommer hindurch einen dauernden Durchfall hatte und etliche Male austreten mußte hinter ein Gebüsch, bevor es in die Hose ging. Das ging so weit, daß der Bauer mißtrauisch wurde und hinter dem Gebüsch nachgeschaut hat, was ich mehrmals am Tag da tue und ob ich mich, was er mir auch sagte, vor der Arbeit drücken wollte. Aber auf den Gedanken kam er wohl nicht, daß der dauernde Durchfall von der kalten Milch herrühren konnte. Jedenfalls werde ich einen schwachen Magen gehabt haben, denn ich kann mich entsinnen, daß, wenn es sonntags früh ein Mus aus Maismehl (das gab es in der Hagener Mühle und war billiger als Weizenmehl) zu essen gab, es mir danach in der Kirche in Murnau immer so schlecht wurde, daß ich aus der Kirche gehen mußte. Auch einen fetten Schweinebraten konnte ich in der Zeit weder essen noch riechen, da wurde mir schon übel. Den Schweinebraten gab es während meiner Schulzeit sowieso nicht, erst an Lichtmeß, wo der Wechsel der Dienstboten bei den Bauern stattfand.

Ich erinnere mich noch an ein außerordentlich starkes Hochwasser 1910. Ich mußte für unseren Ziehsohn, den »Greilinger Hans«, ein Schaf von Ohlstadt nach Murnau treiben zu einem gewissen Goldhofer Pauli zwischen Krankenhaus und Gasthof »Beinhofer«. Nebenbei gesagt, ich habe da später ab und zu mal ein gewildertes Reh verkauft.

Schon an der Weichser Brücke war die Loisach über die Straße gelaufen. Ich mußte das Schaf am Strick durch das reißende Wasser ziehen. Dann ging es weiter auf der Hauptstraße nach Hechendorf zu. An der Ramsachbrücke war die Straße schon knietief überflutet. An der Stelle ist auch einmal die »Greider Nanni« mit dem Fahrrad abgetrieben und nicht mehr gefunden worden. Ich mußte das Tier am Strick durch das reißende Wasser ziehen. Auf einmal schwamm das Schaf und wurde weggeschwemmt. Ich hielt es am Strick krampfhaft fest und erwischte gerade noch einen Alleebaum, um mich daran festzuhalten. Zum Glück kam ein alter Ohlstädter, der alte »Dawias« (Tobias), durch das Wasser gewatet und half mir, das Schaf festzuhalten und in Sicherheit zu bringen.

Bei dem Bauern in Ohlstadt wurden damals auch Jungstiere gezogen. Diese wurden dann kastriert. Das ging ganz einfach vor sich. Es war ein Bauer im Ort für diese Dinge im Stall zuständig. Das Kastrieren ging so: Die kleinen Stiere wurden auf den Rücken gelegt und festgehalten. Mit einem Schnitt wurde der Hodensack aufgeschnitten und die heraustretenden Hoden abgetrennt, und um das Blut zu stillen wurde mit einem glühenden Eisen, welches in ein pechähnliches Pulver getaucht war, die Wunde ausgebrannt und desinfiziert. Dann konnte der Stier wieder aufstehen. Nach acht Tagen merkte der junge Stier dann, daß er ein Ochse war und wußte nichts mehr von der schmerzhaften und rauhen Prozedur. Ein Tierarzt war hierzu nicht nötig. Die so gewonnenen Hoden legte der Mann für sich beiseite, um sie sich zu Hause als seltenen Leckerbissen gebacken oder gedünstet einzuverleiben. Auch der Ziehsohn wollte einmal diese Hoden probieren. Ich habe bei der Prozedur zugeschaut und bei der Gelegenheit etliche auf die Seite geräumt für ihn, weil er ja bei der Bahn arbeitete. Am Abend durfte ich diesen Leckerbissen auch einmal kosten. Ich muß heute noch sagen, sie haben wirklich delikat geschmeckt.

Zum Mittagessen bekam ich sonst beim Bauern Brot, Butter, Milch und ein paar Äpfel, der Bauer hingegen eine Literflasche Bier, Brot und eine Schüssel, um das Brot in das Bier zu brocken.

Nach der Stallarbeit am Sonntag mußte ich erst einmal in das Amt zur Kirche. Dann die Sonntagsschule bis zwölf Uhr, dann ging´s heim zum Mittagessen. Es gab meistens irgendeine Suppe und einen Schmarrn mit Sauerkraut als Beilage; wie schon erwähnt, selten Fleisch. Wurst oder sowas sah ich das ganze Jahr nicht, außer ich hätte mir selber welche gekauft. Aber da war kein Geld dafür da, meinen Lohn holte ja der Vater am Schluß vom Jahr selber ab. Um mir ein paar Pfennig zusätzlich zu verdienen, ging ich am Sonntag nach dem Mittagessen zum Kegelaufsetzen. Es waren vier oder fünf Wirtschaften mit Kegelbahnen im Ort, und ich sah zu, daß ich gebraucht wurde. Aber zur Stallarbeit und zum Essen mußte ich wieder zu Hause sein.

Einmal passierte es, daß ich zu der Zeit noch nicht kam, sondern erst nach Mitternacht. In der Bahnhofsrestauration Ohlstadt waren ein paar Ohlstädter Kegelbrüder gelandet, die mit der Bahn von einem Preiskegeln in Murnau zurückgekommen waren und nun hier weiterkegelten. Es war kein anderer Kegelbub da und so habe ich mir bis Mitternacht ein paar Mark verdient. Ich erinnere mich, für einen Kranz, also alle acht Kegel bis auf den König, bekam ich ein Fuchzgerl, sonst war für ein Kranzl ein Fünferl üblich. Das war ein Haufen Geld für mich. Als ich dann heimkam, hat der Bauer schon gelauert und empfing mich mit ein paar kräftigen Maulschellen, und zusätzlich wurde ich tüchtig an den Ohren gebeutelt, weil ich nicht zur Stallarbeit und danach nicht zum Abendessen heimgekommen war.

Am Sonntagnachmittag sind wir Buben auch manchmal barfuß über den Almsteig auf die Wankalm gelaufen – eine gute Wegstunde. Dort haben wir uns unter das weidende Jungvieh und die Pferde gemischt. Es waren da manchmal 20 bis 30 Stück Hirschwild am hellichten Tag mitten unter dem Vieh beim Äsen. An der Seite eines Stückes Jungvieh oder eines Pferdes konnte man bis auf etliche Meter an das Wild herankommen.

Nun zu einem speziellen Ohlstädter Brauch, der damals üblich war, das Maisäen. Zwischen Ober- und Unterdörflern gab es immer Reibereien. So durfte kein Bursch vom Ober- ins Unterdorf kommen zum Kammerfensterln bei einem Mädchen oder umgekehrt. Da setzte es dann Prügel. Sollte es gar ein heimliches Techtelmechtel geben zwischen einem verheirateten Mann und einem Mädchen, dann wurde denjenigen von Samstag auf Sonntagnacht ein sogenannter Mai gesät. Das heißt, vom Haus der betroffenen Burschen oder Ehemänner bis zum Haus der heimlich Angebeteten unter deren Kammerfensterl wurde eine Spur gezogen. Einmal wurde auch dem Pfarrer in Ohlstadt der Mai gesät. Er wurde dann später strafversetzt. Dieser Maiweg bestand aus Sägemehl oder ähnlichem Material. Wenn dann am Sonntag die Leute zur Kirche gingen und diesen Mai sahen, gab es genug, die sich darüber freuten, weil die Beteiligten ins Gerede kamen.

Nun Schluß mit diesem Abschnitt. Es ist damals bei den Bauern üblich gewesen, daß die Dienstboten im Herbst oder Winter gefragt wurden, ob sie an Lichtmeß wieder bleiben wollen. Also ich wollte mal wieder was Neues erleben, und mein Vater verdingte mich ins Nachbardorf nach Eschenlohe.

Am Lichtmeßtag 1912, am Blasiustag, dem dritten Februar, war in Hagen eine kleine Kirchweih, also das sogenannte Patrozinium. Da kam ich für ein paar Tage wieder nach Hause, und da hatte mir meine Stiefmutter keinen Schweinebraten, sondern extra einen Rinderbraten gemacht. Zu ihrer Ehrenrettung muß ich sagen, kochen konnte sie gut, aber mit uns Kindern war sie ein Luder. Vielleicht kam das daher, weil ihre erste Ehe kinderlos war. Sie hatte aber einen ledigen Sohn, der in Augsburg verheiratet war und später einmal in meinen Erinnerungen auftauchen wird.

ESCHENLOHE

Nach dem Schlenkertag* und dem Rasttag war also am 4. Februar 1912 mein Einstehtag beim neuen Bauern. Dieser Ein-

Die Nagelschuhe des Deutschen Alpenkorps während der 1. Weltkriegs

49

standstag galt für alle Dienstboten, ob männlich oder weiblich. Nach den zwei Ruhetagen zu Hause ging der Ernst des Lebens wieder los – jetzt aber in Eschenlohe in der »Mühle«. Dies war ein Bauernhaus mit Gastwirtschaft gleich neben dem Sägewerk Huber. Mein Bauer war der Bruder von den damaligen Sägewerksbesitzern Johann und Sebastian. Diese Brüder Huber waren bekannt dafür, daß sie von ihren Dienstboten und Arbeitern viel verlangten. Mein Bauer Georg Huber war der älteste der drei Brüder und hatte so das elterliche Anwesen mit Wirtschaft übernommen, während seine jüngeren Brüder die Säge und jeder eine Landwirtschaft betrieben. Für die anfallende schwere Fuhrwerksarbeit wie Langholz fahren, das man manchmal bis nach Linderhof oder Ammergau (es war dies eine Tagestour) fahren musste, hatten sie jeder ein paar ganz schwere Pferde, belgische Hengste, im Stall. Auch der Bauer fuhr manchmal im Taglohn oder im Akkord für seine beiden Brüder.

Dies sei nur erwähnt, um zu verdeutlichen, daß in Eschenlohe wahrlich ein ganz anderer Wind herrschte als in Ohlstadt. In Eschenlohe bekam ich zwei Mark fünfzig in der Woche, in Ohlstadt waren es im zweiten Jahr nur zwei Mark gewesen. In Ohlstadt hatte ich etwas Wäsche und Socken und ein Paar Schuhe erhalten, hier bekam ich zusätzlich ein paar Hemden, und gewaschen wurde für mich auch ab und zu.

Die Arbeit war aber auch viel mehr, und ich mußte schon um vier Uhr aufstehen. Die Behandlung war gut und das Essen auch. Es gab immer eine Brotzeit, auch wenn wir Mannsbilder erst zum Mittagessen heimkamen. Zu jeder Brotzeit bekam ich meine Halbe Bier, auch die Stalldirn* und der Knecht eine Maß vor- und nachmittags, dazu gab es Brot, Butter, Eier, Wurst oder Käse, was gerade da war. Zu Mittag gab es die Woche über Suppe und Mehlspeisen mit Tunke. Sonntags gab es immer nach der Suppe ein gutes Ochsenfleisch mit Kartoffelsalat. Morgens und abends bekam jeder eine kleine Schüssel Kaffee mit den übriggebliebenen Nudeln oder Brot zum Einbrocken. Hier gab es auch keine Gemeinschaftsschüssel, sondern jeder hatte seine eigene Schüssel.

Einmal hat die »Roana Nanni« (Staltmaier Anna), das

»Roana Nanni«, (Staltmaier, Anna) rechts

Dienstmädel, mit mir zu Lichtmeß eingestanden, gesagt, es sind keine Nudeln mehr da. Da hat der Bauer aber in der Speis* nachgeschaut, und es waren doch noch welche da. Er hat dem Madl vielleicht einen Krach gemacht! Daß er ihr nicht ein paar runtergehauen hat, war alles. Sie hat sich das nie wieder erlaubt in den fast drei Jahren, die wir zusammen in Eschenlohe waren. Sie hatte es für die Dirn und sich gut gemeint, aber der Bauer sagte, daß die Mannsbilder die schwere Arbeit machen müssen, und dann sollen sie auch die restlichen Nudeln haben.

Gute Mehlspeisen hat die Bäuerin gemacht. Mit Eiern und gutem Butterschmalz wurde da nicht gespart. Der Hof hatte acht Kühe und 30 Hühner und das nötige Jungvieh, zwei Pferde und zwei bis sechs Ochsen. Schweine gab es beim neuen Dienstherrn auch keine. Die Milch, Butter und Eier wurden nicht verkauft, sondern im eigenen Haushalt verbraucht. Wenn die Bäuerin heimlich was verkaufte, durfte der Bauer das nicht wissen. In der Speis standen da zwei irdene Hafen*, von denen jeder einen Zentner gutes Schmalz faßte. Da war einer in Gebrauch, und der andere wurde wieder aufgefüllt. Die Milch wurde durch die Zentrifuge getrieben und die Magermilch, die dabei anfiel, bekamen die Kälber im Stall als Trank.

Nun zur Arbeit, die auf mich wartete: Der Bauer war 40, die Bäuerin 28 Jahre alt, und sie hatten zwei Kinder. Der Knecht mußte im Oktober 1912 zum Militär, außerdem gab es da noch eine Stallmagd, 24 Jahre, eine Kellnerin und das Dienstmädchen Nanni sowie mich. Die Kinder durften zur damaligen Zeit nicht mit den Erwachsenen am Tisch essen, sondern saßen gesondert. Wenn es nicht pressierte, wurde im Frühjahr und im Herbst um vier Uhr aufgestanden, im Sommer zur Heuarbeit sogar um drei Uhr nachts. Im Winter zum Langholzfahren mußte ich schon um zwei Uhr raus. Zu meinen Aufgaben dort gehörte auch die Pferde zu misten und die Ochsen zu putzen. Die Pferde putzte der Knecht. Auch die Kühe mußte ich misten. Sie wurden von der Dirn gemolken und gefüttert. Beim Ausmisten bin ich fast vom Misthaufen gefallen, weil ein so scharfer Wind wehte. Ich bin in den Stall zurückgelaufen und habe den anderen kundgetan, was draußen für ein Sturm herrschte. Die lachten nur und haben gesagt: »Mei, Bua, da weht halt ein anderer Wind als in Ohlstadt!«

Ohlstadt liegt so schön angeschmiegt an den Bergen, dagegen liegt Eschenlohe am Ausgang des engen Loisachtales, da bläst halt der Wind ganz anders durch. In Eschenlohe sagte man auch, wenn der Wind nicht geht, dann taugt das Wetter nichts.

Zum Fuhrwerken gab es bei uns immer was, entweder im eigenen Feld oder Wald oder auch fürs Sägewerk entweder Langholz fahren oder fertige Ware zur Verladung zum Bahnhof im Tagelohn. Für das Lohnfuhrwerk kamen nur die Pferde in Frage, diese Fuhren machte meistens der Bauer selber. Für unser eigenes Fuhrwerk waren immer genug Ochsen vorhanden, ein Paar sechs-, siebenjährige und so zwei Paar selbstgezüchtete jüngere. Da gab es wieder Arbeit, diese jüngeren zum Ziehen – damals noch im ganzen Joch oder im Stirnbandl – abzurichten.

Früher wurden die Ochsen im ganzen Joch eingespannt. Was man darunter versteht, will ich nun schildern: Erstmal mußten gleichstarke oder gleichgroße Ochsen dazu ausgesucht werden. Auch junge wurden schon im ganzen Joch abgerichtet. Es wurden immer zwei in ein Joch gespannt. Meines Erachtens war das für die Viecher eine große Schinderei, hauptsächlich im Sommer, im Joch zu gehen. Aber die Zugleistung und Kraftentfaltung ist enorm, vor allem im Bergwald bei der Winterarbeit, wenn das Langholz vom Stock weg mit dem Gewirr der Äste ausgeschleift wurde und insbesondere für das Aufgantern* der Stämme für die Winterabfuhr, wenn es leicht bergab geht.

Die gleichstarken und gleichgroßen Ochsen werden zum Auflegen des ganzen Joches ins Freie gebracht. Dieses Joch ist meistens wegen seiner hohen Beanspruchung und wegen der Haltbarkeit aus Birkenholz gemacht und ist je nach der Größe der einzuspannenden Ochsen ein Meter fünfzig bis ein Meter achtzig Meter lang. Das Joch hat in der Mitte eine dicke Hanfseilschleife, die mit Leder bezogen ist. An beiden Seiten der Schleife sind Aussparungen, in die der lederne Hut paßt, den die Ochsen auf Kopf und Nacken haben. Das Joch wird den beiden Ochsen auf den ledernen Hut gelegt und mit sechs bis acht Zentimeter langen, zwei Zentimeter breiten Schweinslederriemen um die Hörner und den Hut über die Stirn festgebunden. Dies muß sehr korrekt und kunstvoll geschehen, daß das Joch auch fest sitzt und die Tiere in der Leistung nicht behindert sind. Dann wird das nun fest miteinander verbundene Paar an das Gefährt, Wagen oder Schlitten, meist mit Birkenholzdeichsel versehen, geführt. Die Deichsel wird mit dem vorderen Ende durch die Schleife am Joch geschoben, ein dicker Eisennagel durch die Deichsel gesteckt, daß sie weder vor- noch rückwärts kann. So kann das angehängte Gefährt gezogen sowie auch gebremst werden. Man braucht kein weiteres Geschirr oder Leitseil für das Gespann. Der Führer geht vor dem Kopf des Handochsen und hat die etwa 75 Zentimeter vorstehende Deichsel in der Hand. Das gut abgerichtete Gespann geht immer dem Führer nach, während bei der anderen Einspannmethode der linke Ochse das Leittier ist. Ich habe dieses Thema so ausführlich behandelt, weil es nicht mehr viele Leute geben wird, die diese Fahrweise noch kennen.

Im Frühjahr ging es in den eigenen Wald zum Holzfällen, um Langholz und Scheitholz zum Verkauf oder um den Rest zu Brennholz zu verarbeiten. Entweder wurde gleich heimgefahren oder bis zum nächsten Herbst oder Winter aufgestapelt. Diese Arbeiten wurden durchgeführt ohne Rücksicht auf Regen oder Schnee. Das war für mich nicht so einfach, ich war damals erst 15 Jahre alt. Für diese Arbeiten hatte ich außer wohl guten Schuhen keinen Regenmantel. Wenn ich abends nach Hause kam, war ich oft entweder ganz durchnäßt oder im Winter total durchfroren. Die körperliche Beanspruchung war zu damaligen Zeiten ungeheuer hoch, so daß ich abends manchmal auf allen Vieren ins Bett kroch. Die Sachen konnte man in der Gaststube am Kachelofen trocknen. Daheim unter Dach arbeiten wie in Ohlstadt gab es in Eschenlohe nicht viel, weil auch kaum Getreide angebaut wurde, höchstens Hafer, ein wenig Gerste und Kartoffeln. So brauchte ich auch keinen Weizen oder Roggen mit der Sichel schneiden wie in Ohlstadt.

Im Frühsommer brachte mir der Bauer das Mähen bei. Da ging´s dann auch wieder bei Regen zum Streumähen ins Moos. Er war mir hier ein guter Lehrmeister wie auch bei vielen anderen Arbeiten. Er hat mir alles gründlich und mit viel Geduld beigebracht. Für die Heu- und Grummetarbeit war eine Mähmaschine sowie ein bespannbarer Heuwender und Rechen vorhanden. Der Bauer besaß 50 Tagwerk einmahdige Wiesen (Bergwiesen). Die waren sehr schwer zu mähen. Bei dieser Arbeit waren manchmal acht bis zehn Mäher, männliche und weibliche. Neben dem Bauern, dem Knecht, der Magd und einer ständigen Tagelöhnerin waren auch die Magd und ein paar Arbeiter vom Sägewerk leihweise eingesetzt, aber nur von früh bis mittag bei schönem Wetter. Das war sehr lustig. Aus großen Buchenästen wurde eine Art Schlitten gebaut und das Heu da draufgepackt. Da es überall bergab ging, konnte man die Heuhaufen auf den Ästen bis an den steilen Abhang ziehen und da hinuntersausen lassen. Drunten wurde das Heu auf ein Fuhrwerk geladen und von den Rössern in den Stadel gebracht. Der Stadel stand auf einer größeren Wiese mit ungefähr 20 Tagwerk. Durch das Grundstück ist früher eine Eisenbahn gegangen auf einem Damm. Nach der Bahnverlegung am Berg entlang wurde dieser alte Bahndamm aufgelassen, und das Material war ideal zum Auffüllen und Höherlegen des Loisachdammes, welcher das Grundstück auf zwei Seiten umschloß. Bei starkem Regen oder bei der Schneeschmelze stieg die Loisach stark an und trat an dem großen S-Bogen über die Ufer und überschwemmte die ganze Wiese von 25 Tagwerk – seit sie zweimahdig gemacht und regelmäßig gedüngt wurde, ein großer Schaden.

Beim Ackern auf diesem Grundstück habe ich mein erstes größeres Geweih gefunden. Später kamen noch andere hinzu, weil die Hirsche nachts vom nahen Bergwald über die Geleise auf die saftige Wiese kamen. Manchmal ließen sie so eine Geweihstange zurück. Das Gegenstück hat ein Eschenloher gefunden und mir das meine für fünf Mark abgekauft, weil es eine sehr schöne Stange, ein Zehner, war. Er hat mir das seine nicht verkauft – womit hätte ich es auch bezahlen können!

Auf dieser Wiese – Einöd genannt – ist ein Ereignis erwäh-

nenswert. Der Bauer mähte mit der Maschine den ersten
Schnitt fürs Heu. Auf einmal flog eine Fasanenhenne auf und
in den nahen Wald hinüber. Der Bauer hielt die Pferde an, und
wir schauten nach, wo die Henne gesessen hatte. Da lagen in
einem Nest auf einem halben Dutzend Eier, welche unbeschä-
digt waren, denn der Mähbalken war genau darüber hinwegge-
gangen, die zwei abgeschnittenen Füße der Henne. Sie muß
im Wald elend umgekommen sein.

Diesen Sommer 1912 war noch der »Schmiedjörgl Mentl«
(Klement Mangold) unser Knecht. Er mußte im Oktober zur
Infanterie nach Augsburg einrücken. Er war ein guter, freundlicher Knecht. So im Spätsommer kam der »Kraner Hans«
(Johann Geiger) zu uns. Der war schon militärfrei, so 25 Jahre
alt und nebenbei gesagt gar nicht so nett wie der »Mentl«, besonders zu mir nicht. Aber wer fragte da schon nach der Meinung eines fünfzehnjährigen Lausers.

Bei einem Hochwasser 1912 mußten unter anderem die
Stämme aus dem Mühlbach in Sicherheit gebracht werden,
weil diese sonst abgetrieben worden wären. Dies war ein
schwieriges Unterfangen und hing viel von der Fahrkunst des
Einzelnen ab.

Da kommt mir ein komisches Ereignis im Spätsommer 1912
in den Sinn. Der Bauer hatte in der Nähe von Schwaigen ein
zehn Tagwerk großes Moosteil, das sogenannte »Mentn
Moos«. Es wuchs da eine gute Streu, welche nur mit einer guten Schneide an der Sense zu mähen war. Der »Mentl«, der
neue Knecht Hans und auch ich haben da gemäht und sind
dann nach Hause gegangen über einen Graben zum Nachbar-
Moos, das dem »Walserbauern« gehört und gut dreimal so
groß wie unseres war. Also, dazwischen war ein Graben mit einer braunen Moosbrühe. Man brauchte nur die kleine Böschung bis zu der unappetitlichen Brühe hinunter gehen und
hätte da die eineinhalb Meter leicht drüberspringen können.
An der oberen Kante war der Graben fast fünf Meter breit.
Aber die beiden Knechte ritt der Teufel. »Da spring ma nü-
ber!« hieß es. Wenn man nicht hinüberkam, war es nicht so
schlimm, denn an der gegenüberliegenden Böschung konnte

man gut landen. Der »Mentl« wollte es wissen. Er nahm einen Mordsanlauf, aber ausgerechnet vor dem Graben stolperte er über einen verwachsenen Ameisenhaufen. Mit vorgestreckten Händen stürzte er in die Soße, sogar der Kopf steckte drin.

Beim Schreiben dieser Zeilen muß ich heute noch lachen. Der Knecht und ich sind nur dagestanden und haben gelacht und gelacht. Er hatte die größte Mühe, den Kopf zum Atmen aus der braunen Brühe herauszubringen, aber wir konnten ihm vor lauter Lachen nicht helfen. Erst hat er geschimpft, ob wir ihn wohl ersaufen lassen wollten, aber dann hat er selber eingesehen, daß sein Mißgeschick zum Lachen war. Er ist dann leider schon 1914 gefallen.

Neben all der Arbeit ist noch zu erwähnen, die Knecht- und die Dirnkammern lagen im ersten Stock des Hauses gegen den zum Haus gehörenden Anger. Es war da auch ein Obstgarten, dann ein sogenannter Sommerkeller mit Kegelbahn und Salettl* für die Schützen. Im Keller war das Bier aufbewahrt, denn die Mühle war eine Schankwirtschaft, wo man kalte Brotzeiten zu Brezen und Bier bekommen konnte. Am Ende des Angers war auch ein Schießstand für die Zielscheiben aufgebaut. Anschließend an den Anger mit Sommerkeller waren ein paar Wiesen, die dann in den Bergwald übergingen.

Aus diesem Bergwald kamen im Spätherbst die Hirsche zum Äsen nachts bis vor unsere Fenster. Natürlich haben wir sie in der Brunftzeit geärgert und angelockt, indem wir in der hohlen Hand den Brunftschrei nachahmten. In diesem Zusammenhang sei gesagt, daß es im Eschenloher Revier eine sehr gute Hochgebirgs-Hochwild- und auch eine Niederwild-Moosjagd gab. Einen Teil der Gemeindejagd hat damals der Staatssekretär Kühlmann (er hat sich später in Ohlstadt eingekauft) für wie es hieß 12 000 Mark gepachtet. Er hat zur Hirsch- oder Gamsjagd mit seinem Gefolge bei uns in der Mühle ein paar Zimmer bewohnt. Wenn der hohe Herr da war, gab es auch für uns Wildbret. Die Bäuerin machte es gedünstet, und es schmeckte erstklassig, wenn wir Männer durchgefroren mit dem Fuhrwerk zur Brotzeit heimkamen. Anschließend, wenn die Stallarbeit getan war, gab es den obligatorischen Kaffee mit Nudeln.

So kam der Winter 1912 herbei – nebenbei gesagt gab es damals viel härtere und zusammenhängend kältere Winter als heutzutage.

Wir mußten in dem Winter so 2000 Festmeter Langholz vom sogenannten Schustergassenwald in der Nähe vom Gut Buchwies bei Oberau abfahren. Der Bauer hatte dieses Fuhrwerk von seinen Brüdern im Sägewerk im Akkord übernommen. Als es schon im Dezember geschneit hatte und eine ziemliche Kälte herrschte, mußte erst einmal am Mühlbach entlang (er entspringt bei den sieben Quellen) durch das im Sommer nicht begehbare Moos ein Weg durch den Schnee getrampelt werden. Es waren dazu etliche Männer nötig, weil man jeweils zu zweit nebeneinander durch den Sumpf waten und den Schnee antreten mußte. Man hieß das Moosrühren. Nach ein paar kalten Nächten und weil wegen der hohen Berge den ganzen Tag keine Sonne hinkam, war diese ausgetretene Gasse soweit gefroren, daß man mit einem leichten Ochsengespann mit dem Schlitten hin- und herfahren konnte. Später in den nächsten Tagen konnten wir es auch mit den schweren Ochsengespannen oder Pferdewagen wagen. Aber wenn da ein Pferd oder ein Ochse neben der Bahn in den tiefen Schnee trat, ging es gleich durch in den Sumpf. Da paßten die Tiere schon selber auf. Dann ging es los – erst mal jeden Tag um zwei Uhr in der Früh aus den Federn, nicht ganz angenehm für mich.

Einmal kam ich nach dem Wecken, das der Bauer besorgte, nicht gleich raus. Flugs kam der Knecht, der »Kraner Hans« aus dem Stall rauf in meine Kammer, hob die Bettdecke hoch und schüttete mir eine Schüssel Wasser, die im Zimmer stand, kurzerhand ins Bett – eine ziemlich rauhe Methode, einen jungen, schläfrigen Burschen auf Trab zu bringen. Dann mußte ich in den Stall runter, die Pferde und Ochsen misten. In der Zwischenzeit fütterte der Knecht die Zugtiere und putzte auch die Pferde. Auch der Bauer war aufgestanden, und die »Roana Nanni«, ein Jahr jünger als ich, kochte in der Küche den Kaffee. Punkt vier Uhr wurde eingespannt. Dazu war schon elektrisches Licht vor dem Stall. Die schweren Ochsen kamen ins ganze Joch und an den schweren Baumschlitten mit dem sogenannten Starzer*. Auch die Pferde wurden so eingespannt, und ab ging die Post. Das erste Fuhrwerk war mit einer Stallaterne ausgerüstet, denn die brauchte man, um in der Finsternis die ersten zwei Fuhren aufzuladen. Dann wurde das Holz den Berg herunter geschleift, bis das Gelände eben war. Da wurde die ganze Fuhre in einer scharfen Kurve auf einen Ganterbaum gefahren und mit dem kleinen Ende der Stämme auf den Starzer herübergeschoben mit den Griffstangen. Da hieß es für mich, kräftig drunterstehen unter so einem Griff. Einmal hat es mich fast in den Boden gedrückt, da schrie mich der Knecht grob an: »Du Lausbub, hast du schon wieder gewichst!«

Ich wußte aber damals noch nicht, was er damit meinte. Als die beiden Fuhren auf den Starzern waren – so schnell kann ich gar nicht schreiben, wie es damals gehen mußte – ging es weiter. Der Bauer fuhr das erste Fuhrwerk mit den Pferden. Der Knecht mit den Jochen hinterher. Zugleich mußte er den Bauern starzern, während ich dem Knecht starzern mußte. Eine gute halbe Stunde durch das Moos zum Ganterplatz, dadurch war der Weg kürzer, mit der ganzen Fuhre im Trab über die hergerichteten Ganterbäume, schnell die Ketten und Haken ausgeschlagen und zurück für die zweite Fuhre am Vormittag. Zum Essen und Füttern heim, am Nachmittag auch wieder zwei Fuhren. Und so ging es den ganzen Winter, gute drei Monate lang, bis im März die Bahnen aufgetaut waren. 2000 Kubikmeter sind eine ganze Menge Holz, und das mit zweieinhalb Männern und zwei Gespannen. Wenn das keine Leistung ist! Ich bin jeden Tag die Treppe auf allen Vieren hochgekrochen und buchstäblich ins Bett gefallen. Auch wenn sich das heute vielleicht keiner mehr vorstellen kann; das Bett stand am offenen Fenster, und es ist manchmal vorgekommen, daß es auf die Bettdecke schneite.

Aber trotz der schweren Arbeit bin ich gerne dort gewesen, weil die Behandlung, wenn man vom Knecht absieht, durch den Bauern und die Bäuerin, wir mußten sie beide beim Vornamen nennen, Hansjörgl und Agathe, ordentlich war. Auch sonst war das Arbeitsklima gut.

Im Frühjahr 1913 war für ein paar Wochen zur Bretterübernahme und zum Sortieren ein Vertreter der Holzgroßhandlung

Klöpfer und Könninger im Sägewerk. Er wohnte bei uns und hieß Maier. Mein Bauer und sein jüngerer Bruder Wastl, der Sägewerksbesitzer, und Herr Maier saßen dann abends beim Bier in der Küche und haben dabei Schafkopf gespielt. Zur damaligen Zeit war das Augustiner Bier das beliebteste. Die kleinen Landbrauereien sind nach und nach ausgeschaltet worden. Da sie nicht immer einen vierten Mann hatten, haben sie es mit unserem Knecht, dem Hans, probiert. Der konnte wohl watten*, aber das etwas schwerere Schafkopfspiel (es kam damals erst in Mode und wurde nur von der Prominenz gespielt) ging nicht in seinen Kopf. Also haben sie mir das Schafkopfspielen beigebracht. Ich habe es schnell begriffen, und die hatten mit mir einen festen Partner. Es wurde damals nicht so rauh, so teuer wie heute, gespielt.

Ein Jahr später war ich dann erster Knecht – mit 17 Jahren. Daraufhin gab mir der Bauer den Lohn in die Hand, nicht mehr meinem Vater. Es waren fünf Mark wöchentlich.

Durch meinen Lehrmeister bin ich ein guter Mäher geworden. Das Grummet wurde meistens, der Ergiebigkeit halber, mit der Sense gemäht. Der Knecht voraus, ich hinterher und anschließend der Bauer. Ich war dank der guten Kost ein zäher Bursche geworden. Nun, der Bauer war ein guter Mäher. Der Knecht hatte Schwierigkeiten, vorne wegzukommen. Wenn er auch vor Wut schäumte, er traute sich nicht, mich zusammenzustauchen, weil der Bauer dabei war. Er fürchtete ihn. Im Spätherbst hörte dieser Knecht dann auf, und ich kam an seine Stelle. Nun kommt ein einschneidendes Ereignis auf mich zu:

In der Nähe vom Wengerer Hof hatte der Bauer ein Waldteil. Wir hatten dort im Frühjahr einige größere Bäume geschlagen und auch im Laufe des Jahres viel Brennholz gemacht. Diese Stämme waren zum Abtransport mit dem Baumwagen und Starzer an den Abfuhrplatz gebracht und aufgegantert worden. Am 23. November 1913 waren der Bauer und ich mit dem Baumwagen und Pferdegespannen an den Lagerplatz gefahren. Der vordere Wagen war aufgestellt, ebenso der hintere Teil, der sogenannte Starzer. Den brauchte man, weil die Stämme, sogenannte 80er, 24 Meter lang waren. Vorne hatten wir schon vier Stück von den Kolossen auf dem Wagen. Nun kamen die kleineren Enden dran, immerhin so 20 Zentimeter Kopfende, um sie auf den Starzer zu bringen. Es war ein sogenanntes Aufreitholz angelegt. Um zwei der am Boden liegenden Stämme wurde eine Kette gelegt, und die zwei Stämme sollten vom Bauern mit einem Gaul auf den Wagen gezogen werden. Ich ging hinter den zwei Stämmen her, um die Kette wieder zurückzuholen, sobald die Stämme auf dem Starzer lagen. Ich wollte die anderen zwei am Boden liegenden Stämme dann anketten. Aber dazu kam es leider nicht mehr, denn ehe die zwei ersten Stämme über das Aufreitholz gezogen waren, brach die Kette, und die Stämme sausten auf dem glatten, reifigen Holz wieder zurück und rissen mich an den Füßen mit. Ich kam zu Fall, und als die Bäume ruhig lagen, sah es böse aus. Der rechte Schuh lag auf den Stämmen, das linke Bein auf dem rechten Bein und auf dem linken Schienbein die zwei heruntergerutschten Stämme. Auf der anderen Seite stand der linke Fuß mit dem Schuh in die Höhe. Ich war eingeklemmt. Der Bauer schrie gleich herüber: »Hat es dir was getan?«

Ich sagte: »Ich weiß es nicht, die Bäume liegen auf meinen Haxen!«

Er kam gleich rüber, denn er war ja mit dem Gaul auf der anderen Seite des Wagens. Er wollte mit einem Griff die beiden Bäume hochheben, doch es gelang ihm erst nach mehreren Versuchen, die beiden Stämme gleichzeitig auf den Griff zu bekommen. Als das endlich gelungen war und ich die Füße rausziehen konnte, merkte ich gleich an den Schmerzen, daß der Fuß gebrochen war. Ich hatte auch, als die Stämme runterfielen, ein Knacken gehört, gerade als wenn man einen dürren Ahornprügel abtritt. Aber gespürt habe ich weiter nichts, erst als ich den Fuß zum Herausziehen bewegte. Ich sagte: »Ich glaube, der ist ab!«

Der Bauer versuchte, mich rauszuziehen, was endlich nach mehreren Versuchen gelang. Er mußte gleichzeitig auch die zwei Stämme, die auf dem Fuß lagen, dauernd mit dem Griff hochhalten, um mich rauszubringen. Endlich lag ich da, und der Fuß mit dem Schuh ist auf die Seite gefallen. Da war es gewiß, daß er abgeschlagen war.

Die Schmerzen wurden auch immer stärker. Der Bauer hat mich mit einer Roßdecke zugedeckt, denn ich fing an, mit den Zähnen zu klappern. Ob vor Angst, oder weil es mir zu kalt wurde, weiß ich nicht. Er ist heim, eine knappe halbe Stunde war es nur, die er zu gehen hatte. Die Pferde blieben stehen, wo sie waren. Er hat Leute geholt, welche mich auf einer Trage, mit der man im Moos die Streu zusammenträgt, in ein paar Betten eingepackt, heimgetragen haben. Da lag ich nun im Hof und wurde hauptsächlich vom Bauern bedauert. Ich mußte warten, bis der Einspänner fertig war, um mich ins Krankenhaus nach Murnau zu bringen. Von Zeit zu Zeit bekam ich einen Schluck Schnaps, und man fragte mich, ob mir noch nicht schlecht ist. Der Einspänner war fertig, und ich wurde in Betten gepackt und darauf gelegt. Um meinen Fuß hineinzubringen, welcher noch in dem Schuh steckte, wurde der Sitz abgeschraubt und mußte danach wieder angeschraubt werden. Ein Gaul wurde eingespannt, und der »Heisl Benedikt«, ein alter Fuhrmann, kutschierte mich nach Murnau. Als der Einspänner das Bahngleis überquert hatte, wollte der Gaul mit dem Wagerl wieder umkehren. Der Fuhrmann, ein älterer Mann, hatte Mühe, den Gaul davon abzuhalten. Aber es ging dann doch gut bis Murnau. Bloß auf der Straße (sie war damals noch nicht geteert) hat es mich tüchtig durchgebeutelt, wenn wieder einmal eine frisch geschotterte Stelle kam. Alle Augenblicke fragte er mich: »Ist es dir noch nicht schlecht?« Ich habe mich dann mit einem Schluck aus der Schnapsflasche gestärkt, die sie dem Fuhrmann für mich mitgegeben hatten.

Im alten Krankenhaus in Murnau sind wir aber soweit gut angekommen. Da kam gleich der Hausknecht und ein paar Ordensschwestern. Der Hausknecht stieg in den Wagen, packte mich unter den Armen, riß mich hoch und wollte mich rausziehen. Ich habe einen Schrei getan, weil sich der Fuß am Sitz festgeklemmt hat. Die Schwestern haben ihn dann geschimpft und den Fuß behutsam unter dem Sitz durchgebracht. Sie haben mich dann auf ein Viererzimmer getragen, den Schuh ausgezogen, und als der Arzt, Hofrat Dr. Asam, kam, wurde erst mal der Fuß an der Bruchstelle wieder eingerichtet. Es war ein komplizierter Bruch beider linker Unterschenkelknochen. Zu diesem Zweck wurde ich oben an der Bettstelle mit einem Tuch, unter dem Arm durchgehend, festgebunden. Eine Schwester zog am unteren Ende des Bettes den kaputten, mit einem Tuch umwickelten Fuß leicht an, während der Arzt die Splitter des Knochens wieder an die richtige Stelle drückte. Der Fuß wies überhaupt keine äußeren Verletzungen auf, nicht einmal die Haut war abgeschürft. Er wurde dann in eine Blechschiene, die mit Watte ausgelegt war, hineingelegt. Für die Ferse war im Blech ein Loch ausgeschnitten. Gegen das Umkippen war der Vorderfuß mit einer Querschiene gesichert. Das Ganze wurde mit einer Trikotbinde fest umwickelt, und fertig war die Prozedur. Ich mußte dann allerdings Tag und Nacht auf dem Rücken liegen, woran man sich auch erst gewöhnen mußte.

Bald zwölf Tage mußte ich die Schiene am Fuß lassen, weil der Fuß an der Bruchstelle immer noch geschwollen war. Es konnte deshalb kein Gipsverband angelegt werden. Außerdem hatte ich einen sehr unruhigen Schlaf, und die Bruchstelle mußte deshalb jeden Tag neu eingerichtet werden. Der Arzt sagte: »Der Roith ist halt ein unruhiger Geist«, weil er dauernd alles wieder neu einrichten mußte. Ich sagte zwar, es täte nicht weh, aber manchmal tat es dies doch. Ich gab es nicht zu und verbiß es. Bei dem Arzt und den Schwestern habe ich immer wieder über das Fersenbrennen geklagt. Aber das wurde abgetan mit den Worten: »Das haben alle!«

Sie haben mich dann noch fester in die Schiene gebunden, um nicht immer den Fuß neu einrichten zu müssen und noch mehr Arbeit durch mich zu haben.

Endlich nach 14 Tagen bekam ich einen Gipsverband. Aber weil der Fuß immer noch leicht geschwollen war, hat der Arzt beim ersten Mal eine neue Gipsschiene angelegt. Es wurde nicht der ganze Fuß eingegipst, sondern schienenartig über Fuß und Ferse rechts und links die Gipsbinden angelegt und abschließend wieder mit Trikotbinden umwickelt. Als der Arzt nach etlichen Tagen wieder nachschaute, war die Schwellung zurückgegangen. Es wurde die Gipsschiene aufgebunden, beiseite gebogen und um das Bein etwas Watte gelegt. Die Schmerzen an der Ferse hörten nicht auf. An der Stelle, wo das

Blech ausgeschnitten war, hat die Ferse gescheuert, und es hat sich eine Blutblase gebildet. An der Stelle war der Gips direkt auf der Haut. Ich habe daran rumgekratzt. Die Blutblase war schon gestockt und hat gejuckt. Hinterher hatte ich ein großes Loch in der Ferse, etwa zwei Zentimeter tief. Diese mußte ich später noch lange mit Salbe behandeln, weil ich in keinen Schuh mehr hineingekommen bin. Es war also aus purer Nachlässigkeit von den Schwestern passiert.

Im Krankenhaus hat man mir Filzlatschen gegeben. Von diesen bekam ich zu allem Unglück auch noch Schweißfüße. Ich hatte den ganzen Sommer damit zu tun, um die unangenehme Sache wieder los zu werden. Ich wusch dann meine Füße dauernd im Mühlbach.

Ehe ich mit Krücken gehen konnte, wollte mich die Schwester Lucensia, ein Koloß von zwei Zentnern, zum Beichten in den ersten Stock tragen. Sie hatte mich einfach, weil ich gesagt habe, ich kann nicht gehen, auf den Arm genommen und war schon mit mir auf der Treppe. Ich wehrte mich ganz energisch, denn ich lasse mich doch nicht zum Beichten zwingen. Sie hat mich dann wieder in mein Bett zurückgebracht, aber von da weg bin ich nicht mehr aufgefordert worden zum Beichten.

Erst ließen sie mich liegen, ohne was zu tun gegen mein Fersenbrennen, und dann sollte ich auch noch zum Beichten gehen, beziehungsweise geschleppt werden! Das ging gegen meinen gesunden Menschenverstand. Ich muß noch erwähnen, daß es sonst ganz gemütlich war im Krankenhaus. Ein paar Patienten von einem anderen Zimmer haben erfahren, daß ich schafkopfen kann. Die haben dann einen Tisch und ein paar Stühle an mein Bett gerückt, und ein zünftiger Schafkopf wurde geschoben, denn es war ja Winter, und man konnte sowieso nicht ins Freie. Einer von den Schafkopfbrüdern war ein Schnupfer (echter Schmalzler). Dabei habe ich das Schnupfen auch gelernt und ab und zu eine Prise genommen. Er war ein netter, immer gut aufgelegter, älterer Mann und hatte ein Glasröhrchen im Knie, damit der Eiter abfließen konnte. Den Fuß haben sie ihm aber doch abnehmen müssen.

Kurz und gut, einmal hat mich der Bauer besucht. Da rückt meine Entlassung nach elf Tagen schon heran. Ich mußte aber wegen dem Loch in der Ferse noch ein paar Wochen krank feiern, weil ich in keinen Schuh paßte.

Schließlich konnte ich endlich wieder arbeiten. Ich ging zum Putzen von gefällten Bäumen in einen Bergwald zum Schellenberg. Dorthin mußt ich alleine gehen, ungefähr eine gute Wegstunde. Alleine ist es immer gefährlich, im Bergwald zu arbeiten, wie man gleich sehen wird. Ich arbeitete mit der Axt an einer am Boden liegenden Fichte, als mir die Axt beim Ausholen in einem Buchenast über mir hängen blieb. Die Axt glitt am Fichtenstamm ab und fuhr mir ins linke Knie. Anstatt heimzugehen, habe ich mir das Knie verbunden, Mittag gemacht und weitergearbeitet. Der Nachhauseweg war dann doch beschwerlich, ich nahm einen Ast als Stütze und quälte mich über den Abhang zur Straße. Inzwischen war es schon Nacht geworden, und der Bauer kam mir mit einigen Männern und einer Laterne entgegen. Sie hatten mich schon gesucht. Etwa um neun Uhr abends haben sie mich dann gefunden. Der Bauer schimpfte mit mir und machte mir einen notdürftigen Verband. Am anderen Tag mußte ich dann nach Garmisch ins Krankenhaus.

Aber als die Heuarbeit begann, glaubte ich wohl, es ginge nicht ohne mich, und ich ließ mich nicht mehr im Krankenhaus halten. Zu Hause gab es Arbeit für mich in Hülle und Fülle mit dem Fuhrwerk, obwohl die Wunde noch nicht ausgeheilt und noch geklammert war. Auch der Verband darüber war hinderlich bei jeder Arbeit. Mein Diensteifer wurde mir ein paar Monate später schlecht gelohnt, wie man sehen wird.

Der Bauer fuhr nicht nur Holz, sondern auch Kies und Sand zu verschiedenen Neubauten und auch zum Betonieren beim Schulneubau in Eschenlohe. Ich mußte dann den ganzen Tag mit der Schaufel Kies aufladen. Mit dem Sand war es das gleiche, der mußte aber erst noch durch das Sieb geworfen werden, und nebenbei mußte ich wieder eine Fuhre mit einem Kubikmeter aufladen. Das war in fünf Minuten geschehen, dann wieder Sand durchs Gitter werfen. So ging es tagelang. Der Bauer bekam damals für den Kubikmeter angelieferten Sand drei Mark zwanzig bis drei Mark fünfzig, für den Kies eine Mark fünfzig bis eine Mark achtzig. Manchmal brachten wir es auf acht bis zehn Fuhren am Tag. Für den Bauern war das eine gute Einnahme zur damaligen Zeit, für mich 17jährigen eine Schinderei.

Wir hatten auch eine sehr gute Milchkuh. Die gab, wenn sie gekalbt hatte, pro Tag 28 Liter Milch. Wenn ich die mit den anderen Kühen auf der Weide hüten mußte, lief das Luder von den anderen weg und schwamm durch die Loisach. Drüben lief sie ein Stück abwärts und schwamm wieder zurück, lief über die Weide zwischen Mühlbach und Loisach, schwamm noch durch den kalten Mühlbach und lief heim in den Stall. Ich konnte sie nicht aufhalten, weil ich immer auf die anderen Kühe aufpassen mußte, daß mir die nicht ausrissen. Das Luder von einer Kuh mußte dann immer im Stall bleiben und durfte nicht mehr mit den anderen auf die Weide, weil man Angst hatte, sie würde krank, wenn sie immer durch das kalte Wasser schwimmt. Man wollte von der Kuh wegen der guten Milch Nachwuchs haben, aber das eigensinnige Luder tat uns diesen Gefallen nicht. Sie brachte immer nur Stiere zur Welt.

Nun kommt wieder ein Ereignis an die Reihe. Wie gesagt, der Bauer hatte drei Gemeinderechte. Wir hatten von den drei Losen zufällig zwei nebeneinander bekommen. Der »Reschen Sepp«, die Dirn und ich wurden zum Köchel* zum Mähen geschickt. Auch die anderen Eschenloher taten neben uns das gleiche. Es war bekannt, daß die drei Brüder Huber in jungen Jahren in Eschenlohe die besten Mäher waren. Von den dreien war der Bauer, bei dem ich arbeitete, wieder der beste. Er erzählte uns öfter, daß er einen Köchel bis zu den Erlen und Weiden am Ramsachufer abgemäht hat bis zum Mittag.

Ich wollte es nun auch wissen. Da wir nun zwei Teile nebeneinander hatten, konnte mein Versuch starten. Ich fragte ihn, ehe wir drei abmarschierten, wie lange ich für einen Lus brauchen dürfte. Er sagte, ein guter Mäher macht dies bis vier Uhr nachmittags. Wir haben dann die Grenzen ausgezogen mit der Sense. Punkt sieben Uhr haben wir angefangen, jeder mit seinem Lus. Die Dirn mußte hintennach rechen.

Es würde in Doppelmahden gemäht, das heißt zwei Mahden gegeneinander. Ich hatte schon sicherheitshalber zwei

66

Sensen mitgenommen, wenn eine kaputt ging bei der hohen Beanspruchung. Mit jedem Sensenstreich fiel ungefähr ein halber Meter. Ich kam mit Nachgehen kaum mehr mit. Die anderen Mäher blieben zum Teil links und rechts stehen und schauten zu. Sie sagten der »groaß Sepp« (So hieß ich damals. Der andere Knecht hieß auch Sepp, er war der »kloa Sepp«). So ging es den ganzen Vormittag ohne Pause. Die Dirn, die rechte, kam auch überhaupt nicht mehr nach, weil bei dem großen Einschlag von jedesmal nahezu einem halben Meter viel Streu über die Sense gefallen und liegengeblieben ist, was gerecht werden mußte. Um zwölf Uhr war ich mit dem ganzen Köchel fertig. Es war dies eine Fläche von ungefähr zwei Tagwerk, also 6700 Quadratmeter. Noch heute, mit bald 75 Jahren, wenn ich nach Eschenlohe komme, erinnern sich die alten daran. Es war damals Tagesgespräch in den Wirtschaften, daß der »groaß Sepp« mit seinen 17 $^1/_2$ Jahren bis Mittag einen ganzen Köchel gemäht hat. Es haben seither viele gute Mäher probiert, diese Leistung fertigzubringen, aber es ist noch keinem gelungen, einen Köchel-Lus in fünf Stunden abzumähen. Einen großen Dank hatte ich damals nicht, höchstens eine Maß Bier.

Nun kommt was anderes. Eine Maß Bier habe ich mir damals auf eine leichtere aber originellere Art verdient. Etliche Arbeiter von der Säge und ich saßen spät nach Feierabend noch in der Küche und spielten Karten (Watten). Auf dem Küchenherd stand ein Hafen mit Leinsamenbrei zum Tränken der Kälber. Aus dem Backofen am Herd kam immer eine Maus und naschte an dem Leinsamenbrei. Ich ging leise hin und wartete, bis das Vieh wieder auf dem Brei saß und tupfte sie mit der Hand schnell in den heißen Brei. Gleich hatte ich sie gepackt, hielt sie hoch und sagte: »Muß ich dir den Kopf abbeißen?« Ich wollte bloß Spaß machen, aber einer von den Arbeitern schrie: »Eine Maß zahl ich dir!« Ich – nicht faul – und schwupp, war der Kopf von der Maus weg. Als ich ihn ausspuckte, hat die Kellnerin aufgeschrien und ist rausgerannt. Ihr ist schlecht geworden und einem von den Wattern auch. »Jetzt darfst aber von unserer Maß nimmer trinken!«, sagten die anderen, aber ich hatte mir ja eine extra Maß verdient.

Daß die Madl keine Lust hatten, mit mir lang aufgeschossenem, roßmuckigem* Kerl anzubandeln, war wohl zu verstehen. Damals vor dem Ersten Weltkrig waren die Burschen in der Überzahl, und noch lange nicht jeder Bursche bekam ein Madel, ganz abgesehen davon, daß ich mit meinen 17 Jahren sowieso kein Verlangen nach einem Madel verspürte. Und bei der schweren Arbeit, die ich hatte, verging mir sowieso der Übermut. Auf einmal ritt mich aber doch der Teufel. Es war an einem Sonntagabend. Ich muß wohl ein bißchen zuviel Bier erwischt haben (das Bier war damals gut, und die Maß kostete nur 20 Pfennig). An diesem Abend ging ich in die Dirnenkammer. Die lag gleich neben der unseren. Ich stellte mich an der Dirn ihr Bett (die Nanni war noch nicht da und der »kloa Sepp« auch noch nicht) und sagte: »Marie, darf ich heit bei dir schlaf'n?«

Vielleicht hätte ich es anders anpacken sollen, ich hatte ja noch keine Ahnung. Sie wies mich nicht gerade grob ab und meinte: »Wenn die Nanni kommt!«

Ich zuckelte ab und meinte, hiermit sei die Sache erledigt. Am nächsten Tag mußte ich früh ins Holz gehen. Als ich abends heimkam und mich zur Brotzeit an den Tisch setzte, ulkte jemand: »Marie, darf ich bei dir schlaf'n?« Ich habe mich sehr geschämt und heimlich geärgert, daß der Maulaff* von Dirn dies ausgeplaudert hat, um mich lächerlich zu machen. Die Bäuerin, die gute Haut, war auch erbost, daß mich die Dirn mit Absicht lächerlich gemacht hat. Ich habe das kleine Abenteuer nicht gleich vergessen und habe der Dirn beim Heuaufladen im Sommer ganz schön große Gabeln voll Heu auf den Wagen gepackt, daß sie mit dem Fassen gar nicht mehr mitgekommen ist. Was zu sagen hat sie sich aber nicht getraut. Ich war auf lange Zeit auf die Weiber insgesamt schlecht zu sprechen, obwohl ich bestimmt bei mancher gut angekommen wäre. Heute kann ich sagen, daß dies für mich kein Schaden gewesen ist.

Der Sommer und der Herbst waren vorüber. Es war Kirchweih. Der Krieg war schon in vollem Gange. Nebenbei bemerkt, ich wollte mich damals zur Kavallerie melden, aber mein Vater und der Bauer haben es nicht erlaubt, weil ich noch bei der Arbeit gebraucht wurde. Wenn ich im August schon gewußt hätte, was mir Ende Oktober blüht, hätte ich mich nicht abhalten lassen. Kirchweih war vorüber, es gab keine größeren Arbeiten für den Winter, und da langt ein Knecht auch.

Der Bauer kündigte mir auf 14 Tage. Ich, eigensinnig wie ich war, pochte auf meine Leistungen und sagte zu ihm, ob das der Dank sei für das drei Jahre lange Schuften bei ihm und daß ich gleich gehe. Da wurde er wütend, weil ich so frech war, und schlug mich im Roßstall dermaßen, daß mir das Blut aus Maul und Nase quoll. Die Bäuerin kam daher und schrie ihn an: »Hör auf, wenn er dich anzeigt!«

Er beruhigte sich dann, ich wusch mir das Blut aus dem Gesicht und ging flennend in meine Kammer, um meine Sachen zu packen. Ich hatte ja nur einen circa eineinhalb Meter langen Koffer, keinen Kasten oder sonst was Sperriges. Er kam dann rauf in meine Kammer und sagte, wenn ich meine Kündigung nicht einhalten würde, müßte er meine Sachen dabehalten. Ich sagte gar nichts, zog mich an und ging weg. Erst ging ich zu meinem Vater nach Hagen.

Ich fragte in den nächsten Tagen bei mehreren Bauern um Arbeit nach. Aber wer stellt schon im Winter und mitten im Krieg einen Knecht ein! Durch den Vater, der in Schwaiganger im Sommer im Akkord mähte und im Winter holzte, erfuhr ich, daß im Remonten-Depot junge Burschen als Fohlenwärter eingestellt würden. Die Arbeit machten sonst in Friedenszeiten gediente Kavalleristen im dritten Dienstjahr. Aber jetzt waren sie alle im Krieg, und deswegen brauchte man junge Leute, die mit Pferden umgehen können und Courage haben. Ich ging also zum Bauern in Eschenlohe und holte meine Sachen. Er hatte sich inzwischen wieder beruhigt und legte mir nichts mehr in den Weg. Er lieh mir sogar einen Schubkarren, daß ich meine wenigen Habseligkeiten nach Weghaus schieben konnte, von wo sie vom Knecht zu meinem neuen Wirkungskreis gefahren wurden.

Es sei noch erwähnt, daß ich zum Vertrauensarzt bestellt wurde, bevor ich nach Schwaiganger kam, wegen der Folgen meines damaligen Beinbruches. Dabei wurde mir wegen Erwerbsminderung eine vorläufige monatliche Unfallrente zugesichert, die ich aber im Krieg wieder verlor, weil sie niemals abgeholt wurde. Bei der Wiedereingabe nach dem Krieg wurde sie abgelehnt. Für mich war das Kapitel Mühle in Eschenlohe abgeschlossen, wenn auch auf dramatische Weise, aber vergessen tut man sowas so leicht nicht.

SCHWAIGANGER

Nun fing ich meine Tätigkeit als Remontenwärter an. Mein Bruder Wastl war zu der Zeit auch schon hier tätig als Pferdefuhrknecht, während mein Vater, wie schon erwähnt, in den Nebenschwaigen arbeitete. In Schwaiganger gab es damals 500 bis 600 Pferde, mit den Nebenschwaigen ungefähr 1000 Stück. Zwischendrin wurden welche in den Heeresdienst entlassen, es kamen aber immer wieder neue junge Pferde nach. Ich kam in den Stall Eins mit dem Sohn des Futtermeisters, dem Toni Schwall. Wir hatten zwei Abteilungen mit je 30 bis 35 Remonten zu betreuen, es waren dies vier- bis fünfjährige Hannoveraner und Ostpreußen. Es waren auch schon Ungarnrösser als Beutepferde vom Kriegsanfang dabei.

Einer von den Gäulen war ein besonderes Luder. Man konnte sich nicht genug vor ihm in Acht nehmen, um nicht gebissen oder getreten zu werden. Wenn man in seine Nähe kam, legte er schon die Ohren an, und man wußte Bescheid.

Die Pferde liefen in der Stallabteilung und im Freien auf dem Tummelplatz ohne Halfter oder Halsriemen herum. In einem Stall waren zwei Abteilungen mit so zwölf bis fünfzehn Meter Länge und acht bis zehn Meter Breite. Der Barren zur Aufnahme des Futters war an einer Längs- und einer Breitseite angebracht, die Trunktröge und noch ein kurzer Futterbarren waren an der anderen Längsseite. Das Futter, Häcksel und Hafer, wurde feucht angemacht, kunstvoll in einer Blechwanne aufgebaut in den Stall gebracht und im Laufschritt auf die ganze Länge des Barrens verteilt. Dabei hielt ein Knecht mit einem Stock die frei herumlaufenden Tiere vom Barren weg. Geputzt wurden sie meistens mit der Wurzelbürste, manchmal auch mit dem Striegel an jeder beliebigen Stelle im Stall und auf den Tummelplätzen. Meistens blieben sie bei der Prozedur auch ruhig stehen, und wollte ausnahmsweise einer nicht zum Putzen ruhig stehenbleiben, so wurde halt ein Halfter und Strick zu Hilfe genommen und das Pferd angebunden, was aber selten der Fall war.

Wenn die riesigen Ställe zweimal im Jahr ausgemistet wurden, lag der festgetrampelte Mist über einen halben Meter hoch. Der Mist konnte dann von den Bauern fuhrenweise gekauft werden. Eine Leiterwagen-Fuhre mit Aufsatzbrettern kostete drei Mark. Mein Bauer in Ohlstadt ist da oft mit seinem Dungwagen und hohen Kipfen* und auf jeder Seite drei Aufsatzbrettern hingefahren. Der Mist wurde dann von Tagelöhnern aufgeladen. Die Ochsen konnten die schwere Fuhre kaum aus dem Stall bringen.

Für die Landwirtschaft war ein sogenannter Baumeister da. Wir hatten dort zwölf bis fünfzehn Ochsengespanne und drei bis fünf Pferdegespanne mit den dazugehörigen Pferde- und Ochsenknechten und Taglöhnern und -löhnerinnen – eine Menge Leute. Die zwei Futtermeister waren verheiratet und wohnten in Schwaiganger, wir ledigen Remontenwärter wohnten in einem Haus in Gemeinschaft. Über uns hatte der eine Futtermeister, ein ehemaliger Kavallerist, seine Wohnung. Die Ochsenknechte, zu denen ich ein Jahr später auch gehörte, wohnten in einem anderen Saal. Gegessen wurde in einem Raum mit eigener Küche, von zwei Köchinnen betreut. Es gab viel Arbeit. Wenn der Hafer angefahren wurde, mußten wir 17- bis 18jährigen Burschen die schweren Hafersäcke, so zwei bis zweieinhalb Zentner, vom Wagen in den Futterraum tragen und in die Haferkiste schütten. Das Häcksel kam vom Heuboden durch eine Röhre.

Zu unseren Aufgaben gehörte es auch, wenn alle acht Wochen den Remonten reihum die unbeschlagenen Hufe ausgeschnitten werden mußten, unter Aufsicht des jeweiligen Futtermeisters denen die Füße hochzuheben und festzuhalten. Es war dies manchmal recht schwierig. Wenn so ein Hengst sich nicht halten lassen wollte, da wurde manch einer von uns weggeschleudert, und meistens half dann nur noch die Bremse. Sie

71

wurde um die Oberlippe des Hengstes gelegt und wenn er widerspenstig wurde fest angedreht. Wir hießen das »schnupfen lassen«, da wurden die meisten zahm.

Ich hatte eine eigene Methode erfunden, wenn ich einen galoppierenden Gaul einfangen sollte, der im Haufen mitlief. Das ging so: Ich sprang ihn von der Seite an, griff mit der rechten Hand über den Hals und hielt ihn an der Mähne fest. Mit der linken Hand griff ich ihm am Kehlkopf an die Gurgel und drückte fest zu. Da ist jeder Gaul stehengeblieben, nachdem er mich noch ein paar Runden mitgeschleppt hatte. Er konnte dann mühelos aufgehalftert und mit der Bremse abgeführt werden.

Besonders ungern ließen sie sich einfangen, wenn sie eine Verletzung hatten und dem Veterinär vorgeführt werden mußten. Die Vorderfüße aufheben ist wesentlich leichter wie die Hinterfüße. Zu dem Zweck wird dem Gaul beruhigend unter gutem Zureden über Körper und Hinterhand gestrichen, dann an den Schenkeln nach unten bis an die jeweilige Fessel. Mit einem raschen, kräftigen Ruck zieht man den Fuß unter den Leib des Pferdes und stützt ihn mit dem Körper ab. Der Fuß wird über den Oberschenkel gelegt und so der Huf in die richtige Position zum Ausschneiden des Hufes oder auch zum Beschlagen gebracht.

Sollte der Gaul versuchen, mit einem kräftigen Ruck seinen Fuß aus der Klammer zu befreien, so merkt man das gleich am Muskelspiel. Ich hatte da einen rasch wirkenden Trick, zu dem man eine starke Fingerkraft brauchte. Ich bog dem Pferd einfach die Achillessehne um, und sein Fuß war wehrlos. Wenn man den Fuß hochhob, durfte es nicht passieren, daß sich der Gaul aus der Umklammerung losriß, weil der Gaul somit vergrämt war und immer wieder versuchte, seinen Hinterfuß aus der Umklammerung zu befreien.

Bei mir hatte kein Gaul eine Chance, auszureißen, denn erstens hatte ich von der schweren Arbeit in Eschenlohe eiserne Muskeln und durch die gute, nahrhafte Kost unserer Bäuerin die Kraft, die ich brauchte.

Das Entscheidendste war, daß ich nicht durch den frühen Umgang mit den Weibern geschwächt war. Es ist dies erst jetzt meine Meinung. Damals habe ich mir über diese Probleme keine Gedanken gemacht. Jedenfalls, wenn ein Gaul sich von einem meiner Kameraden nicht halten ließ zum Ausschneiden, so wurde ich vom Futtermeister herangezogen, es dem Heiter* zu zeigen, und ich habe es ihm gezeigt. Mancher ist dabei mehr ins Schwitzen gekommen als ich.

Das ist keine Angeberei. Ich habe später noch viele Episoden dieser Art geliefert, ohne einen Dank dafür zu bekommen.

Die Methode mit dem Umbiegen der Achillessehne habe ich schon in Eschenlohe angewandt, wenn der Schmied Hirschauer unsere Jochochsen beschlagen hat. Meistens wurden die ja in den sogenannten Leitstuhl gespannt, um sie ungestört beschlagen zu können, aber das war sehr umständlich.

Weil wir gerade wieder in Eschenlohe sind: Ich kann mich erinnern, daß bei Kriegsbeginn von den Bauern die selbergezüchteten braunen Oberländer mittlerer Größe ausgemustert und für den Heeresdienst beschlagnahmt wurden. Auch einige von den schweren Belgiern vom Sägewerk Huber hat man beschlagnahmt. Ich entsinne mich noch: Für ein Paar schwere gab es bis zu 2500 Mark, für die leichteren Oberländer 1500 bis 1800 Mark.

Später wurde ich dann nach Acheleschwaig in der Nähe von Saulgrub versetzt. Dort war auch mein Onkel, aber ich bekam ihn selten zu sehen, man wird gleich sehen, warum. In Acheleschwaig war in einer Abteilung Remonten eine Seuche ausgebrochen, die Kähl genannt wurde. Den Pferden lief der Rotz aus den Nüstern, und am Kehlkopf waren ein oder zwei Löcher, wo der Eiter rauslief. Wenn ich da beim Füttern und Putzen unter den armen Geschöpfen herumlief, war mein Drillichanzug total versaut, den ich eigens dafür bekommen hatte. Mit einer desinfizierenden Flüssigkeit mußte ich die Nüstern und Löcher waschen. Es ist dies bestimmt nicht jedermanns Sache. Mir taten die Viecher leid. Aber einer mußte es ja machen, und da haben sie ausgerechnet mich Blödmann dazu ausgesucht.

Ich durfte nicht mal zum gemeinsamen Essen mit den anderen in die Stube, bis die Seuche vorüber war; entweder wegen der Ansteckung oder weil es ihnen vor mir grauste, der

73

Ohlstädter »Spielbuam« Jahrgang 1897*

ich wochenlang den ganzen Tag mit Rotz und Eiter zu tun
hatte. Als diese unappetitliche Krankheit endlich vorbei war,
hat man mich wieder nach Schwaiganger versetzt.

Dort wurde ich, weil es auch Anfang 1915 keinen Nachschub mehr an Remonten gab, als Ochserer verwendet. Es gibt
da nicht viel zu berichten – im Frühjahr Mist ausfahren und
ackern. Das ging so langsam und behäbig mit den Ochsen!
Wenn man von weitem die Gespanne in den großen Schlägen
sah, meinte man, sie stehen an Ort und Stelle im Acker. An einem halben Tag so vier oder fünf Furchen, mehr schaffte man
nicht. Ab und zu mußten wir mit mehreren Ochsen- und
Pferdegespannen zum Bahnhof Ohlstadt fahren, um Hafer,
Heu oder Stroh abzuholen, welche Güter mit der Bahn angerollt kamen.

Bei der Gelegenheit ist man in der Bahnhofsstation eingekehrt zur Brotzeit. Da hat man allerhand Unsinn gemacht, unter anderem Fingerhakeln mit einer Darmsaite von einer Zi-
ther. Ich habe mir dabei die Zithersaite am Mittelfinger unter
Haut und Fleisch bis zum mittleren Gelenk durchgezogen,
weil keiner von uns beiden nachgeben wollte. So blöd war man
auch damals schon.

In diese Zeit fiel für unseren Jahrgang '97 auch die Musterung in Garmisch. Von uns sechs Ohlstädtern kamen drei zur schweren Artillerie. Man brauchte damals mehr Artilleristen, weil im Westen allmählich der Artilleriekrieg begann. Man hat auch schon 18jährige gemustert. Eingezogen wurden wir dann 1916 im Frühjahr.

Bevor ich schildere, wie ich nach in die Außenschwaige Pömetsried versetzt wurde, möchte ich noch von einem Ereignis berichten, welches sich damals zwischen Acheleschwaig und Schwaiganger abgespielt hat: Es wurde da eine Abteilung von vielleicht 30 Stück Remonten auf der Straße von Acheleschwaig nach Schwaiganger getrieben. In Schwaiganger sind die Tiere nach einigen Tagen auf dem Tummelplatz ausgebrochen und im Galopp auf der Straße nach Murnau gerannt, offensichtlich um wieder in den Stall in Acheleschwaig zu kommen. Per Telefon wurden sofort alle Ortschaften, welche auf der Strecke liegen, angerufen, um die Strecke frei zu halten für den wildgewordenen Haufen. Die sind dann im Galopp bis in den alten Stall und, obwohl ihnen Kavalleristen zu Pferde nachgaloppiert sind, nimmer eingeholt worden. Man stelle sich vor, was das für ein Unheil hätte geben können, wenn es noch kein Telefon gegeben hätte. Mitten durch Murnau und über mehrere Bahnübergänge ist die Herde gerast!

PÖMETSRIED

Nun bin ich nach Pömetsried versetzt worden – es liegt idyllisch auf einem langgestreckten Hügel mit Feldern und angrenzenden Wäldern. Die Baumeisterin (ihr Mann war im Krieg eingezogen worden) hatte vier kleine Buben. Wir waren drei Ochsenknechte, der erste zwei Jahre älter als ich, der zweite war der »Kramer Hartl« von Eschenlohe, fünf Jahre älter als ich, aber kriegsuntauglich. Er hatte einen Buckel und arge Krampfadern. Ich habe später einmal gesehen, wie ihm das Blut aus dem Schuh herausgeronnen ist, weil er sich eine Ader aufgestoßen hat.

Es waren noch zwei Fohlenwärter da, weil nur ein Stall mit Remonten belegt war, außerdem noch ein paar Tagelöhner und

75

Burschen aus Pömetsried, 1914/1915: links der »Kramer Hartl«, Leonhard Wörner, Mitte der »Vize-Baumeister Führmann Xari, rechts der »Mauser Jörgl«, Schmid Georg

-innen. Gemäht wurde von den Akkordmähern. Wir Knechte und ein lediger Vizebaumeister mußten alle Tage einspannen, die Ochsen selber füttern und putzen. Wenn Heu eingefahren wurde, holte man uns zum Abladen, desgleichen auch mit Brennholz. Außerdem mußten wir ackern, Mist fahren und alles, was sonst noch zu tun war, erledigen.

Einmal fuhr ich gegen Mittag mit dem leeren Mistwagen heim, am leeren Tummelplatz für die Remonten vorbei. Da waren die Roßäpfel vom Wärter außerhalb vom Zaun auf einen Haufen geworfen worden.

Da sehe ich, wie doch da ein Habicht auf einer geschlagenen Henne sitzt und sich den Wanst vollfrißt, obwohl ich nur fünf bis sechs Meter entfernt mit meinem Ochsenfuhrwerk vorbeifuhr. Ich schaute, daß ich heim kam und ließ die Ochsen Ochsen sein. Rauf in die Kammer, meinen 6 mm-Flobert geholt, den anderen schnell Bescheid gesagt und geduckt an den Burschen herangeschlichen. Zum Glück hat er mir den Rücken zugekehrt – ich angelegt und abgedrückt. Er hat keinen Muckser mehr gemacht. Die Flügel sind ihm auseinandergefahren, als ob er noch abfliegen wollte, und er ist auf der Henne sitzend umgefallen. Weil ich von hinten schoß, sind die Federn für die Flobertkugel kein Hindernis gewesen. Er hatte der Henne am Rücken ein tiefes Loch regelrecht rausgegraben mit dem Schnabel. Die Bäuerin war sehr froh, daß der Räuber endlich hin war und hat uns die Henne in den nächsten Tagen als willkommene Abwechslung zu Mittag gerichtet. Ich habe den Burschen beim Sonner Gregor in Ohlstadt ausstopfen lassen. Einstweilen hat ihn mein Vater in der Stube aufgehängt bis ich bald 15 Jahre später ein eigenes Heim hatte, um ihn aufzuhängen.

In dieser Zeit mußte ich mal wieder wegen meinem Unfall zum Arzt und bekam dann eine vierteljährliche Dauerrente zugesprochen; ich glaube, das waren 20 oder 25 Mark. Noch ein weiteres Ereignis in Pömetsried ist erwähnenswert. Es betrifft meinen ersten Rausch in meinem Leben. Später sind dann noch drei dazugekommen, aber davon später.

An einem schönen Spätsommertag haben mein Bruder Wastl, der »Roana Pauli« von Ohlstadt, die Schwall Sophie und ich eine Bergtour zum Krottenkopf geplant. Wir wollten Samstagabend nach Eschenlohe fahren, da zu Abend essen und in der Nacht zum Krottenkopf aufsteigen, damit wir den Sonnenaufgang auf dem Krottenkopf erleben konnten. Wie es so weit war, an jenem Samstagabend, schaute das Wetter nicht gerade sonnig her, und die anderen drei wollten nicht mit, also fuhr ich allein, weil ich ein sturer Steinbock bin. Was der sich vornimmt, führt er durch. Wie ich von Eschenlohe über die bewirtschaftete Pustertalalm aufgestiegen bin – es waren noch andere Touristen auf dem Wege – ist das Wetter immer schöner geworden.

Es war ein herrliches Erlebnis, um halb vier morgens bei Sonnenaufgang auf dem Krottenkopf zu stehen – mit seinen fast 2100 Metern der höchste Gipfel weitum außer dem Wettersteingebirge. Ich habe die Tour nicht bereut und mir gleich in der Krottenkopf-Hütte ein paar Maß genehmigt. Und wenn einer weiß, wie gut ein paar Hüttenmaß nach so einer schönen Tour schmecken, der kann auch verstehen, daß ich auf dem Abstieg nach Eschenlohe auch noch in der Pustertalalm eine Maß mitgenommen habe, wo ich die Wirtsleute und deren Töchter kannte. Weiter bin ich dann auch noch in Eschenlohe eingekehrt, im »Alten Wirt«, wo auch eine Schwester von mir beschäftigt war. Ich traf dort auf alte Schul- und Spielkameraden und zwar die, die von Ohlstadt und auch von Eschenlohe mit mir auf der Musterung waren. Jedenfalls habe ich einen ganz schönen Zapfen* zusammengebracht und wußte danach kaum mehr, wie ich mit dem Zug nach Ohlstadt gekommen bin. Im Abort der Bahnhofswirtschaft bin ich so um halb drei Uhr früh aufgewacht und zu mir gekommen.

Die Hose war herunten, das war gut so, denn ich saß auf dem Abort und hatte die Schuhe im Schlaf ausgezogen. Die werden mich wohl gedrückt haben. Vor mir auf dem Boden war alles vollgekotzt. Ich wußte erst nicht, wo ich war, zog die Hose an und ging durch die Türe auf den Gang. Da sehe ich auch schon die Wirtstochter im Nachthemd mit einer Kerze in der Hand auf der Treppe stehen. Da wußte ich gleich, wo ich war.

Freilich habe ich mich ein bißchen geschämt, und ich entschuldigte mich auch für die Bescherung, die ich angerichtet hatte, aber die Wirtstochter (wir kannten uns gut) hatte auch dafür Verständnis. Ich buckelte ab*, um heimzukommen nach Pömetsried. Ich erinnere mich noch so, als ob es gestern gewesen wäre, und den Durst, den spüre ich noch heute. Es war nur gut, daß ich auf dem Heimweg (es war inzwischen Tag geworden) noch ein paar Brunnen im unteren Dorf von Ohlstadt passieren mußte. Gerade wie ich in Pömetsried ankam, waren die anderen beiden Knechte mit dem Vizebaumeister aufgestanden. Ich habe mich umgezogen und bin an die Arbeit gegangen. Dies war für mich ein richtiger Montag.

Es dauerte nicht lange, und die Herbstarbeiten waren zu erledigen. Der Vizebaumeister Führmann Xari und der Schmidt Jörgl, der erste Knecht, wurden eingezogen, und wir bekamen einen anderen Vizebaumeister, den »Lipp« von der Kreuth. Er brauchte nicht zum Militär, weil ihn kurz vorher ein Stier arg zugerichtet hatte, aber wir, der »Kramer Hartl« und ich, wir mochten den eingebildeten Kerl nicht so gern, wir mußten uns aber mit ihm abfinden.

Im Winter ging es ans Holzfahren, Mistfahren und Eineisen für den Eiskeller, denn die Bäuerin hat auch Bier ausgeschenkt. Der Bauer war ja im Krieg. Bei den Frühjahrsarbeiten bekamen wir mit dem arroganten Vize Streit und sind beide abgehauen.

Ich kam diesmal ins Sägewerk Huber nach Eschenlohe, der Hartl auch. Meine Sachen kamen wieder über Schwaiganger nach Weghaus und nach Eschenlohe, aber nicht für lange. Einlogiert habe ich mich als Schlafgeher mit Morgenkaffee bei der »Schmiedjörgl Regine«, einer Schwester vom früheren Knecht Mentl und die Schwägerin von meinem früheren Dienstherrn.

Bei ihr habe ich das Tanzen gelernt. Der Bauer hatte damals ein Grammophon gekauft, zu dessen Klang sie mir die Anfangsgründe des Walzers beibrachte. Er kaufte auch noch vom Fahrradhändler in Murnau zwei Fahrräder, eins für 120, eins für 240 Mark, mit Nickelfelgen und Gangschaltung. Mit dem billigeren Fahrrad mußte ich damals auf Geheiß der Bäuerin fahren lernen, um zur Arbeit beweglicher zu sein. Einmal hat es der Bauer mir geliehen, damit ich mit meinem Vater eine Radtour machen konnte. So ganz sicher war ich beim Fahren noch nicht, so hat es mich halt in Murnau geschmissen, daß die hintere Gabel und das Pedal verbogen waren. Notdürftig zurechtgerichtet kam ich doch noch heil heim. Der Bauer hat über das kaputte Radl kein Wort verloren, so war er eben.

Nun endlich zu meinem Arbeitsplatz: Ich mußte im Bretterlager, beim Verladen und gelegentlich beim Ausladen von Langholz helfen. Ich bekam auch hie und da eine Maß Bier oder auch eine Mark Trinkgeld als Anerkennung zusätzlich zum Lohn. Meistens mußte ich aber irgendwo im Wald gelagertes Langholz ausschneiden, manchmal mit dem alten Hornsteiner. Das war ein schrulliger alter Mann, der hat oft wegen einer Kleinigkeit so gräßlich geflucht, daß ich ihm einmal gedroht habe, ich beutle ihn, wenn er nicht zu fluchen aufhört. Das will was heißen, denn ich war von der Mühl her schon an allerhand gewöhnt. Nun Schluß mit dem unleidigen Thema. Ich war erst ein paar Wochen beim Sägewerk Huber, da kam der Einberufungsbefehl. Nun beginnt ein neuer Abschnitt in meinem Leben.

SOLDATENZEIT
1916 – 1918

AN DER WESTFRONT

Am 1. Mai 1916 sollte ich mich im Bräuwastl-Keller in Weilheim um acht Uhr stellen. Mein Jahrgang 97 war an diesem 1. Mai noch gar nicht zum Einziehen dran, lediglich die letzten 96er. Aber daß ich auch schon dran war, das hat der saubere Herr Ökonomierat von Schwaiganger fertiggebracht, weil ich Anfang März ohne Kündigung in Pömetsried abgehauen war. Also, wie ich den Einberufungsbefehl hatte, bin ich einen Tag vorher nach Hagen zu meinem Vater und wollte in der Früh am 1. Mai mit einer kleinen Holzkiste, bepackt mit meinen Sachen, nach Murnau gehen, um den ersten Zug nach Weilheim zu nehmen. Wie ich auf dem Weg bin, sehe ich auch schon den Zug in Hechendorf einfahren. Ich habe ihn nicht mehr erwischt, obwohl ich so schnell gelaufen bin, wie ich konnte. Im Murnauer Bahnhof hat man mir gesagt, daß die Züge ab 1. Mai eine Stunde früher gehen, weil schon der Sommerfahrplan gültig war. Was tun? Um acht Uhr mußte ich in Weilheim beim Bräuwastl-Keller sein. Ich bin schnell zum Fahrradhändler Schlagenhauser gelaufen. Ich dachte, weil er mich persönlich von der Mühl her kennt, leiht er mir ein Fahrrad – ja pfeifen! Ich schnell zum Hänsch im Untermarkt, mit ihm war der Vater befreundet. Der lieh mir ein Radl ohne Gepäckträger, aber ich mußte es ihm in Weilheim bestimmt wieder zurückschicken. Ich bin dann wie ein Verrückter losgeradelt, aber immer wieder ist mir der Holzkoffer, ich hatte ihn hinten aufs Schutzblech gebunden, bald links, bald rechts runtergefallen.

Punkt acht Uhr war ich trotzdem im Bräuwastl-Keller. Ich konnte aber nicht reingehen, weil ich erst zum Bahnhof mußte, um dem Hänsch das Radl retour zu schicken. Als ich dann mit Verspätung doch im Bräu-Keller ankam, hat mich vielleicht ein Feldwebel zusammengestaucht! Ich finge ja meine Militärzeit gut an. Als ich ihm den Grund für die Verspätung sagte, war er wieder besänftigt und erklärte mir, warum ich schon am 1. Mai einrücken müsse. Aber ich könne wieder heim, weil das Sägewerk Huber (die hatten damals schon Heereslieferungen) ein Gesuch gestellt habe.

So konnte ich wieder heimfahren, aber am 5. Juni 1916 mußte ich endgültig einrücken. Diesmal versäumte ich den Zug nimmer. Gestellungsort war wieder der Bräuwastl-Keller, es war diesmal auch mein Kamerad »Besenbacher Lenz«, Lorenz Schöttl, von Ohlstadt dabei und der Braun Luggi von Kohlgrub, der war am 1. Mai auch mit mir zurückgestellt worden. Wir drei kamen zusammen zur Fußartillerie nach Mainz. Die anderen Rekruten wurden in alle Winde zerstreut, wir drei »Fußer« blieben aber beieinander und haben auch zusammengehalten. Nach unserem Abtransport vom Bräuwastl-Keller am 5. Juni 1916 kamen wir am nächsten Tag in Mainz an, zum 1. Bayerischen Fußartillerie-Regiment.

Ich mit der Kurzen und meiner Holzkiste als Koffer auf dem Buckel bin gleich aufgefallen. Beim Marsch in der Kolonne vom Bahnhof zur Kloster-Kaserne liefen die Buben hinter mir her und schrien: »Ha, ha, ein Tiroler!«

In der Kaserne angekommen – wahrscheinlich ein ehemaliges Kloster, das in eine Kaserne umfunktioniert worden war – blieben wir drei nicht lange da, weil wir gefragt wurden, ob wir mit Pferden umgehen könnten. Wir wurden dann zur Ersatz-Bespannungs-Abteilung des 1. Bayerischen Fußregiments nach Weisenau bei Mainz versetzt. Bei der Inspektion in der Kloster-Kaserne habe ich auf eine Frage wohl recht dumm dreingeschaut, denn ich mußte auf Befehl des Ausbilders in ein Ofenrohr »Muh« hineinschreien.

Die Bespannungsabteilung in Weisenau war in einer ehemaligen Brauerei untergebracht. In verschiedenen Schuppen standen die schweren Pferde, zum Teil Belgier. Wir Fahrer lagen in verschiedenen Räumen auf Stroh. Ein großer Schuppen war für Heu und Stroh bestimmt, in einigen anderen Gebäuden waren die Kanzlei, die Küche und auch ein Arrestraum. Sogar einen kleinen Exerzierplatz gab es, wo uns die Anfangsgründe des Reitens beigebracht werden sollten. Aber das Schönste war die Kantine mit einer Terrasse und Kegelbahn, direkt am Rhein. Alles war sehr hoch gelegen; man hatte einen guten Ausblick auf den Fluß mit seinem für einen Gebirgler sehr interessanten Schiffsverkehr. Ich muß sagen, in unserer Freizeit sind wir nicht, wie woanders üblich, in die Stadt gegangen, sondern haben uns auf die überdachte Terrasse gesetzt und uns mit Kegeln vergnügt.

Der Dienst bestand aus Ställe misten und Pferde putzen. Die Roßäpfel wurden mit der Hand rausgeschüttet, und die Streu wurde wieder kunstvoll auf den Knien eingerollt. Im Stall hat man uns das Satteln der Pferde gezeigt. Auf dem kleinen Platz mußten wir aufsitzen und reiten lernen. Die Pferde kannten Kommandos wie »Volten« oder »durch die lange Bahn« besser als wir Rekruten. Daß das alles nicht ohne radikales Geschimpfe von seiten der Ausbilder abging, gehörte dazu, um uns das eigene Ich-Bewußtsein auszutreiben. Selbstverständlich gab es auch so einen kleinen Infanterie-Dienst, damit man lernte, einzeln oder in Gruppen zu marschieren, aber das Hauptgewicht lag auf der Ausbildung am Pferd – pflegen, satteln, anschirren, reiten. Später haben wir noch das schwierige Fahren im Sechserzug vom Sattel aus gelernt, auch das Stangenfahren mit der Deichsel. So einen Sechserzug mit schweren Lastgeschützen oder Munitionswagen bei Nacht durchs Gelände zu fahren, das war nicht einfach.

Für größere Übungen in großen Verbänden mit Geschützen, Munitionswägen und Troßfahrzeugen mußten wir auf den »großen Sand«, ein ausgedehntes Übungsgelände mit knietiefem gelben Sand in der Nähe von Mainz. Da waren natürlich auch die Kanoniere dabei. Die hatten auch Karabiner, wir noch nicht, wir wurden noch mit dem Säbel und Revolver ausgebildet. Erst später bekamen auch wir Fahrer Karabiner und Gasmaske.

Ungefähr ein Vierteljahr dauerte unsere Ausbildung, dann wurden einige vertrauenswürdige Fahrer (die alle aus der Landwirtschaft kamen) ausgesucht und zu den Landwirten und Weinbauern mit ein paar Pferden zur Fuhrwerksleistung abkommandiert. Ich kam mit zwei Pferden nach Ober-Olm auf der Strecke Main-Alzey zu einer Wittfrau mit Namen Kuhlmann. Ich mußte da auf dem Felde und in den Weingärten Fuhrdienste leisten. Die Behandlung und das Essen waren da sehr gut, und hauptsächlich den täglichen Wein als Getränk zum Essen lernte ich dort kennen und schätzen. Es waren auch zwei Töchter da, eine verheiratet mit Kind, der Mann war im Krieg, und eine noch ledige mit dem schönen Namen Dina. So nebenbei gesagt paßte die Mutter gut auf, daß ich mich nicht an die Dina heranmachte, aber die alte Mutter wußte ja nicht, was ich damals noch für ein unschuldiges Lamm war. Die schöne, rassige Dina hat mir später noch manche Karte und manches Packerl ins Feld geschickt. Ich hab mich dann immer sehr gefreut, denn ich armer Teufel wurde nicht gerade mit diesen Dingen überhäuft wie manch anderer. Aber davon später. Jedenfalls ging die schöne Zeit bei der Familie Kuhlmann zu Ende, weil endlich mein erster Urlaub fällig war.

Ich wurde nach Mainz zurückbeordert mit meinen Pferden und bekam meinen Heimaturlaub, der jedem Rekrut zustand, bevor er an die Front geschickt wurde. Es sei noch erwähnt, daß etliche von uns Rekruten, nämlich die, die in der Land-

Im Sommer 1916 als Erntehelfer in Loppenhausen bei Krumbach

83

wirtschaft Bescheid wußten, im August, also ehe wir zu den Weinbauern um Mainz kamen, zur Getreideernte ins Schwäbische geschickt wurden.

Der Lenz und ich kamen nach Loppenhausen, es liegt zwischen Krumbach und Mindelheim, zur Ernte.

Ich kam zu einem ziemlich großen Bauern, es war ein Witwer namens Fischer. Er hatte drei Buben von 15 abwärts und eine Tochter Zenzi mit 18 Jahren. Sie mußte kochen und den Haushalt führen. Es waren für den Kuhstall noch zwei Mägde da, dann ein Serbe als Kriegsgefangener, und ein paar Taglöhner halfen bei der Ernte. Aufstehen um vier Uhr, dann ging´s mit den Pferden zum Kleeholen für die Kühe. Nach einer Morgensuppe ging´s auf den Getreideacker mähen, nach dem Mittagessen, das die Tochter inzwischen zubereitet hatte (sie konnte sehr gut kochen), Getreide einfahren und abends dann abladen – manchmal sechs bis acht Fuhren. Es wurde meistens halb elf Uhr damit, und dann todmüde ins Bett und um vier Uhr wieder raus. Da blieb keine Zeit für ein Techtelmechtel mit der Tochter oder den beiden jungen netten Mägden. Auch von diesen dreien bekam ich später an der Front hie und da eine Karte oder von der Tochter ein kleines Päckchen. Diese Episode sollte nicht vergessen werden, denn ich kam zwei Jahre später auf andere Weise wieder einmal dahin, und ich war noch nicht ganz vergessen, aber davon später.

Nun, nach den paar Wochen Ernteeinsatz ging´s zurück nach Mainz, dann die paar Wochen in Ober-Olm und schließlich Ende September für 14 Tage in den Heimaturlaub, in die Berge. Die gehen einem ganz schön ab, wenn man sie längere Zeit nimmer sieht.

Aus dem Urlaub zurück bei der Truppe wurde ich gleich wieder abkommandiert, dieses Mal nach Nierstein am Rhein zum Maurermeister Horn. Ich mußte da auch mit einem Gaul fuhrwerken wie Wintergerste ackern und Rüben einfahren mit so einem großen zweirädrigen Karren.

Mit einem Schanzenwagen mußte ich öfters für einen Weingutsbesitzer Wein in drei Halbstück-Fässern nach Oppenheim fahren. Dort wurden sie in größere Fässer auf einem Waggon umgepumpt. Jedesmal, wenn die drei Halbfässer auf-

Oktober 1916 auf Heimaturlaub mit Onkel Wastl (links) und meinem Vater Karl

gefüllt waren, nahm mich der Besitzer in den Weinkeller mit und ließ mich von den großen Fässern probieren mit den Worten: »Komm Bayer, den mußt du versuchen!« Jedesmal, wenn ich aus dem Keller kam, um nach Oppenheim zu fahren, hatte ich einen Schwips. Es war nur gut, daß auf der Straße wenig Verkehr war. Es gab noch keine Autos wie jetzt. Bei dem guten Essen, das ich bei meinem Herren hatte, die beiden Töchter kochten auch gut, tat mir der viele Wein nicht allzuviel, aber ich lernte ihn immer mehr kennen und schätzen – so sehr, daß ich zu meinem zweiten Rausch im Leben kam.

Es war ein Weinrausch vom sogenannten »Neuen« oder Federweißen. Er ist so milchig weiß und süffig, und man merkt es nicht, wie gefährlich er ist. Erst wenn man später an die Luft kommt, haut es einen um, und grad noch vorwärts auf die Schnauze, mit Verlaub gesagt. Aber ich will von vorne berichten, wie und warum es zu dem Erlebnis kam:

Wie schon früher erwähnt, war ich vor Niernstein nach Ober-Olm abkommandiert gewesen. Als ich auf Heimaturlaub war, wurde der dritte von uns Ohlstädter »Fußern«, der »Flieger Jörgl« dorthin geschickt als Ersatz für mich. Als ich wieder zurück war, habe ich von Niernstein aus, ohne einen Urlaubsschein zu haben, einen Ausflug nach Ober-Olm gemacht. Wir haben dort, fünf oder sechs Kameraden, den »Neuen« probiert, bis der Tisch voller leerer Flaschen und unser Geld weg war. Viel hatten wir sowieso nicht mit unseren 38 Pfennig Sold am Tag. Wie es dann Zeit war, auf die Bahn zu gehen, habe ich erst gemerkt, was der »Neue« für eine Wirkung hat. Als ich also an die Luft kam, da hat´s mich gedreht, und ich lag auch schon auf der Schnauze. Ich wollte zum Bahnhof Ober-Olm nach Mainz zurück und weiter in mein Quartier nach Niernstein. Die Kuhlmann Dina hat mich noch zum Zug begleitet und in einen Waggon vierter Klasse gehievt. Da habe ich dann alles vollgekotzt. Der Schaffner hat mir Geld abverlangt zum Reinigen des Wagens. Viel werde ich nicht mehr gehabt haben. Jedenfalls, wie ich nach Mainz gekommen bin, weiß ich nicht. Da bin ich auf dem Bahnsteig in so einem Wartehäuschen nachts um drei Uhr wach geworden und gleich in meinem Dusel in den nächsten Zug gestiegen,

86

der am Bahnsteig stand. Auf der Fahrt von Ober-Olm nach Mainz hab ich nur immer gesagt »Nach Niernstein!«, wenn mich jemand gefragt hat, wohin ich müsse. Kein Geld und keinen Urlaubsschein, aber ein besoffener Soldat muß auch mal Glück haben im Leben. Der nächstbeste Zug, in den ich eingestiegen bin, ein Schnellzug, fuhr die richtige Strecke. Es wurde schon Tag, und ich kannte die Strecke ja nur zum Teil. Als der Zug in Niernstein langsam durchfuhr, wollte ich, immer noch im Halbdusel, aussteigen. Ich war schon auf dem Trittbrett gestanden, da hielt mich ein Mann am Mantel zurück und sagte, ich darf da nicht aussteigen. In Oppenheim nun hielt der Zug. Ich kannte von meinen Weinfahrten her den Bahnhof genau, bin schnell ausgestiegen auf der anderen Seite und über die Gleise auf die Straße gegangen, um so schnell wie möglich nach Niernstein zurück zu kommen. Ich hatte erstens kein Geld mehr, zweitens keine Fahrkarte von Ober-Olm nach Mainz und weiter nach Niernstein und drittens keinen Urlaubschein für die Sauftour. Noch ein paar Wochen lang hab ich Angst gehabt, meine Truppe könnte was von meinen Extratouren erfahren, aber nichts ist gekommen.

Meine Pferde und ich wurden auch für ganz schwere Fuhrleistungen in der Umgebung von Niernstein gebraucht. Einmal mußte ich die Dampfmaschine zum Dreschen von einem Ort zum anderen bringen, ein andermal den schweren Dreschwagen von einem Gehöft in ein anderes. Ich habe das jedesmal zum Staunen der Bauern mit meinen schweren Gäulen geschafft und natürlich auch eine gute Brotzeit mit Wein und ein gutes Trinkgeld bekommen. Geld war bei mir damals immer knapp, weil ich von zuhause nichts erwarten konnte. Gespart hatte ich nichts, weil mein Vater meinen Lohn bei den Bauern am Schluß vom Jahr selbst kassiert hatte.

Ich denke gerne an die schöne Zeit bei den Weinbauern in Ober-Olm und Niernstein zurück, trotz der schweren Arbeit. Aber auch das ging vorüber wie alles Schöne im Leben. Wir mußten wieder zurück zur Truppe nach Weisenau. Weil es Winter wurde, ist die Arbeit bei den Bauern zu Ende gegangen. Für die Wachtmeister und Unteroffiziere und den Kanzlei-Spieß war unsere Abkommandierung auch sehr lukrativ, denn die bekamen jedesmal, wenn eine Frau oder Tochter um ein Gespann nachsuchte, einen ganz schön gefüllten Freßkorb mitgebracht nach dem Motto »Wer gut schmiert, der gut fährt!«

Uns Fahrern – es wurden die besten und brauchbarsten hierfür ausgesucht – konnte das gleich bleiben, denn auch wir haben ein paar schöne Wochen in unserem eintönigen Rekrutenleben sehr gut brauchen können. Von dem halben Jahr meiner Rekrutenzeit in Weisenau war ich ein Vierteljahr abkommandiert bei den Bauern im Schwäbischen und um Mainz, inklusive noch 14 Tage Heimaturlaub. Es war doch eine schöne Zeit, abgesehen von ein paar Strafwachen, weil wir drei uns vorsätzlich vorm Dienst gedrückt hatten. Anstatt auszurücken wie die anderen Kameraden, haben wir uns einen halben Tag im Heu- und Strohschuppen verkrochen. Der Vizewachtmeister Sporer hätte uns bald gefressen, als er uns aufgegabelt hat. Wenn es nach ihm gegangen wäre, hätten wir mindestens zwei Wochen Bau bekommen, aber der Hauptmann Fals war gnädig, weil wir beim Strafrapport die Vorsätzlichkeit gestanden haben. Sonst ist nicht viel zu berichten von unserem Alltag in Mainz, außer daß ich da das Zigarettenrauchen gelernt habe, denn mein Strohsacknachbar, der Braun Luggi von Kohlgrub (seine Mutter war Pächterin vom »Schwarzen Adler«) bekam immer »Sport-Zigaretten« geschickt in 50er Packungen. Ich bekam natürlich, weil wir gute Kameraden waren, auch die meinigen ab.

Dieses schöne Rekrutenleben hörte sich dann auf. Der Kanzlei-Wachtmeister Faltermeier suchte bei einem Appell Mitte Dezember von uns 97ern Freiwillige aus, weil die Front Nachschub brauchte. Er konnte uns aber noch nicht abstellen, denn es gab damals einen Befehl, keine 19jährigen an die Front zu schicken, außer, sie melden sich freiwillig, und das taten wir – ungefähr einenhalb Dutzend Fahrer.

Wir wurden beim Appell natürlich lobend hervorgehoben und den Alten als Beispiel hingestellt. Dann wurden wir feldgrau eingekleidet. Unsere Uniform war sonst dunkelblau mit

Revolver und langem Säbel. Also, wir kamen am 16. Dezember 1916 mit Kanonieren und Fahrern nach Straßburg im Elsaß. Auf dem Bahnsteig in Straßburg wurden wir in Vierer-Reihen aufgestellt und abgezählt; eine Gruppe dahin, die andere dorthin. Etwa fünf von uns kamen zu dem neu aufzustellenden 11. Fußartilleriebataillon, 3. Batterie, mit 15er Haubitzen ausgerüstet. Unsere Batterie hatte vier Haubitzen, acht Munitionswagen und den nötigen Troß, alles im Sechserzug, die Geschütze und schweren Wagen wie Vorrats- und Schmiedewagen. Alles übrige wie Munitionswagen, Küche und die andere Bagage im Viererzug. Die Züge wurden damals vom Sattel aus gefahren. Ich hatte als Stangenfahrer ein Geschütz zu fahren zusammen mit einem Mittel- und Vorreiter. Wir Stangenreiter hatten natürlich die schwersten Gäule, meistens Belgier.

Unser 11. »Fußer-Bataillon« war in der Feldartilleriekaserne 51 in Neudorf bei Straßburg untergebracht. Wir konnten aber nicht gleich nach der Aufstellung ausmarschieren, weil unsere Gäule, die ebenso zusammengewürfelt waren wie wir, die Räude bekommen hatten, und die mußte erst abklingen, ehe man uns an die Front ließ, um nicht die Pferde an der Front anzustecken. Unser Dienst war nicht gerade streng. Wir Pferdefahrer, Kanoniere und Chargen mußten uns erst aneinander gewöhnen. In Neudorf ist damals auch die »Rothändle-Zigaretten-Fabrik« gewesen, und da bekamen wir Burschen ganze Hände und Mützen voll von den Mädchen geschenkt, die in der Fabrik arbeiteten und die wir bei einem Stadtbummel getroffen hatten.

Wie schon erwähnt, waren wir Fahrer in Mainz mit langem Säbel und Revolver ausgebildet worden, und nun sollten wir wie die Kanoniere auch Karabiner und Seitengewehr bekommen. Um nun mit unseren neuen Waffen ein bißchen umgehen zu können, mußten wir außer dem »Griffeklopfen«, »Seitengewehr pflanzt auf!« und »Sprung auf Marsch, Marsch!« auch einen halben Tag Ziel- und Anschlagübungen machen. Am nächsten Tag ging´s dann zum Scharfschießen auf den Schießstand. Ich habe da, so nebenbei gesagt, gut abgeschnitten, so daß der Leiter des Schießens zu mir sagte: »Sie haben doch schon öfter ein Gewehr in der Hand gehabt!«, was ich bestätigen konnte. Leider habe ich ein paar Jahre später nur zu oft und zu meinem größten Nachteil ein Gewehr in die Hand genommen, aber davon später.

Gegen Ende des Januar 1917 war die Räude abgeklungen, und wir konnten abtransportiert werden an die Front. Zuerst wurden wir in Duß (Dietz) in Lothringen einquartiert. Ich kann nicht gerade sagen, daß die Leute uns freundlich gesonnen waren. Da war es im Elsaß schon anders, da konnte man sehen, die Leute sind Deutsche, aber in Lothringen war es gerade umgekehrt. Die Menschen waren nicht gerade böswillig, aber freundlich schon gar nicht; genauso war es in Frankreich. Nach ein paar Wochen kamen wir zum Einsatz am Chemin des Dames. Zuerst mußten die Kanoniere für die Haubitzen Stellungen und für sich selber Unterstände graben. Wir Fahrer samt Zubehör waren im verlassenen Ort Gran de Lein untergebracht.

Es war noch sehr kalt im Spätwinter 1916 auf 17, und die Quartiere in dem zerschossenen Ort sehr mangelhaft. Es waren kaum noch Zivilisten als Bewohner zu sehen. Wir, ein sogenanntes »fliegendes Bataillon«, waren einer grenzsichernden Division zugeteilt. Als die Kanoniere die Unterstände für sich und die Geschützstellungen gut ausgebaut hatten (ich habe da beim nächtlichen Munitionsfahren bei einem Feuerüberfall meine erste Feuertaufe erlebt), wurden wir in eine sehr gefährliche Stellung, die sogenannte »Russenschlucht« verlegt. Die Geschützstellung mußte am oberen Rand der Schlucht wieder neu ausgebaut werden. Die Zufahrt zu der Geschützstellung ging über eine flach ansteigende Wiese am oberen Schluchtrand entlang. Es führte ein schmaler Hohlweg nach oben, der ständig unter feindlichem Sperrfeuer lag. Auch die schmale Brücke über den Aisne-Kanal, da wo er in den Tunnel unter dem Chemin de Dames mündet, wurde andauernd mit Sperrfeuer belegt. Es war nicht gerade schön, ob am Tag oder in der Nacht, in einen solchen Feuerüberfall zu geraten.

Als im Frühjahr 1917 der Druck der Franzosen stärker wurde, nahm die Heeresleitung unsere Front etwas zurück. Wir, der Troß, waren inzwischen in der Malval Ferme einquartiert worden, einem großem schloßähnlichen Herrensitz auf einer Hochebene. Die Besitzer waren weg, nur ein paar Bedienstete waren noch da. Von da aus mußten etliche Munitionswagen mit Sechserzügen bespannt am hellichten Tag losfahren, um die restliche Munition und verschiedene andere Dinge aus unserer geräumten Artilleriestellug zu holen. Die Geschütze waren in der Nacht vorher herausgeschafft worden.

Also, wir fuhren unter Führung vom Vize und einem Unteroffizier los. Da wir auf einer von feindlichen Fesselballons eingesehenen, stark zerschossenen Straße im Galopp dahinfuhren, um einem eventuellen Feuerüberfall zu entgehen, stürzte mein Handgaul in ein Granatloch. Mein Sechserzug kam somit unfreiwillig zum Stehen und die ganze Kolonne auch. Wir waren wie auf dem Präsentierteller der feindlichen Sicht ausgesetzt. Kurzerhand wurde der Gaul ausgespannt. Er konnte sich nicht mehr erheben und bekam im Granattrichter den Gnadenschuß. Nun hatte mein Sechserzug nur mehr fünf Gäule, und weiter ging´s im Galopp durch eine zerstörte Ortschaft, in welcher auch ein zusammengeschossener Sechserzug neben der Straße lag, die toten Pferde übereinander liegend in einem wirren Haufen – grad kein schöner Anblick für uns noch jungen und unerfahrenen Burschen. Aber es ging weiter, unserer geräumten Geschützstellung zu, um das zurückgelassene Material zu bergen. Wir hatten Glück und kamen gut an. Die anderen Fahrzeuge waren schon beladen und die ersten über die besagte verwachsene Wiese schon abgefahren, immer in etwa 50 Meter Abstand zueinander, da sollten wir drei Fahrer mit unserem Sechserzug, der ja nun ein Fünferzug war, losfahren.

Auf einmal ratterte eine Salve, man hörte direkt den Abschuß, und schlug über uns hinweg auf der rechten Seite von meinem Zug ein, vielleicht so fünf bis acht Meter entfernt. Durch den Luftdruck hat es uns drei Fahrer von den Gäulen gerissen, und die standen zitternd zusammen da. Bei einem Handgaul schoß ein dicker Blutstrahl aus dem Hals, und einem anderen hatte ein Splitter ein Bein abgeschlagen. Bis wir uns erhoben hatten und den Haufen Pferdeleiber entwirren wollten, kam die nächste Salve von drei Schuß. Die schlug diesmal etliche Meter links von uns ein, und der Wirrwarr war vollständig. Uns drei hatte es wieder zu Boden geschleudert, aber nun krochen wir aus der Schußlinie dieser gefährlichen französischen Batterie unserer Stellung zu. Die dort noch anwesenden Kanoniere hatten alles mit angesehen, sie waren ja nur etwa 30 bis 40 Meter weg, die haben gestaunt, als wir angekrochen kamen. Keiner von uns war ärger verletzt außer ein paar Schrammen. Die Kanoniere haben gemeint, als wir bei dem Krach von den Gäulen geworfen wurden, es sei keiner von uns mehr am Leben. Wir warteten das Ende des Feuerüberfalles ab und gingen zu unserem Gespann.

Die Gäule lagen und standen zitternd auf einem Haufen. Der eine war schon verblutet, der andere mit dem abgeschossenen Bein mußte erschossen werden wie auch zwei Sattelgäule, welche bei der Salve links von uns schwer was abbekommen hatten. Dem Sattelgaul vom Mittelreiter hatten Splitter die ganze linke Seite aufgerissen. Auch der Sattelgaul vom Vorreiter mußte auf der Stelle erschossen werden, nur mein Sattelgaul hatte gar keine Verletzung. Der beladene Munitionswagen wurde stehen gelassen und in der kommenden Nacht von anderen Fahrern abgeholt. Als ich meinen Gaul zum Heimritt besteigen wollte, taumelte er wie betrunken. Ich konnte ihn nicht mehr reiten, so setzte ich mich auf einen »Muni-Wagen« und führte den schwankenden Gaul am Zügel. Zu Hause angekommen war er nicht mehr zum Dienst zu gebrauchen; er hatte einen Nervenschock davongetragen und mußte ins Pferdelazarett eingeliefert werden.

Also wir, der Troß, waren in der »Maval Ferme«, dem schönen großen Gutshof auf einer Hochebene, inmitten der umliegenden Felder und Wälder untergebracht. Es war ziemlich ruhig da, weil er etwas weiter von der Frontlinie entfernt war. Leider lag ganz in der Nähe an einer Straße unter Obstbäumen eine Flak-Artilleriestellung, und immer wenn feindliche Flieger kamen, schoß die Batterie auf die Flieger. Die Gegend war auch von feindlichen Fesselballons eingesehen. Es kam, was kommen mußte. Eines Tages um die Mittagszeit landete ein schwerer Artillerie-Einschlag mitten im Schloßhof, und meh-

rere andere folgten. Der Beschuß galt aber, wie sich später herausstellte, nicht uns, sondern der Flak-Batterie, so 60 bis 100
Meter vom Gehöft entfernt. Unter Fesselballon-Beobachtung
haben sich die Franzosen auf die Stellung eingeschossen und
sie auch restlos dem Erdboden gleichgemacht. Wir Fahrer
allerdings mußten mit unseren Pferden in einen nahen Wald
flüchten. Da merkte unsere Führung dann, wem der Überfall
gegolten hatte.

Wir kamen daraufhin, weil unter dem Druck der Franzosen
unsere Front immer wieder zurückgenommen wurde, in andere
Waldlager oder zerschossene Ortschaften. So landeten wir —
unsere Batterie war immer noch am Chemin de Dames eingesetzt — im Waldlager Semilly-Park bei Laon, da blieben wir
längere Zeit im Sommer 1917.

Unsere selbstgebauten Unterkunftshütten im Park bestan-
den aus Brettern und Dachpappe. Die Pferde wurden reihen-
weise an Stangen festgemacht, die an Bäume genagelt waren.
Die mußten mit Drahtgeflecht umwickelt werden, weil die
Gäule vor Hunger alles erreichbare Holz durchgebissen haben.
Man wird es mir nicht glauben, aber manche Pferde haben ihren eigenen Mist gefressen, wenn sie ihn erreichen konnten.
Als Fourage* für die Pferde haben wir im Verpflegungsamt getrocknetes Buchenlaub an Stelle von Heu bekommen, dazu ein
paar Ballen halbverfaultes Stroh, von Hafer keine Spur. Dafür
gab es getrocknete Kartoffelflocken mit Melasse, so ein brau-
ner Abfall von den Zuckerfabriken. Die Kartoffelflocken und
die Melasse haben wir etwas gereinigt und selber gegessen, anstatt sie den Pferden zu geben, denn unsere Verpflegung war
genauso mies wie die der Pferde.

Im Semilly-Park waren wir sozusagen weit vom Schuß.
Dort konnten wir drei Fahrer bei einem Gespann nur eine
kleine Vertiefung in die Erde graben und darüber unsere Zelt-
planen spannen, um den Regen abzuhalten. Auf den Boden
legten wir Reisig und Tannenzweige mit etwas Stroh darüber —
und das Quartier für drei Mann war fertig. Die Pferde wurden
an Stangen an den Bäumen angebunden und standen somit im
Freien. Auch die Fahrzeuge standen, durch den Wald gegen
Fliegersicht gedeckt, irgendwo herum. Die Feldküche, für uns

immer hungrige Burschen das wichtigste Fahrzeug vom ganzen Troß, stand mittendrin.

Das warme Essen für die Kanoniere und Chargen in der Feuerstellung sowie die Munition für die Geschütze wurden jede Nacht abwechselnd von uns Fahrern an die Front gebracht. Wir waren da bereits am Nachmittag marschbereit, weil die Munitions-Depots und die Verpflegungs-Depots weit hinten lagen, damit wir in der Nacht rechtzeitig an unsere Geschützstellungen an der Front kamen. Bis wir da wieder heim ins Waldlager kamen, ist es zeitweise schon früher Morgen gewesen. Sobald die Pferde versorgt waren und wir unseren dünnen Rübenkaffee getrunken hatten, fielen wir in dem kleinen Zelt in einen bleiernen Schlaf.

Ist bei unseren nächtlichen Versorgungsfahrten an die Front einmal ein Gaul durch einen Granattreffer oder sonstwie verreckt, so wurde ihm von uns Fahrern und Kanonieren an Ort und Stelle die Haut abgezogen und die besten Trümmer Fleisch herausgeschnitten. Daheim wurde das Fleisch dann im Feldkessel halb gar gekocht und verschlungen. Im ganzen Waldlager hat es gestunken, und nicht nur bei der Latrine, weil wir von der »guten« Verpflegung die Ruhr hatten.

Das war an der Front im Hungerjahr 1917. Der Kaffee bestand aus getrockneten Rüben. Die hat der Koch, als er die Brühe abgeseiht und an uns verteilt hat, wieder an der Sonne getrocknet und nochmal Kaffee daraus gemacht. Die Kartoffelflocken, welche ja eigentlich die Pferde bekommen sollten, haben wir geputzt und gewaschen und mit unserer Fettration geröstet. Packerln gab´s für mich auch nicht viele, im Gegensatz zu manchem Bauern oder Bauernsohn. Einmal packte so ein niederbayerischer Bauer am selbstgezimmerten Tisch sein Paket aus vor mir mit den Worten: »Ja, gut ist es schon, man bekommt von daheim was zum Zusetzen bei dem Fraß da!«

Es gab grad zum Abendessen so eine minderwertige Blutwurst. Da bot er mir seine Ration an mit den Worten: »Da, mogst as? Wos gibst ma dafür?«

Anstatt mir die alte Blutwurst zu schenken (er hatte in seinem Paket Geräuchertes und Butter), verlangte er ein paar Zigaretten dafür, weil ich auch sonst immer das Rauchzeug, das mir zugeteilt war, für Fressalien vertauscht habe.

Ich bekam zwar nur alle Jubelzeiten ein Packerl, aber dann meistens von den Mädchen oder Töchtern der Bauern, wo ich abkommandiert gewesen war. Von zu Hause brauchte ich nicht viel zu erwarten. Meine Mutter lebte nicht mehr, und die Schwestern waren noch jung und hatten selber nicht viel, denn sie waren bei den Bauern im Dienst. Im Waldlager hatten wir uns inzwischen verhältnismäßig gut eingerichtet und auch für die Pferde etwas Getreide gelagert, das wir auf dem Heimweg von den Frontfahrten verbotenerweise abgemäht hatten. Die Feldgendarmerie durfte uns dabei nicht erwischen, aber die Gäule waren über das bißchen Zusatzfutter froh und auch wir, denn sie mußten oft allerhand leisten. Manchmal konnten wir sie auch auf die Weide bringen und wir Soldaten dabei in einem Teich baden und uns entlausen, denn die Gewandläuse machten uns schwer zu schaffen. Es gab aber auch welche unter uns, denen machten die Läuse, ob Filz- oder Gewandläuse, nicht viel aus. Ich selber habe mich nie, auch nicht bei einem Vor- oder Rückmarsch, in den Kleidern schlafen gelegt; das wäre mir später bei der Offensive am 21. März 1918 beinahe schlecht bekommen, aber davon später.

So lagen wir den ganzen Sommer im Semilly-Park bei Laon. In der Nähe war auch das Ferngeschütz in Stellung, welches Paris beschossen hat, man hörte es gelegentlich.

Im Spätsommer bekam ich dann meinen ersten Fronturlaub. Zuerst kamen die Bauern und deren Söhne dran, die hatten Gesuche von wegen Einbringung der Ernte und ähnliches vorzuweisen, dann endlich war ich auch einmal an der Reihe. Dem Vater, der ein starker Raucher war, brachte ich viel aufgespartes Rauchzeug mit nach Hause, denn die wenigen Rauchwaren, welche wir alle drei Tage zu dem Laib Kommisbrot, ein bißchen Schnaps und Zucker als Verpflegung dazubekamen, habe ich aufgespart und gelegentlich auch heimgeschickt, wenn ich den Tabak nicht gegen etwas Eßbares eingetauscht habe.

Einmal hatte ich den ganzen Kommis-Laib (er war frischgebacken) mit dem Schnaps und dem Zucker zum Abendessen zusätzlich gegessen, vor Gier und Hunger. Ich wäre aber die darauffolgende Nacht vor Bauchschmerzen fast draufgegangen und habe in der Folgezeit keinen frischgebackenen Kommis-Laib mehr verschlungen. Das nur nebenbei.

Vom ersten Fronturlaub ist nicht viel zu berichten, außer daß ich ausgerechnet da am After einen bösen Furunkel bekam. Ich konnte nimmer sitzen oder liegen und mußte mir von einem Arzt das Geschwür aufstechen lassen. Die Narbe davon, ganz nah am Darmausgang, macht mir heute noch Beschwerden.

Der Heimaturlaub war nicht sehr erfreulich. Ich habe dem Vater in der Landwirtschaft geholfen. Ich wollte mir da die Hände nach der Arbeit waschen und von der Stiefmutter warmes Wasser dazu haben. Da regte sich der Vater auf, wofür auf einmal warmes Wasser und so weiter. Ein Wort gab das andere, da wollte er mir doch tatsächlich, weil ich so frech war, ein paar runterhauen. Ich hielt ihm dann die Arme auseinander und drückte ihn an die Wand, da hat er wohl gemerkt, daß ich nicht mehr der Schulbub war, den er bei jeder nichtigen Gelegenheit durchhauen konnte.

Dies sein nur erwähnt, um festzustellen, daß man mit Schlägen keine Kinder aufziehen soll. Das gibt nur böses Blut. Außerdem bekam ich mit der Stiefmutter in diesem Urlaub Streit, und sie wünschte mir, daß sie mich erschießen. Der fromme Wunsch der lieben Stiefmutter ist nicht in Erfüllung gegangen was das Erschießen anbelangt, aber beinahe wäre ich ein Jahr später doch noch den Heldentod gestorben, aber davon später. Wenn sich damals nicht ein paar gute Kameraden, und gute Kameraden gibt es nur im Krieg, wenn einer den anderen braucht, für mich eingesetzt hätten, so hätte ich die mißliche Lage, in die ich gekommen war, nicht überlebt. Im übrigen ist einer der beiden vor einer Woche, am 27. März 1971, im Alter von 81 Jahren beerdigt worden. Wir zwei anderen waren selbstverständlich zugegen, um unserem Kriegskameraden die letzte Ehre zu erweisen.

Aus unserem Urlaub kam ich nicht mehr zu unserem Truppenteil bei Laon zurück, denn das 11. »Fußer-Bataillon« war, wie schon gesagt, ein »fliegendes Bataillon«, welches immer da eingesetzt wurde, wo es am dringendsten gebraucht wurde. Also, das Bataillon wurde am Chemin de Dames abgezogen und nach Reichstett bei Straßburg versetzt. Es wurde da umgerüstet, meine 3. Batterie bekam 10er Langrohr – damals ganz moderne Geschütze – die anderen beiden Batterien erhielten die 15er Haubitzen.

Die Bekleidung wurde gebirgsmäßig ausgerichtet, denn wir sollten zum Deutschen Alpenkorps zur Unterstützung der Österreicher an die italienische Front am Isonzo. Das wußte ich natürlich damals im Urlaub noch nicht, aber mein Kamerad hat mir dann geschrieben, daß die Batterie jetzt in Reichstett bei Straßburg liegt und daß etwas umorganisiert wird. Also habe ich gleich geschaltet und meinen Urlaub um ein paar Tage verlängert. Ich brauchte ja nun nicht mehr nach Laon in Frankreich, sondern nur bis Straßburg fahren. Als ich da mit ein paar Tagen Verspätung ankam, hat überhaupt niemand danach gefragt, daß ich meinen Urlaub überzogen habe. Die waren froh, daß ich da war. Nun wurde ich auch sofort eingekleidet und ausgerüstet. Ich bekam ein paar ganz schwere Belgier-

Mit meinen zwei Belgier-Stangengäulen in Conegliano im Winter 1917/18. Beim rechten sieht man die Narben von Granatsplittern.

Kaltblütler, einen Schimmel und einen Rappen, und ich war nun Stangenfahrer im Sattel vor einem 10er Langrohrgeschütz.

So ein 10er Langrohr wiegt feldmarschmäßig beladen 100 Zentner und ist sehr schwierig zu fahren, weil das Geschützrohr zwischen den Rädern viel höher liegt als bei den 15er Haubitzen, welches ein Steilfeuer-Geschütz ist, während unser 10er ein Langrohr- oder Flachbahn-Geschütz ist. Aber ich greife den Dingen vor. Gleich bekam ich es nicht zu fahren, sondern den Vorratswagen, welcher neben dem gleichschweren Schmiedewagen der schwerste Wagen im Troß war. Beide waren mit Sechserzügen bespannt. Der Kammer Schorschi hatte mich und meinen Sechserzug für seinen Vorratswagen ausgesucht, weil er genau wußte, daß ich ihn in keiner Lage mit dem Wagen hängen lasse.

Eine Woche später, beim Aufmarsch an die Südfront, ist der Fahrer vom 4. Geschütz bei Nacht von der Straße abgekommen und ist mit der Achse auf einem Begrenzungsstein hängengeblieben. Er ist mit seinem Sechserzug nicht mehr losgekommen, auch nicht mit Hilfe der Kanoniere an den Zugtauen. Die weit auseinandergezogene Marschkolonne kam ins Stocken. Ich war gleich dahinter mit meinem Vorratswagen, ebenfalls mit dem Sechserzug. Der Kammer Schorschi fragte mich, ob ich das Geschütz rausziehen könnte. Ich meinte, selbstverständlich, aber nur mit meinen eigenen Stangengäulen, dem Schimmel und dem Rappen. Ich habe die beiden Belgier an eine Vorderbrake gespannt und diese an der Geschützlaffette befestigt. Inzwischen ist auch der Batterieführer Oberleutnant Dittmar, im Zivilleben ein Lehrer, dazugekommen und meinte, das ginge nicht mit zwei Gäulen.

Der Schorschi aber sagte: »Lassen sie den Roith nur machen, der weiß, was er von seinen Pferden verlangen kann!« Ich habe die Gäule am Zügel geführt und bin angefahren. Beim ersten Mal haben sie es nicht geschafft. Dann bin ich auf den Sattelgurt gestiegen und habe meinen Gaul angebrüllt, wie ich es daheim bei meinem Bauern in Eschenlohe gelernt hatte. Zum Staunen aller Anwesenden stand gleich darauf das Geschütz auf der Straße.

98

In einer der nächsten Nächte fuhr das 4. Geschütz wieder in den Graben, und ich mußte es mit meinem Sechserzug wieder rausreißen. Daraufhin wurde mein Sechserzug, zu meinem und auch zu des Kammer Schorschi Leidwesen, an das 4. Geschütz abkommandiert. Ich brauche eigentlich nicht zu erwähnen, wie froh die Kanoniere vom 4. Geschütz darüber waren, gute Fahrer und gute Gäule zu bekommen, die nicht überall sitzen bleiben, so daß es dann heißt: »Kanoniere an die Zugtaue!«

Bei jeder Rast und auch im Quartier sind ein paar Kanoniere zusätzlich Futter für die guten Gäule organisieren gegangen, denn es ist gerade auf dem Vormarsch viel wert, wenn der Nachschub gut funktioniert. Zu erwähnen ist bei dieser Gelegenheit auch der Linksverkehr auf den Straßen. Aber ich greife schon wieder dem Lauf der Dinge voraus.

Beim Alpenkorps

Also, als wir in Reichstett eingekleidet und ausgerüstet waren, wurden wir verladen. Es wußte niemand, wohin es ging. Wir fuhren durch Süddeutschland, Österreich, Kärnten. Da ahnten wir schon, wo die Reise enden wird. Über Klagenfurt kamen wir nach Villach, wurden dort ausgeladen, und es ging weiter auf sehr schlechten Straßen bis Grahovo. Dort hatten wir ein paar Tage Rast. Es gab da ein bißchen Landwirtschaft mit Hirse- und Buchweizenanbau. Es regnete sehr sark, als in unserem Biwak die ersten gefangenen und ausgehungerten Italiener durchkamen. Sie haben uns um ein paar Lire gekochtes Pferdefleisch aus den Händen gerissen. Weiter ging´s an den Fluss Isonzo bei Tolmein. Wir hatten auf der Straße dorthin die ersten 30,5 Mörser der Österreicher gesehen. Beim Abmarsch ins Isonzotal nach Tolmein erlebten wir den ersten Fliegerangriff der Italiener auf unsere Kolonne. Zum Glück gab es nur ein paar Verwundete. Als wir am Nachmittag durch Tolmein durch waren und wieder im Isonzobett halten mußten, erfolgte der zweite Fliegerangriff der Italiener, aber ohne viel Erfolg, weil die österreichischen Abwehrflieger kamen und die »Itaker« vertrieben haben. Auf dem weiteren Vormarsch nach Carfreit und Cividale haben wir nicht weniger als ein

Dutzend ausgebaute Stellungen gesehen, die ersten vier überdacht und zum Teil betoniert. Auf die angrenzenden kleinen Berge gingen gut ausgebaute, mit Scheinwerfern beleuchtete Straßen zu den Geschützstellungen.

Wir konnten uns überhaupt nicht vorstellen, daß die Italiener diese guten Stellungen gegen uns fast kampflos aufgegeben haben, während sie den Österreichern zuvor so harten Widerstand geleistet hatten und drauf und dran gewesen waren, sie in einer neuen Offensive, ich glaube der zwölften Isonzoschlacht, zu überrumpeln und in Tirol einzumarschieren.

In Cividale, wo es aus den Bergen herausging, fiel ein großes Proviantlager in unsere Hände. Da haben wir uns ganz schön eingedeckt mit zusätzlichem Proviant. Ich fuhr zwar den Vorratswagen nimmer, aber die Sachen, die wir herbeischleppten, wurden alle auf dem Vorratswagen verstaut und auch später vom Kammer Schorschi zu unserer Verfügung gehalten. Ich habe einen Sack Zucker und je eine Kiste mit Weinflaschen und Ochsenzungen, dann eine Kiste mit italienischen Fischkonserven, ein Faß Wein und eine Kiste mit allerhand Backwaren erbeutet. Die Backwaren standen zu meiner persönlichen Verfügung, die anderen Sachen wurden gemeinschaftlich im Laufe der Zeit verbraucht.

Nach dem Durchbruch durch die Julischen Alpen über Cividale hatten wir den ersten Toten, aber nicht durch Kriegshandlung, sondern durch Schnaps. Der Kamerad hatte soviel davon erwischt, daß ihm die blaue Flamme direkt beim Maul herauskam. Er wurde in einem Roßmisthaufen eingegraben, was ein gutes Mittel sein soll, aber es half auch nichts mehr.

Wir haben da auf dem Marsch bei einer Rast mehrere Kameraden von den »Leibern«* und »Jagern«* getroffen. Noch eine kurze Episode ist vom Vormarsch zu berichten, welche in Farra, wo wir bald eine Woche gelegen haben, stattgefunden hat:

Wir waren mit dem ganzen Troß im Garten eines Gutsschlosses untergebracht. Es war auch ein großer Weinkeller im Gutshof. Von dem Wein bekamen wir von der 3. Batterie durch den Verwalter in Eimern oder sonstigem Geschirr etwas zugeteilt. Mit unseren Pferden hat man uns im Nebengebäude und in den Scheunen einquartiert. In diesen Scheunen waren auch Totenkopf-Husaren mit ihren Pferden, und im Gutshof standen ihre Bagage-Wagen.

Es war auch ein typischer Schweinekobel aus Stangen im Garten, darin hatten die Husaren vier oder fünf requirierte Schweine aufbewahrt. Da wir nun kein Schweinefleisch hatten und die Husaren im Überfluß, dachten wir, wir holen uns ein paar von den Tierchen. Der Koch, ein Metzger aus München, suchte sich für diese Aktion ein paar kräftige Burschen aus, die auch Schneid hatten, und los ging´s in einer dunklen Nacht.

Den Posten, der bei den Wagen Wache hielt und auch den Saukobel im Auge behielt, den nahm sich ein Münchner Schläger vor, damit uns der nicht stören konnte. Der Koch stieg in den Kobel und schlug mit einer Axt ein paar Säuen aufs Hirn. Wir anderen Burschen schnappten uns die bewußtlosen Tiere und machten uns damit auf den Weg in Richtung Farra. In einem Weingarten am Weg dorthin wurden die Säue vollständig geschlachtet und ausgeweidet, das Zeug im Graben im Laub verscharrt, und ab ging´s zu unserer Feldküche. Wir hatten nun Schweinefleisch im Überfluß.

Am nächsten Morgen haben mir die Husaren beim Pferde-putzen als Neuigkeit erzählt: »Die verdammten Bayern haben uns heut Nacht zwei Schweine gemaust!«

Gemeint waren nicht wir, denn sowas hätten die uns nicht zugetraut, wo wir so quasi Tür an Tür beisammen einquartiert waren, sondern die bayerischen Jäger, die im Dorf Farra im Quartier lagen, denn auf dem Weg dorthin ist ja auch der Auf-bruch im Graben gefunden worden. Jedenfalls hatten sie keine Ahnung, daß wir die Übeltäter sein könnten.

Weil die Husaren auch gerne mal einen Eimer Wein haben wollten und in ihrem Quartier ein Haufen Äpfel gelagert war im Speicher, so machten wir ein Tauschgeschäft. Ich holte beim Gutsverwalter einen Eimer Wein für uns und bekam als Gegenleistung ein hübsches Quantum Äpfel von den Husaren.

Da wir nun viel Schweinespeck in unserer Küche hatten, holte ich mir vom Koch ein schönes Trumm davon. Mehl hatten wir auch irgendwo organisiert. Da haben wir dann in unserm Quartier eine rege Tätigkeit entfaltet. Aus dem Mehl und Wasser und etwas Salz wurde von mir ein Pfannkuchenteig gemacht, im Polentakessel über dem offenen Feuer das Schweinefett ausgelassen, die Äpfel in Scheiben geschnitten, in den Teig getaucht und im heißen Fett herausgebacken.

Unser Vizewachtmeister war auch anwesend, schon weil ein paar nette Italienerinnen da waren. Auch andere Kameraden von uns waren da, und ich brachte bald nicht mehr so viele Apfelküchlein her, wie verspeist wurden. Besonders die Mädchen haben gestaunt, was man aus wenigen Zutaten alles machen kann.

Die arme Bevölkerung auf unserem Vormarsch, die kannte nichts anderes als Polenta und Wein. Früh, mittags und abends nichts anderes als Polenta und Wein; nur sonntags gab´s als Zutat ein kleines Stückchen gebratenes Fleisch, ähnlich unserem Gulasch, da tunkten sie die Polenta ein in die Soße. Die Kleinkinder ab zwei Jahre bekamen auch schon Wein zur täglichen Polenta.

Ich muß auch noch schildern, wie die Polenta täglich dreimal zubereitet wurde. So wird das grobgemahlene Maismehl genannt. In jedem Haus hing über dem offenen Herdfeuer an einer Kette ein weiter Kupferkessel, darin wird ein Portion Maismehl mit Wasser angerührt und unter ständigem Umrühren erhitzt. Wenn sich nun die so erhitzte Polenta von der Kesselwand löst, ist sie gar und wird auf ein rundes Brett gestürzt, an dessen einem Ende ein guter Bindfaden befestigt ist. Der Bindfaden wird nun unter den heißen, dick gewordenen Polentalaib gezogen und Scheibe für Scheibe von unten nach oben abgeschnitten. Sobald die Scheiben etwas erkaltet sind, werden sie verspeist und mit Wein runtergespült.

In dem Raum, wo gekocht und gegessen wurde, war kein Bretterboden, sondern gestampfter Lehm. Als Tisch und Bänke dienten den einheimischen Italienern je vier in den Boden geschlagene Pfähle und zwei grobe Bretter darüber. Die Strohsäcke, worauf sie schliefen, waren mit Maisstroh, das sind die Hülsen um die Maiskolben, gefüllt, und ich muß sagen, es schläft sich gut darin, genau wie in unseren Strohsäcken zuhause. Die Leute waren arm aber genügsam und recht nett und freundlich zu uns Bayern. Es kam öfter vor, daß wir beim Vormarschieren in ein italienisches Dorf kamen, und die Leute an der Straße hielten uns Weinkrüge hin und riefen: »Viva Baviera!«, während die Preußen und hauptsächlich die Österreicher lange nicht so beliebt waren.

Die Mädchen wuschen für uns mit primitiven Mitteln. Seife hatten sie nicht, die bekamen sie dann von uns und auch Salz, was sehr rar und wertvoll für sie war. Die knieten reihum an einem Wasserlauf oder Teich, welcher zu dem Zweck mit schrägem Betonboden versehen war, und schlugen und rieben die Wäsche im kalten Wasser sauber. Die Italienerinnen waren immer sauber angezogen und gewaschen und frisiert. Man braucht aber nicht zu denken, daß die Mädchen für uns Soldaten leicht hergingen. Die waren nur immer freundlich und nett, auch die übrige erwachsene Bevölkerung pflegte guten Kontakt zu uns feindlichen Soldaten.

In Farra bei den bayerischen Jägern war auch ein Kamerad aus Ohlstadt, der Geiger Xari. Er klagte mir, er habe nichts zu rauchen. Ich habe ihm aus meinem Vorrat von Cividale einen Bund mit 50 Stück Virginia gegeben. Ich bin sowieso ein schlechter Raucher gewesen.

Noch ein Ereignis von damals muß ich anführen. Unsere Batterie war irgendwo in den Bergen und die Beobachtung am Monte Grappa oder Monte Tomba. Kenner wissen, wo das ist, das sind bekannte Berge im damaligen Kampfgebiet. Eines Nachts mußte ich nun mit einem Munitionswagen mit Proviant und Material unter Führung eines Unteroffiziers zu den Stellungen in den Bergen fahren. Es war Nacht, und ich konnte nicht recht auf den Weg achten. Jedenfalls, als ich meinen Auftrag erledigt hatte, fuhr ich am Morgen wieder heim ins Quartier. Ich fahre also auf der Straße dahin, auf dem Bock sitzend, die Gäule am Kreuzzügel, auf einmal sehe ich so 50 bis 80 Meter vor mir eine Straßenkreuzung kommen. Gleichzeitig höre ich rechts und links und vor mir MG- und Geschützfeuer, da habe ich gemerkt, daß die Front ganz nahe ist.

Ich wußte nicht wohin an der Kreuzung, links, rechts oder geradeaus. Gerade noch rechtzeitig gab mir meine innere Stimme (oder war's der Schutzengel) ein: Lass den Gäulen die Zügel! An der Kreuzung angekommen zog der Rappe, der Sattelgaul, scharf nach links in die Straße ein. Ich war vielleicht froh! Man bedenke, die Pferde waren nur einmal, und das in der Nacht, den Weg gegangen und fanden am Tag alleine wieder heim ins Quartier.

Ein paar 100 Meter links von der Kreuzung ging eine Straße rechts ab in ein Dorf, etwa 500 Meter entfernt, in das haben die Italiener grad heftig hineingeschossen. Daß sie dabei ihre eigenen Leute verwunden könnten, das kümmerte sie anscheinend wenig. Als ich mehrere Personen, welche ein paar Verwundete mitschleppten, auf der Straße kommen sah, hielt ich mein Gefährt an, bis die Leute − Frauen und Mädchen mit den beiden Verwundeten − herangekommen waren und ließ sie aufsteigen. Wo sollten sie mit den Bedauernswerten hin? Weit und breit kein Haus und das eigene Dorf von den Landsleuten beschossen, vielleicht in der Meinung, es seien deutsche Truppen darin. Ich habe die Leute ein paar Kilometer mitgenommen bis ins nächste Dorf zu ihren Bekannten. Die Mädchen haben mich abgeküßt vor Dankbarkeit, daß ich sie mitgenommen habe. Ich habe zu Hause im Quartier nichts davon gesagt.

Und weiter ging's nach Udine zu. Wir mußten uns da umstellen, denn das deutsche Alpenkorps, das zur Unterstützung der Österreicher eingesetzt war, unterstand dem österreichischen Oberkommando, was schon an der Verpflegung zu erkennen war. Es gab außer Kaffee − mit Sacharin gesüßt − und unserem Kommisbrot viel Weißbrot.

Erwähnenswert sind auch die vielen Nationen, die in der österreichischen Armee vereinigt waren, und es ist kein Wunder, daß die Italiener die Isonzo-Front beinahe überrumpelt hätten. Die besten Truppen der Österreicher waren die Kaiserjäger mit dem Spielhahn-Hackl auf der Mütze, die Bosnier mit dem roten Fez auf dem Kopf und nicht zu vergessen die ungarischen Honvend-Truppen, Kavallerie wie Infanterie. Auch die österreichische Artillerie war gut, ebenso die Flieger,

104

aber alles andere war ein unübersichtliches Völkermisch-masch.

Ich habe mir sagen lassen, ein Ausbilder braucht in der österreichischen Armee sieben Sprachen, um sich verständlich machen zu können. Das war auch für uns ein Problem, mit diesen Kerlen mit ihren Ponywägelchen, ihrem Kauderwelsch und dem Linksverkehr bei Nacht fertig zu werden. Ich habe oft ein paar von den Pappkameraden zugeschaut, wie sie irgendeinen Abfallhaufen oder Kübel nach etwas Eßbarem durchsuchten und wie sie daherkamen, gar nicht wie zivilisierte Soldaten.

Genug davon, es ging Udine zu, unsere schweren Geschütze kamen ganz selten und da auch nur kurz zum Einsatz, beispielsweise beim Übergang über den Tagliamento. Es wurden vorher ein paar Tage Rast eingelegt, damit alles herankam, was zum Einsatz nötig war. Ich kann mich erinnern, irgendwer von unserer Batterie hatte ein paar Zentner Mehl aufgegabelt. In dem Ort am Tagliamento, wo wir ein paar Tage Halt machten, war auch eine Bäckerei. Bei uns Fahrern war auch ein Bäckermeister mit Namen Fritz Job von Pirmasens – wie ich ein leidenschaftlicher Schafkopfer. Der backte der ganzen Batterie von dem gefundenen Mehl ein herrliches Weißbrot zusätzlich zu unserer Verpflegung.

Übrigens, das Flußbett vom Tagliamento war gut einen Kilometer breit, aber zu dieser Zeit waren nur einige Rinnsale Wasser drin. Es führte eine niedere hölzerne Brücke über den Fluß, doch erst mußten die Italiener am anderen Ufer durch ein paar Schuß aus unseren Geschützen vertrieben werden, ehe wir übersetzen konnten. In den Dörfern bis Udine brauchten unsere Geschütze nur selten eingesetzt zu werden, das besorgte die Feldartillerie. Der Widerstand der Italiener war meist nur schwach.

In der Schlacht bei Udine von Ende Oktober bis Anfang November wurde ein ganzes italienisches Armeekorps, zum Großteil schon auf dem Anmarschweg, ehe es sich zu einem ernsthaften Widerstand entfalten konnte, entwaffnet und gefangengenommen. Tag und Nacht marschierten die gefangenen Italiener, so um die 60 bis 65 Tausend, an uns vorbei.

Auf unserem weiteren Vormarsch war ein Chaos auf den Straßen; umgeworfene Bagagewagen, die Frischfleisch-Viertel hingen noch darin, und die Mulis davor erschossen im Straßengraben. In den weggeworfenen Tornistern war in vielen Fällen noch die eiserne Ration und vieles andere drin. Wir haben ja gesehen, daß die Gefangenen nur einen Brotbeutel mit den nötigsten Sachen umhängen hatten. Wenn gerade eine kleine Rast war, haben wir uns selbstverständlich von den liegengebliebenen Sachen bedient.

In Udine selbst war auch ein kurzer Halt. Da sind wir schnell in die Häuser, um zu schauen, ob da was zu holen ist. Ich bin auch in eines davon hinein. Da war noch das halbaufgegessene Mittagessen auf dem Tisch gestanden. Ich habe selbstverständlich nichts angerührt, denn es war uns eingeschärft worden, nirgends etwas zu essen und auch kein Wasser zu trinken, ehe es nicht geprüft ist. Ich habe mir in Udine lediglich ein paar Kleinigkeiten und eine Haarbürste mitgenommen, die benutze ich heute noch, im März 1971.

Es ging wieder weiter über Pordenone, Larilie nach Conegliano, da war Schluß mit unserem Vormarsch, denn da war die Piave erreicht. Es wurden vom Oberkommando ein paar Ruhetage eingelegt, wahrscheinlich um den Nachschub nachkommen zu lassen. Bei uns ging aber das Gerücht, der österreichische General, der das zu befehlen hatte, habe eine italienische Frau und deshalb die Ruhetage eingelegt. Jedenfalls, die Piave bekam Hochwasser, weil es in den Bergen stark regnete, und über den Fluß kamen in dieser Zeit Franzosen und Engländer den Italienern zu Hilfe. Damit war es aus mit dem Vormarsch in die fruchtbare Poebene, und es kam zu einem ziemlich ruhigen Stellungskrieg an der Piave.

Vom November 1917 bis Ende Januar 1918 waren wir in Conegliano in Quartier. Es war ein ziemlich strenger Winter. Es fiel sogar Schnee, was, wie die Zivilisten sagten, nicht jedes Jahr der Fall ist. Holz gab es da fast keines mehr, und weil uns kalt war, haben wir im oberen Stock des Hauses, in dem wir kampierten (die Besitzer waren nicht da), die Fußböden herausgerissen, um Brennmaterial zu bekommen. Meine beiden Gäule waren in einem Kellerraum untergebracht.

Von Conegliano zur Front an der Piave waren auch ein paar elektrische Überlandleitungen. Ich und noch einige von uns sind auf die großen Gittermasten geklettert und haben die Kupferdrähte einfach abgezwickt und sie ins Quartier gezogen, was bei der Schneedecke leicht vonstatten ging. Wir haben die Drähte aufgerollt und mit einem kleinen Bagagewagen zur Beutesammelstelle in einer Kirche gefahren. Auch die typischen Kupferkessel zum Polenta Kochen, wie sie in jedem Haus zu finden waren, und Glocken aus Kapellen und so weiter waren willkommene Beutestücke. Für ein Kilo Edelmetall bekam man eine Mark zwanzig bis eine Mark fünfzig.

Ich habe mir auf diese Weise ein paar hundert Mark zusammengespart, eine gute finanzielle Hilfe, denn von zu Hause konnte ich keine Geldhilfe erwarten, und die fünfzig Pfennig Sold, die ich inzwischen bekam, reichten doch nicht aus, wenn man auch an der Front nicht viel Geld ausgeben konnte.

Wein holten wir uns von einem großen, verlassenen Weinkeller in einem Dorf an der Piave. Wir haben auf die mächtigen Weinfässer Bretter gelegt, um an die hinteren Fässer heranzukommen, in denen noch Wein drin war. In dem Keller stand der Wein meterhoch, und es schwammen ein paar österreichische Soldatenleichen darin herum. Die Fässer sind wahrscheinlich von besoffenen Kerlen angeschossen worden, und der Wein ist ausgelaufen. Aber in dem riesigen Keller waren noch genug heile Fässer zu finden, also ging uns der Stoff nicht aus. Man mußte nur den Schneid haben, sich nachts so nahe an die Front zu wagen, um von dem köstlichen Naß zu holen.

In einer anderen Nacht saßen wir beim Schafkopf, einer von unserer Batterie hatte dabei sein ganzes Geld verspielt. Er hatte auch schon zuviel Wein getrunken. Um sich Geld zu beschaffen, wie er im Suff sagte, hat er sich entfernt, und wir haben ihn drei Tage lang gesucht. Ganz in der Nähe von unseren Quartieren ging auch eine Hochspannungsleitung vorbei. Direkt daneben war ein kleiner Wassergraben von einem halben Meter Breite, es waren ungefähr so 20 Zentimeter Wasser darin, und in dem kleinen Graben lag der Kamerad auf dem Gesicht – tot.

Offenbar wollte er den Masten besteigen, um Kupferdraht zu holen und ist dabei im Rausch in den kleinen Graben gefallen mit dem Gesicht ins Wasser und erstickt. Auf diese Weise haben wir Verluste verbuchen müssen. Ein älterer Fahrer (es waren auch Landsturmmänner bis 45 Jahre bei uns) ist die ganzen viereinhalb Monate, die wir in Italien waren, nicht aus einem leichten Dauerrausch herausgekommen, so gut hat ihm der rote Italiener geschmeckt.

An noch einen Kameraden aus der Zeit in Conegliano kann ich mich gut erinnern. Kolb hieß er, war so Ende 30 und Anfang des Krieges schon zum Soldat zweiter Klasse degradiert worden, weil er einen Feldwebel mit dem Seitengewehr angefallen hatte. Bei uns war er aber ein guter Kamerad und hat seinen Dienst wie wir alle gemacht. Man hatte ihm die Kokarde* wiedergegeben, und er sollte sich im Fronteinsatz bewähren. Er hat sogar später noch das Eiserne Kreuz Zweiter Klasse bekommen, aber er durfte nicht gereizt werden. Beim Appell erschien er meist mit offenem Waffenrock und die Mütze nach hinten geschoben. Wenn der Kanzlei-Wachtmeister irgendeinen Befehl oder Verordnung zu verlesen hatte, brummte er andauernd dazwischen »Kohldampf-Schwindel!« oder irgend etwas anderes, bis es dem Spieß zu dumm wurde und er ihn zurechtwies.

Anfang Februar sind wir dann wieder abgezogen worden und mußten auf demselben Weg wieder zurück, auf dem wir den Vormarsch gemacht hatten. Auf diesem Rückmarsch von der Front war es für uns ungewöhnlich ruhig, und der ganze Feldzug vom Isonzo bis Piave ist im Verhältnis zur Westfront ein reines Kinderspiel gewesen. Wahrscheinlich würden wir jetzt wieder dahin kommen, wo es brenzliger für uns ist, denn wir waren ja ein »Fliegendes Bataillon«.

Jetzt ging die Reise Villach zu, wo wir glaubten, daß wir verladen würden, denn es hieß, alles unnötige Gepäck entweder heimschicken oder wegwerfen wegen der Belastung der Fahrzeuge auf dem Marsch. Uns fiel auf, daß ein kleiner Bagagewagen immer mit einer Plane verschlossen war. Während wir uns von allem überflüssigen Zeug, das man sich auf so ei-

108

nem Vormarsch »angeeignet« hat, trennen mußten, wurde ein
ganzer Wagen mitgeführt, der ein feines Motorrad enthielt,
welches sich ein Leutnant irgendwo »erworben« hatte. Auf der
Durchfahrt im Münchner Ostbahnhof wurde es dann ausgeladen.

WIEDER IN FRANKREICH

In Villach wurden wir tatsächlich verladen und waren froh,
daß wir die Fahrt im Viehwagen bei unseren Pferden verbrin-
gen konnten, auch wenn der Gestank und der Lärm von den
Gäulen groß waren. Vier bis sechs Pferde im Waggon, das war
nicht gerade angenehm und bot wenig Platz, aber immerhin
war´s schön warm. Es kamen während der Fahrt auch noch ein
paar Kanoniere aus den überfüllten Personenwägen zu uns,
denn die Fahrt bis Fresnoy le Grand, wo wir ausgeladen wurden, dauerte 14 Tage – und 14 Nächte im Viehwagen auf etwas Stroh schläft man besser als im Personenwagen. Das gehörte zu den wenigen Annehmlichkeiten eines Fahrers, der auf
dem Marsch und im Waldlager für zwei Gäule mit Geschirr zu
sorgen hatte.
    Es gab viele Soldaten, die wegen der vielen Arbeit nicht zu
den Pferden wollten. Das war auch im Zweiten Weltkrieg so.
Da hat man mich wieder zu den Pferden gesteckt, weil es hieß:
»Sie können mit Pferden umgehen!«
    Pferde sind besonders im Ersten Weltkrieg wichtig gewe-
sen. Für ein Pferd mußte der Staat 1914 zweieinhalbtausend
Mark hinblättern, für einen Mann fast nichts – auch das muß
einmal gesagt werden. Darum suchte man Leute, die mit diesen wertvollen Kriegsteilnehmern umgehen konnten und auch
wollten. Ich jedenfalls bin (von 1912 bis 1919) mit Pferden
aufgewachsen und verstand mich immer gut mit den Vierbei-
nern, wenn auch manchmal störrische darunter waren. Störrischer allerdings sind die Mulis, von denen habe ich im Zweiten Weltkrieg einige kennengelernt.
    Nun wieder zur Zugfahrt. Sie dauerte deshalb so lange, weil
für so einen Transportzug die Strecken nicht immer frei waren.
Es lagen da lange Wartezeiten dazwischen. Die Pferde mußten

getränkt und Fourage gefaßt werden für die Tiere; das konnte nicht einfach auf jedem Bahnhof geschehen. Fresnoy le Grand hat eine Bahnstation, und wir waren froh, als wir nach den zwei Wochen Fahrt aus den Waggons herausdurften. Wir kamen auch gleich im Ort ins Quartier und blieben dort, bis am 21. März 1918 die große Offensive bei St. Quentin begann.

Es wurden da sehr große artilleristische Vorbereitungen getroffen, um die Engländer vis a vis von St. Quentin aus den tiefen Unterständen, welche sie sich in die Kreidefelsen gegraben hatten, herauszuholen. In und um St. Quentin wurden 1500 Geschütze aller Kaliber auf verhältnismäßig kurzem Frontabschnitt eingesetzt.

Unter anderen kamen auch per Bahn zwei österreichische 42er Geschütze an. Wie die angerollt und ausgeladen wurden, das war eine Sehenswürdigkeit für uns, denn wir mußten da grad am Bahnhof über die Gleise, um unsere Pferde auf die Frühjahrsweide zu bringen.

Nun soll man aber nicht sagen, die Österreicher hätten keine 42er Geschütze gehabt, genau wie es Besserwisser gibt, die behaupten, wir Deutsche hätten im Ersten Weltkrieg keine Dreidecker-Flugzeuge gehabt. Auf deren Einsatz komme ich in diesem Bericht noch zu sprechen. Also, die österreichischen Geschütze kamen auf der Eisenbahn angerollt, nicht auf Waggons verladen, sondern als sogenannte »Selbstfahrer«. Sie fuhren im Bahnhof auf eine niedrige Rampe, dann wurden an den Eisenbahnrädern breite eiserne Räder anmontiert, und weiter ging´s auf der Straße als Selbstfahrer. Auch die riesigen Lafetten* hat man so transportiert und im vorbetonierten Geschützstand innerhalb von ein paar Tagen aufgebaut.

Im Bahnhof Fresnoy le Grand stand auf einem riesigen Waggon aufmontiert ein Ferngeschütz, welches in den Nächten auf den Gleisen näher an die Front sollte, um rückwärtige Ziele hinter der feindlichen Front zu beschießen. Da es keinen festen Standort hatte, war es für die feindliche Artillerie schlecht auszumachen. Einmal mußten wir eine unbespannte schwere Mörserbatterie in eine andere Stellung fahren. Bei den Geschützen ging es gut, aber als wir eben auf der Straße ins

110

Quartier fahren wollten, brausten von hinten kommend ein paar Flugzeuge über unseren Troß hinweg – und das am hellichten Tag! Auf einmal zischten Maschinengewehrgarben vor unseren Fahrzeugen in die Straße. Wir schimpften natürlich, weil wir erst meinten, es seien unsere eigenen Flugzeuge, die sich mit uns einen Spaß machen, aber als sie ganz tief, so 15 Meter über uns hinwegrauschten, sahen wir die Kokarden an den Flugzeugen. In der Annahme, sie kehrten um, hielten wir an, um im Straßengraben Deckung zu nehmen. Aber das taten sie nicht, und als wir zu Hause im Quartier waren, erzählten uns die Kameraden, daß englische Flieger ganz dicht über den Bahnhof geflogen seien und auf der Weide sogar die Pferde beschossen hatten.

Als die Artillerie in und um St. Quentin in Stellung gegangen war, ging es Punkt vier Uhr am 21. März los. Das Trommelfeuer dauerte nur ein paar Stunden, dann waren die Engländer aus ihren tiefen Bunkern raus. Im weiten Umkreis hat die Erde gezittert, als die 42er in den Bunkern einschlugen. Über die Trichter von 25 bis 30 Meter Durchmesser und 15 Meter Tiefe mußten erst von den Pionieren Brücken gebaut werden. Wir standen da schon marschbereit mit unseren Gespannen in den Straßen, damit wir sofort nach dem Ende des Trommelfeuers mit den Geschützen über die Brücken zu dem Hang fahren konnten, in dem die Unterstände eingebaut waren. Die weittragenden Geschütze nahmen inzwischen noch die rückwärtigen Ziele hinter der feindlichen Front unter Feuer, damit der Feind, sobald die Front durchbrochen war, keinen Nachschub heranbringen konnte.

Es ging zügig weiter bis an den Somme-Kanal und darüber hinaus bis in neues Land auf der Linie Montdidier-Nayzon. Bis an die Somme waren ja bekanntlich unsere Truppen schon 1914/15 gekommen, aber sie sind 1916 wieder zurückgedrängt worden. Auch jetzt ging es nicht wesentlich über Montdidier hinaus, und es kam wieder zum Stellungskrieg mit all seinen Nachteilen. Alle paar Tage mußten wir ein Waldlager räumen, weil es zu nahe an der Front war und von den Fesselballons eingesehen werden konnte.

Auf dem Vormarsch nach dem Somme-Kanal zwischen Ham und Roye sind wir eines Nachts (nur nachts konnten wir wegen der Sicht auf dem ebenen Gelände fahren) im Morgengrauen in eine mißliche Lage geraten. Wir fuhren in Abständen von 20 bis 30 Metern so dahin, da hörten wir auf einmal links von unserem Marschweg MG-Feuer, und schon zwitscherten die Zeiserl* über uns hinweg. Die haben uns in der Dunkelheit wohl fahren gehört, aber nicht gesehen. Das hätte für uns brenzlig werden können. Aber an solche Überraschungen gewöhnt man sich im Krieg, wir sind weitergefahren.

Als es dann Tag wurde, befanden wir uns mit vielen anderen Trossen und Feldartillerie auf einem großen freien Feld zwischen zwei Ortschaften. Es wurde Halt gemacht, die Pferde gefüttert, und ich haute mich unter die Protze* auf etwas Stroh zum Schlafen hin – Uniform und Hose ausgezogen wie immer. Die Ruhe dauerte nicht lange. Als es Tag geworden war, kamen die Flieger in ganz geringer Höhe über uns mit MG-Feuer und kleinen Handbomben. Wir haben uns selbstverständlich mit den Karabinern gewehrt, sogar die Feldartillerie hat mit einem Glücksschuß einen runtergeholt. Flak war leider keine da, aber auf den geglückten Abschuß hin sind die anderen Flieger vorsichtiger geworden und haben zu unserem Glück mehr Abstand gehalten. Plötzlich hieß es: »Fahrer und Kanoniere, die abkömmlich sind, mit Karabinern ausschwärmen!« Aus einem Dorf, so eineinhalb Kilometer entfernt, kamen Engländer angeschwärmt, da merkte die Führung von unserem Truppenteil erst, daß die eigene Infanterie in der Nacht beim Vormarsch abgerissen war. Unsere Geschütze wurden in Stellung gebracht. Zusammen mit der Feldartillerie griffen sie nach drei Seiten mit direktem Schuß in die Angriffe ein und zwangen den Feind, ebenfalls in Stellung zu gehen. Zum Glück kam dann bald unsere Infanterie angerückt und schloß die Lücke in der Front wieder.

Die gefangenen Engländer, die am Tag an uns vorbeizogen, mußten auch ihre eigenen leicht verwundeten Kameraden mitführen. In den Erdlöchern, die sie gegraben hatten, fanden wir manche Dose Corned-Beef – ein Leckerbissen für uns. Auch einen liegengelassenen Gummimantel, als Zelt gut zu verwenden, habe ich mir mitgenommen, sowie ein Paar gute Schuhe. Man sah, daß die besser ausgerüstet und verpflegt waren wie wir. Es ist nur gut gewesen, daß wir auf unsere Vorräte aus Italien zurückgreifen konnten, denn in den verlassenen und zusammengeschossenen französischen Dörfern gab´s nicht viel für uns zu holen, und unsere Verpflegung kam auch nicht gerade pünktlich und reichlich nach. Zu requirieren gab´s in dem Gebiet nichts. Bei einem Streifzug durch Montdidier fand ich lediglich Kartoffeln und ein Faß Speiseöl. Von dem konnte ich zwar nur ein paar Feldkessel voll mitnehmen, aber ein paar zusätzliche Mahlzeiten gab´s auch wieder ab.

Ich habe schon erwähnt, daß uns die feindlichen Flieger und die Artillerie, geleitet durch Fesselballone, sehr zu schaffen machten. Besonders die Flieger waren schon am frühen Morgen über uns, und wir warteten mit Sehnsucht, daß unsere Abwehr, sprich die Dreidecker-Staffel, stationiert in Nesle und angeführt vom roten Dreidecker des Baron von Richthofen, endlich erscheint. Als das schließlich der Fall war, konnte man sehen, wie schnell die Gegner abgehauen sind, als sie der Dreidecker-Staffel ansichtig wurden. In der kurzen Zeit, bevor sie aus unserem Gesichtskreis verschwinden konnten, waren sie von den enorm steigfähigen und schnellen Dreideckern eingeholt, und ein paar von den Gegnern sahen wir immer dabei brennend abstürzen. Wir freuten uns darüber, denn an dem Tag hatten wir dann unsere Ruhe vor den lästigen Kunden.

Das nächtliche Munitionsfahren wurde wegen der Sperrfeuer und der Feuerüberfälle an den Kreuzungen und bei den Ortsdurchfahrten immer gefährlicher. Einmal meldete ich mich mit noch drei jungen Fahrern freiwillig, um das zweite Geschütz in die erste Infanterielinie zu bringen, weil es von da die mehrgleisige Bahnlinie der Franzosen von Paris nach Amiens beschießen konnte. Die war wichtig, weil darauf ein großer Truppenlagerplatz zu erreichen war. Nur ein paar hundert Meter von der Front entfernt mußten wir die Hufe der Pferde und die Räder vom Geschütz mit Lappen und Säcken umwickeln,

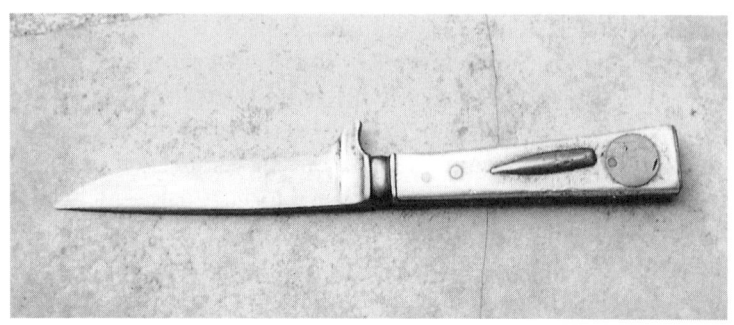

Aus Munitionsteilen geschmiedetes Messer

daß die Franzosen in den nahen Stellungen nichts hören konnten. Wir haben das Geschütz zwischen die erste und zweite Linie gebracht und sind schleunigst mit der Protze wieder abgefahren. Die Infanterie hat sich über den Zuwachs wenig gefreut, denn die bekamen in den nächsten Tagen viel feindliches Feuer, weil das lästige Geschütz gesucht wurde. Ob es seinen Zweck, die Bahnverbindung Paris-Amiens zu stören, erfüllt hat, weiß ich nicht, aber unsere 10er Langrohre konnten ein Ziel in 13 Kilometer Entfernung treffsicher erreichen.

Wir, das 11. Bataillon, kamen alsbald in ein zerschossenes Dorf bei Nesle für drei Wochen in Ruhestellung. Die hatten wir uns auch verdient.

Als Fahrer kannte ich natürlich den Feldschmied gut. Von ihm ließ ich mir aus Granatenstahl und Geschossen ein Messer machen, das ich heute noch habe. Es hat mich mein ganzes Leben begleitet und mir später beim Wildern und beim Schlachten manchen Dienst erwiesen.

Aber dann hat sich meine Lage entscheidend verändert. Ich hatte mich gerade in einem zusammengeschossenen Haus eingerichtet, da wurde ich krank – Leibschmerzen, kein Appetit, Kopfschmerzen, Durchfall und Mattigkeit. Bei unserem Arzt, er war noch Student und Feldunterarzt, fand ich keine Hilfe. Da ging ich zum Bataillonsarzt. Als ich zum zweitenmal kam, stauchte er mich richtig zusammen, ich wolle mich nur vorm Dienst drücken, und er lasse mich einsperren, wenn ich noch

114

mal käme. Ich traute mich natürlich nimmer hin und blieb im Quartier liegen. Meine Pferde konnte ich auch nicht mehr versorgen.

Eines Tages besuchte mich mein Kamerad aus Ohlstadt, er war bei den Fernsprechern. Er fand mich phantasierend und bewußtlos, halb am Boden liegend. Er hatte einen Vize von den Kanonieren, der ebenfalls aus unserer Gegend war (vor wenigen Tagen ist er 81jährig gestorben). Dieser Vize alarmierte einen Sanitäter. Man hat Fieber gemessen, es waren 42 Grad, also höchste Zeit, mich ins Lazarett transportieren zu lassen, denn ich war immer noch bewußtlos. Nach drei Tagen im Lazarett bin ich dann wieder zu mir gekommen, da hat mir ein Pater gesagt, daß ich bereits die letzte Ölung bekommen hätte und ich solle dem Herrgott danken, daß ich noch einmal davongekommen bin.

Hätten sich meine Kameraden nicht um mich gekümmert und meine sofortige Einlieferung ins Lazarett veranlaßt und hätte ich nicht eine so gute körperliche Konstitution gehabt, so wäre ich an dieser Kopfgrippe und an dem hohen Fieber draufgegangen. Alles das hätte nicht sein müssen, wenn die Ärzte nicht so brutal und gewissenlos gehandelt hätten.

Als ich wieder einigermaßen hergestellt war, mußte das Feldlazarett geräumt werden. Ich kam mit anderen zusammen mit dem LKZ (Lazarett-Kranken-Zug) nach Deutschland zurück, nach Diez an der Lahn, wo im Hotel »Hof von Holland« ein Lazarett eingerichtet war. Durch das lange Sitzen während der Fahrt hatte sich mein Befinden wieder verschlechtert. Die Pflegerinnen und Pfleger haben sich auch nicht groß um mich gekümmert. Als ich am Morgen wach wurde, mußte ich feststellen, daß mein Augenlicht weg war. Ich konnte nichts mehr sehen – eine Folge der Kopfgrippe. Als die Pfleger dann am Morgen meinen Zustand bemerkten, sind sie und der Arzt ganz schön auf Trab gekommen. Die haben es dann auch fertiggebracht, daß ich in einigen Tagen wieder etwas sehen konnte, aber doppelt und dreifach. Dann kam auch noch eine Mittelohrentzündung dazu. Als ich nach einigen Wochen wieder gehen konnte, mußte ich in Begleitung eines Unteroffiziers nach Ehrenbreitstein bei Koblenz zu einem Ohrenspezialisten zur Untersuchung fahren. Wieder zurück in Diez ist dann im Lazarett eine Epidemie ausgebrochen, und alle Lazarette wurden geräumt. Ausgehen konnte ich wegen meines Doppelsehens sowieso nicht. Die angeblich leichteren Fälle, darunter auch ich, wurden zum Ersatzbataillon geschickt. Das meine war inzwischen von Mainz nach Ulm versetzt worden, also brachte man mich dahin. Beim Ersatzhaufen angelangt, kam ich bald zum Arzt. Der schrieb mich trotz meines Zustandes KV (kriegsverwendungsfähig), weil man Leute an der Front brauchte.

Es ging da inzwischen immer rückwärts, denn die Amerikaner hatten im Westen in den Kampf eingegriffen, weil es die Franzosen und Engländer allein nicht mehr schafften. Ich sollte gleich wieder an die Front. Bei der Vorstellung beim Bataillonskommandeur Fehr, er war inzwischen Major geworden, hatte dieser bereits meine Papiere. Da stand drin, ich müßte von einem Augenspezialisten untersucht werden. Also wurde ich in Ulm zu einem solchen Arzt gebracht. Er fragte mich gleich nach der Untersuchung, ob ich schon beim Bataillonsarzt gewesen sei und was der gesagt habe. Ich sagte, er habe mich KV geschrieben und ich solle ohne Urlaub sofort an die Front, weil man da Leute brauche. Er fragte mich, welcher Arzt das gewesen sei. Ich kannte ihn dem Namen nach nicht, da mußte ich ihn beschreiben. Da sagte der Augenarzt, ich käme nicht an die Front, sondern nach Augsburg in ein Augenlazarett.

Ich habe da eine sehr scharfe Kur mitmachen müssen – in der Woche zweimal schwitzen, dazu bekam ich eine Tasse Tee und mehrere Aspirintabletten. Dann wurde ich ins Bett gepackt, vollständig zugedeckt, mit dem Kopf unter der Decke. In Abständen wurde von den Schwestern nachgeschaut, wie es mir geht. Nach zwei Stunden war ich erlöst, aber ganz matt vom vielen Schwitzen. Ich habe da eine gute Kost mit Zusatz bekommen, um mich zu erholen – auch die Behandlung war sehr gut. Eines Tages kam der Chefarzt persönlich mit der Oberschwester zu mir, hielt eine Rede und hat mir – welch eine Ehre – das MVD-Kreuz III. Klasse mit Schwertern überreicht. Es war mir von der Truppe nachgeschickt worden und hat mich nach fast dreieinhalb Monaten doch noch erreicht.

Vielleicht war der Chefarzt ein wenig enttäuscht, weil ich die Ordensverleihung so wenig erfreut hingenommen habe, denn ich hatte ja fast zwei Jahre an der Front erlebt, wie sowas geht, und wer die Orden zuerst bekommt. Ich bin zwar, was den Dienst an der Front anbelangt, kein schlechter Soldat gewesen, aber zum Gefreiten habe ich es nicht gebracht. Erst 1940 wurde mir diese Ehre zuteil, ausgerechnet an Hitlers Geburtstag, wegen dem ich sieben Jahre zuvor für sieben Monate nach Dachau ins KZ gekommen war, aber davon später.

Man hat mich wieder ins Ersatzbataillon nach Ulm versetzt, um KV zu werden und wieder an die Front abgestellt werden zu können. Der Major Fehr, der mich ja von Mainz her noch kannte, sagte mir bei der Visite dort einen Erholungsurlaub von 14 Tagen zu, doch der Sanitätssergeant, der früher in meiner Batterie war, schrieb damals drei Wochen in die Papiere. Also wurde ich von der Kanzlei für drei Wochen in die Heimat nach Eschenlohe in Erholungsurlaub geschickt.

Nach dem Urlaub, es war inzwischen September 1918 geworden, wurde ich zum 1. Bayer. Fußartillerieregiment, zur 8. Munitionskolonne, versetzt. Jetzt mußte ich erst einmal mit vielen anderen Kameraden unsere Truppenteile suchen, die alle paar Tage woanders lagen, denn es ging ja an der Front immer weiter zurück. Von einem Ortskommandanten zum anderen wurden wir auf dieser Suche geschickt. Man bekam Unterkunft und Verpflegung zugewiesen, und wir trieben uns, ein kleiner Haufen geworden, in Belgien herum, immer auf der Suche nach dem richtigen Truppenteil. Bei der Gelegenheit sind wir in Chaleroi in Belgien gelandet.

Meine Kameraden haben da den Puff aufgesucht, ich bin aber nicht mitgegangen und habe mich an ein Kanalgeländer gelehnt und gewartet. Da schickten die Kerle ein Fräulein, angetan mit einem Morgenmantel, heraus. Sie stand unter der Tür und sagte zu mir: »Komm mein Kleiner, da kannst du mal!«

Ich habe mich geschämt und bin ganz rot geworden, bin aber nicht reingegangen. Die wird sich gedacht haben, gibt´s sowas auch noch, aber ich hatte halt sowas noch nicht erlebt. Trotz meiner bald 22 Jahre hatte ich mit keinem Weib etwas zu tun gehabt. Es sollte aber in etlichen Monaten bald soweit kommen.

Erst habe ich einmal meinen Truppenteil gefunden, im Oktober 1918. Es war während der Abwehrschlacht in Cambrai-St.Quentin, da ging es ganz schön hoch her, besonders für die Artillerie. Ich brauchte jetzt kein Geschütz mehr zu fahren, sondern vierspännig einen Munitionswagen. Mit den dauernden Rückzugskämpfen und Schlachten ging es über die Antwerpen-Maas-Stellung zum Datum 11.11.1918. Wir lagen bei dem Fort Beau Mosprich, Beau Mont, ein Fort von der Festung Manbenge.

KRIEGSENDE

In Manbenge, sprich »Mo Besch«, war auch für mich mit dem Waffenstillstand am 11. November nun endlich Schluß mit dem scheußlichen Krieg – wenn auch mit amerikanischer Hilfe. Am 12. November sind wir abmarschiert in die Heimat. Die Zivilisten waren sehr begeistert, ein paar Burschen sind auf den Kirchturm geklettert und haben sich am Kreuz festgehalten und mit Fahnen geschwenkt. Ich kann nicht sagen, daß uns die Leute beim Abmarsch angefeindet haben. Wir mußten alles überflüssige Zeug wie auf dem Rückmarsch in Italien wegwerfen, daß die Fahrzeuge entlastet waren, aber leider hatten wir die Geschütze und sämtliche Waffen mitzuschleppen, damit es nicht so aussah, als seien wir geschlagen worden. Der Rückmarsch ging planmäßig und geordnet und so schnell wie möglich vonstatten.

Als wir durch die Eifel kamen, bekamen wir schon Schwierigkeiten auf den zum Teil bereits gefrorenen Straßen. Wir hatten die Pferde aus Zeitmangel nicht rechtzeitig beschlagen können. Sie mußten bergauf und bergab die schweren Geschütze und Fahrzeuge mit Munition schleppen, bloß damit das Gesicht gewahrt blieb. Es wird uns dies bei den Waffen-stillstandsverhandlungen allerhand gekostet haben, dieses Eingeständnis bei den Alliierten zu kaufen. Jedenfalls ging es so schnell wie möglich der Heimat zu.

Am 1. Dezember sind wir mittags nebeneinander in drei Kolonnen in Bonn über den Rhein. Es hieß, der letzte Termin sei abends sechs Uhr; was da noch nicht drüben sei, werde interniert. Ob es alle Truppen geschafft haben, weiß ich nicht. Wir wurden ins Siegener Land dirigiert. Die Fahrzeuge und Pferde hat man in einer Eisengießerei untergebracht, wir dagegen kamen bei der Bevölkerung in Quartier. Es waren meist arme Leute, welche auch nichts für uns übrig hatten.

Ich habe am ersten Weihnachtsfeiertag einen Gaul von uns geschlachtet, ganz allein. Das Fleisch ist an die Bevölkerung ausgegeben worden gegen geringe Bezahlung. Das Geld floß in die gemeinsame Kolonnenkasse und wurde vom Spieß verteilt. Ich durfte den Erlös für die Haut für mich behalten. Wir konnten den Zuschuß zu unserer geringen Löhnung (inzwischen 58 Pfennig am Tag) gut brauchen, denn wir hatten die Möglichkeit, nach Siegen ins Kino oder in eine Wirtschaft zu fahren, und da konnte man gut zusätzliches Geld brauchen.

Der Spieß hat mir noch das Eiserne Kreuz Zweiter Klasse angetragen, weil ich schon fast zwei Jahre an der Front war.

Es wurden im Bahnhof ständig Truppen verladen, aber immer waren es preußische Formationen, bis endlich bayerische Jäger den Bahnhof besetzten. Nun erst wurden auch bayerische Truppen verladen, so daß auch wir endlich drankamen. Am 1. Januar 1919 erreichten wir endlich Bayern und wurden in die Nähe vom Lechfeld verlegt, um endlich aufgelöst zu werden.

Wir kamen in Pestenacker in Quartier, wo ich mein erstes Liebesabenteuer zu bestehen hatte und meine Unschuld verlor. Ich war dabei der Lernende.

Unsere Pferde wurden an die Bauern der Umgebung verkauft; wir Fahrer konnten uns für 50 bis 70 Mark ein paar Pferde aussuchen und mit heimnehmen. Ich wußte nicht, wo ich welche unterbringen sollte und ließ es bleiben, welche zu kaufen. So blöd war ich. Allerdings ein paar Sielengeschirre* und Decken habe ich schon nach Weilheim geschafft. Als alles aufgelöst war, sind wir Jungen noch nach Lager Lechfeld zu einer Bewachungskompanie gekommen. Zu bewachen war nichts mehr da. Am 22. Januar 1919 war ich endlich zur Entlassung dran und bin dazu in Schwabmünchen, soweit etwas vorhanden war, eingekleidet worden.

Nun war ich wieder Zivilist, nach fast drei Jahren Barras. Nach ein paar Tagen Aufenthalt beim Vater in Weilheim bin ich nach Ohlstadt, zuerst zur verwitweten Bäuerin Bayerlacher als Knecht gekommen. Dies war mir viele Jahre später in Bezug auf die Höhe der Rente von Nutzen, denn da wurden mir auch die fast drei Jahre Kriegsdienst, als landwirtschaftlicher Arbeiter mit geringem Lohn aber Sachbezügen wie Kost und Unterkunft, rentensteigernd angerechnet. Ich brachte da insgesamt fast zehn Jahre, von April 1910 bis Mai 1919, zusammen.

Weil ich bei der Bäuerin zu wenig verdiente für die viele Arbeit von früh fünf Uhr bis abends halb zehn Uhr, habe ich Mitte Mai 1919 aufgehört und bin ein paar Wochen als Bauhilfsarbeiter gegangen, bis im Frühsommer die Holzerei aufgegangen ist. Da habe ich dann ein gutes Jahr als Akkordholzer gearbeitet, denn es gab damals viel Windbruch, weil Anfang Januar 1919 ein sehr starker Föhnsturm, ein Wirbelsturm, ganze Waldabteilungen niedergelegt hatte. Auch Bauernhäuser und andere Häuser hatte er abgedeckt und ganze Heustadel mit Inhalt einfach fortgewirbelt, wenn sie in seiner Bahn standen. Das muß ganz schön schlimm gewesen sein. Ich war ja zu der Zeit noch beim Barras.

Eine Schlafstelle mit Morgenkaffee bekam ich bei der Mutter meines Kriegskameraden, beim »Haglsima Sepp« (Josef Bader). Die Frau war Witwe und bewirtschaftete mit zwei Söhnen und zwei Töchtern den Hof. So nebenbei gesagt war sie die Schwägerin vom Oberjäger Zeber. Dies zu erwähnen ist wichtig, wie man bald sehen wird.

Schlafstelle ist eigentlich zu wenig gesagt. Es wurde mir ein schönes Zimmer im ersten Stock des Nebenhauses, gut möbliert mit Bett, Ofen, Sofa und Zubehör und auch mit separatem Eingang, zugewiesen. Den Morgenkaffee bekam ich drüben im Haus bei der Familie Bader. Zum Mittagessen auf den Arbeitsstellen gab es eine mitgebrachte kalte Brotzeit, zum Abendessen und samstags und sonntags ging ich in die Wirtschaft »Drei Linden«.

Besitzer war eine Familie Reiser, der Wirt war der »Hochfein-Franzl« von Partenkirchen, die Wirtin eine ehemalige Köchin in Garmischer Hotels, übrigens eine ausgezeichnete Köchin und gute Wirtin. Sie hat uns immer sehr gut betreut, was Speise und Trank und die Behandlung als Gast anbelangt. Ich habe mich damals in meiner Freizeit viel in dieser Wirtschaft, in der auch eine Kegelbahn vorhanden war, aufgehalten und dabei etwas kennengelernt, was mir später viel Unglück gebracht hat.

WILDERERZEIT
1919 bis 1920

Schon früh im Sommer 1919 bin ich draufgekommen, daß da in der Wirtschaft »Drei Linden« auch eine gewisse Clique Männer und Burschen verkehrte, welche an Tischen zusammensaß und heimliche Gespräche führte. Kam ich da zufällig vorbei, war man still und schielte mir mißtrauisch nach. Ich bin dann bald dahinter gekommen, was es damit auf sich hatte. Es waren Burschen darunter, auch Bauernsöhne, welche wohl ihrer ordentlichen Arbeit nachgingen, aber heimlich, so quasi nebenbei, eine Nebenbeschäftigung hatten – das Wildern.

In den Wäldern, auf den Wiesen und Feldern um Ohlstadt gab es damals viel Wild – Rehe und Hirsche und Gemsen. Es gab noch Lebensmittelkarten, weil alle Nahrungsmittel knapp waren. Nach dem verlorenen Krieg kamen viele Burschen und Männer heim, denen es schwer fiel, sich wieder ins Zivilleben einzugewöhnen und vor allem, sich das Schießen abzugewöhnen, das sie vier Jahre lang sozusagen beruflich betreiben mußten. Die Bauern und kleinen Landwirte hatten zwar zu essen, aber doch im Krieg viel Vieh abliefern müssen. So war es zwangsläufig, daß man sich des Überflusses an Fleisch in Wald und Flur erinnerte.

Das Wild richtete auch auf den Feldern und Wiesen beträchtlichen Schaden an, so waren die meisten Bauern froh, wenn es Burschen gab, die dem Fleischüberfluß zu Leibe rückten. Es war dies aber nicht ungefährlich, denn die hohen Herren, welche die guten aber teuren Jagden gepachtet hatten, hatten zum Schutz des Wildbestandes allein in der Gemeinde Ohlstadt vier Jäger angestellt. Also war das Wildern, welches wohl den meisten Oberländern sozusagen im Blut liegt, nicht gerade einfach und gefahrlos, von den Strapazen, welche das Pirschen mit sich bringt, ganz zu schweigen. Das Wild mußte ja erpirscht und konnte nicht auf bequemem Wege ersessen werden. Das mußte alles heimlich geschehen, denn es gab auch Spitzel, welche einen um eine Kleinigkeit verraten konnten.

Daß ich auch so ein Spitzel sei, hatten die erwähnten Burschen beim Dreilindenwirt, die mich ja nicht genau kannten, in Erwägung gezogen. Deshalb war man halt still und erzählte sich was Unverfängliches, wenn ich in die Nähe kam. Daß ich als Spitzel angesehen wurde, das wurmte mich, so blieb mir, um deren Vertrauen zu gewinnen und auch um mein Blut zu beruhigen, nichts anderes übrig, als mir selber eine Büchse anzuschaffen und es auf eigene Faust mit dem Wildern zu probieren. Ich zog den Wirt (er war auch einer von der Sorte) ins Vertrauen. Er half mir bei der Beschaffung eines brauchbaren Gewehres bei seinen Garmischer Freunden. Beim Neff Beppi bekam ich für nicht gerade teures Geld einen abgeänderten, abschraubbaren Karabiner 98. Jetzt hatte ich schon selber einen Stutzen. Daß ich schießen und auch treffen konnte, das hatte ich ja schon öfters unter Beweis gestellt. Nun war es soweit, daß für mich ein kurzer, aber folgenreicher und sogar tragischer Abschnitt in meinem Leben begann.

Nach der kurzen Zeit als Bauhilfsarbeiter bei der Firma Reiser in Murnau, bei der ich übrigens gesehen habe, wie man behelfsmäßig Kalk brennt, was mir zehn Jahre später zugute kam, verlegte ich mich nun aufs Wildern.

ERSTE PIRSCH

Im Frühsommer 1919 ging ich mit meinem neuerworbenen Stutzen am hellichten Tage auf eine dem »Uahlabauern« (Schretter) gehörende, abgelegene Wiese mit einem großen Heustadel darauf auf meine erste Pirsch. Des Gewehr hatte ich unter meinem englischen Gummimantel versteckt über die Schulter hängen. Auf der saftigen Wiese hatte ich schon vorher ein paar Rehe ausgemacht. Ich wollte mich näher heranpirschen und versteckte mich hinter einer großen Haselnußstaude gegen die Sicht. Hinter mir links und rechts gingen in einiger Entfernung ein Fußweg und eine Straße von Ohlstadt nach Schwaiganger vorbei, wo jederzeit Leute auftauchen konnten. Wie ich mich eben näher an die Rehe heranpirschen wollte und zu dem Zweck hinter der Haselnußstaude hervortrat, warf ich noch einen Blick in die Umgebung, denn es war ja heller Nachmittag. Dabei sah ich in einer Entfernung von gut 200 Meter am Rande einer höher gelegenen Wiese unter ein paar Baumstämmen drei Köpfe ohne Hut zu mir herüberschauen.

Ich war sofort hellwach. Es konnten Jäger oder auch andere Menschen sein. Ich drückte mich wieder hinter die Staude und wagte nach kurzer Zeit wieder einen Blick nach schräg oben. Da waren es nur mehr zwei Köpfe. Ich habe schnell geschaltet und meine Haxen in die Hand genommen. Ich bin ab wie das Donnerwetter über die Wiese an den Rehen vorbei, bevor mich der dritte Jäger, wie ich vermutete, von hinten zu fassen bekam. Im Laufen habe ich meinen Stutzen abgeschraubt, in einem leeren Heustadel die Einzelstücke versteckt und bin seelenruhig weiter nach Schwaiganger gegangen, um mir in der dortigen Kantine eine Brotzeit und eine Maß Bier zu kaufen, eventuell als Alibi.

Noch bei Tage bin ich dann nach Ohlstadt gegangen auf dem vorher erwähnten Fußweg. Zur Vorsorge, man weiß ja nie, habe ich mir eine starken Ast von einer am Wege stehenden Eiche abgerissen. Wie ich aus Schwaiganger heraus auf der Straße heimwärts ging, sah ich schon von weitem die drei Jäger in einem offenen Buchenwäldchen stehen und mit dem Glas die Umgebung absuchen. Ich nahm dann den Fußweg, der knapp unterhalb des Standortes der drei vorbeiführte und legte mich am Weg hin. Es dauerte bloß ein paar Minuten, dann kamen die drei den Hang herunter und auf dem Fußweg auf mich zu. Ich hatte mir inzwischen meine Pfeife angebrannt und harrte der Dinge, die da kommen sollten. Gerade noch war auch die Frau Buchner vorbeigekommen, die Frau meines Firmpaten. Gleich darauf kamen die Jäger und blieben vor mir stehen. Der Oberjäger Zeber führte das Wort. »Na, Roith, wo bist denn g´wesn?«

»Ich war spazieren in Schwaiganger.«

»So, so«, sagte er, »wo hast denn deinen Prügel?«

Ich, nicht faul, deutete auf den eichenen Ast neben mir und

sagte: »Da liegt er!« Der Zeber sagte nichts weiter als »So, so, da liegt er!« und das Gespräch war beendet und die drei gingen heimwärts Ohlstadt zu. Ich folgte ihnen ein paar hundert Meter dahinter. Von diesem Zeitpunkt an wußten auch die Jäger in Ohlstadt, zu welchem Verein ich gehörte, und ich hatte Glück gehabt, daß ich gleich zu Anfang aus der Schlinge gekommen bin, die sie mir drehen wollten.

Dieses erste Erlebnis als angehender Wilderer blieb nicht geheim, und so war keiner der anderen mehr gegen mich mißtrauisch, und ich war in der Clique aufgenommen. Nach diesem beinahe erwischt werden ging ich nicht mehr auf so freiem Gelände wie den einmahdigen Wiesen um Ohlstadt, sondern in die bewaldete Gegend. Gerne ging ich auf dem sogenannten Iserberg, welcher sich von Pömetsried bis Weichs hinzieht, im Alleingang pirschen, hauptsächlich auf Rehe. Ein paarmal hatte ich dabei Erfolg, einmal gleich zu Anfang.
Ich habe das erlegte Reh über die Bahnlinie und Hechendorf nach Murnau getragen und in einer Wirtschaft zum Verkauf angeboten. Es war dies zwar ein Risiko, aber damals kaufte bald jeder Wirt so ein billiges schwarzes Fleisch, und ich brauchte Geld für meine Sonderausgaben in diesem Nebengewerbe. Das meiste erlegte Wild habe ich, und später auch meine Arbeitskameraden, beim Wirt Reiser Franzl abgeliefert. Dafür bekamen wir keine Bezahlung, aber von der Wirtin das Wildbret kostenlos zubereitet – das konnte sie wirklich erstklassig – zum Verzehr, oder auch als kalter Braten zum Mitnehmen in die Arbeit im Wald. Abends gab es dann in der Küche, wegen der möglichen Konsequenzen selten im Gastzimmer, eine warme Mahlzeit, auch samstags und sonntags.
Natürlich haben wir immer fleißig für Nachschub gesorgt, denn Wild gab es ja damals noch genug, und durch meine Tätigkeit als Holzer (wir hatten uns, drei bis vier Mann, zu einer Akkordgruppe zusammengetan) hatte ich genug Gelegenheit, an das Wild heranzukommen, sei es morgens früh auf dem Gang zur Arbeit oder nach Feierabend. Im Sommer war es ja lange genug hell zu dem Geschäft, und das Gewehr war auch immer in der Nähe der Arbeitsstelle versteckt. Unsere Arbeit

haben wir dabei nicht aus dem Auge gelassen, was mir bei einer späteren Gerichtsverhandlung sogar von den Jägern bestätigt wurde, daß ich nicht gewerbsmäßig gewildert, sondern immer meiner Arbeit im Wald nachgegangen sei, aber davon ein dreiviertel Jahr später.

Daß die vier Jäger in Ohlstadt viel mit uns Holzern zu tun hatten, war selbstverständlich. Es waren noch ein paar Partien mit der Aufarbeitung der vielen Windbrüche beschäftigt, welche natürlich auch nebenbei sich etwas Fleisch bei dem Überfluß an Wild besorgten.

Es kamen sogar noch Wilderer aus Garmisch, weil das ganze Wild da schon ziemlich abgeschossen war. Die haben es ja ganz arg getrieben und ganze Treibjagden veranstaltet und das erlegte Wild gleich mit dem Fuhrwerk heimgefahren. So arg ging es ja bei uns in Ohlstadt nicht zu, und es war so immer noch was zu holen.

Im Laufe des Sommers 1919 saß ich eines Morgens schon um drei Uhr auf eine Muttl (eine schwere Hirschkuh) an. Ich habe sie leider nicht erwischt, aber dafür eine Rehgeiß, welche noch im Bett (Nachtlager) so auf 50 Meter Entfernung von meiner Kugel unsanft geweckt wurde. Sie konnte gar nicht erst aufspringen, sondern legte den Kopf zur Seite und war tot. Da die Stelle direkt an einem Wasser war, habe ich sie gleich ausgenommen. Danach, auf dem Weg zur Arbeit, ist mir noch ein junger Bock vor die Flinte gekommen. Den habe ich auch gleich mitgenommen. Meine Kollegen haben nicht schlecht gestaunt – sie waren eben erst bei der Arbeitsstelle angekommen –, als ich schon so früh am Morgen mit so einer Beute ankam. Nach Feierabend haben wir beide Rehe nach Hause gebracht. Eins wurde beim Wirt verteilt. Der »Streidl Sepp« bekam sein Teil von jedem Stück mit nach Hause, das übrige Fleisch kam beim Wirt in den Eiskeller.

An einem der nächsten Tage brachte ich noch ein Reh im Alleingang nach Hause. Da hat mich der Teufel geritten. Ich packte zwei Rehe in einen von mir selbst gefertigten Rucksack, fuhr mit dem letzten Zug nach Garmisch und bot die Rehe in ein paar Wirtschaften aufs Geratewohl an. Ein paar hatten keinen Bedarf oder sie trauten sich nicht. Im »Wiggers Kurheim« in Partenkirchen hatte ich Glück. Ich wurde zum Küchenchef dirigiert, der nahm mir gleich alle zwei ab. Ich bekam in der Küche ein Essen; die Küchenmädchen haben nicht schlecht über mich gestaunt, und ich mußte auch noch über Nacht in dem Hotel bleiben, denn es ging ja kein Zug mehr in Richtung Ohlstadt. Wie ich dann so in meinem Bett lag, kamen mir doch Bedenken, ob das wohl gut ausgehen würde, denn die brauchten ja nur die Polizei verständigen, und ich wäre geliefert gewesen. Aber nichts passierte, ich bekam früh meinen Morgenkaffee und konnte beruhigt heim nach Ohlstadt fahren.

Der »Greider Thaddi«, mein Wildererkamerad

Außer noch einmal beim Beinhofer in Murnau habe ich kein Wild mehr an ein Hotel oder Gasthaus verkauft, denn es gab in Ohlstadt genug Abnehmer. Manche ärmere Leute haben hie und da, wenn man ihnen trauen konnte, etliche Pfund Wildbret geschenkt bekommen von mir. Im übrigen war unser Wirt ständiger Abnehmer, dafür bekamen wir, das heißt, der »Greider Thaddi« (Thaddäus Mayer) und ich, unser ständiges Essen umsonst von der Wirtin. Die war froh, wenn wir wieder Fleisch für die Küche brachten, wir waren praktisch feste Fleischlieferanten für die Wirtsküche. Es haben auch die Gäste unser gestohlenes Fleisch vorgesetzt bekommen, ohne es zu wissen, denn im Zubereiten von Wildbret war unsere Wirtin eine Meisterin. Die wußten nachher nicht, daß es Wildbret war.

SELTENE GRANDLN

Wieder einmal ging ich im Sommer 1919 an einem Wochenende bei hellem Tage mit besagtem Gummimantel, den Abschrauber darunter, durch den Ort, um im Alleingang zum »Hennertal«, einem abgelegenen waldreichen Gebiet an der Wankalm, zu kommen. Am oberen Ortsteil, zum »Ram« hin, begegnete mir der »Egger Karl« (Wäckerle), ein altes Original von Ohlstadt – Musikmeister, Holzmeister und Rechenmacher – und sagte zu mir: »Packst es jetzt schon am hellen Tag?«

Ich sagte darauf »Freili!« und ging dem Almsteig zu bis zum »Brandgras«, von da rechts ab in den Bergwald zum »Hennertal«.

Auf einmal sah ich so auf 150 Meter unter einer niederen jungen Fichte einen roten Fleck schimmern. Ich dachte erst, es sei ein Reh im Bett. Darauf zu schießen am hellen Tag und dann nur ein Reh und zu weit weg vom Ort, das schien mir nicht ratsam, wo ich doch auf Hirsche zum Schuß kommen wollte. Also ließ ich das vermeintliche Reh sein und stieg weiter bergan im lichten Hochwald. Als ich ein paar hundert Meter höher gekommen war und bei einer kurzen Atempause zurückschaute, sah ich nun bei der erwähnten niedrigen Fichte ein Geweih aufragen. Es war gar kein Reh, das da im Bett lag, sondern dem Geweih nach ein ausgewachsener Hirsch. Nun stieg ich sofort zu meinem früheren Standort zurück, von wo aus ich den roten Fleck, das Sommerfell, gesehen hatte, um zu warten, bis der Bursche sich aus seinem Bett erhebt, um zur Äsung zu kommen.

In der Umgebung, wo er lag, gab es keine Äsung. Ich wartete und wartete, bis er sich endlich zu erheben bequemte. Es ging schon dem Abend zu, und ich wollte nicht warten, bis es dämmrig wurde. Ich sah immer noch einen tellergroßen, hellbraunen Fleck unter der ganz niederen Fichte auf einem kleinen Grat. Es war für mich ein gutes Plätzchen, was das Licht anbelangt, so entschloß ich mich endlich zum Schuß.

An einem kleinen Buchenstamm angelehnt zielte ich sorgfältig auf den kleinen sichtbaren Fleck in ungefähr 120-130 Meter Entfernung. Nach dem Durchzug sah ich nur noch ein paar Läufe, oder war es das Geweih, unter der buschigen kleinen Fichte und hörte und sah weiter nichts mehr. In der Meinung, der Bursche habe sich lautlos verdrückt, ging ich zu seinem Lagerplatz. Ich fand aber keine typischen Anzeichen für einen Treffer, auch keine Fluchtspuren, und sah mich ratlos um. Ich blickte etwas nach unten, da lag der Hirsch, im trockenen Laub abgerutscht, quer in der seichten Mulde, von einem Ahornstämmchen gehindert, weiter in die Tiefe zu rutschen. Er rührte sich nimmer, also mußte ich ihn gut getroffen haben, es waren ja auch erst ein paar Minuten seit dem Schuß vergangen.

Ich besah mir den Burschen mit seinem zurückgeschlagenen Achter-Geweih – noch mit Bast, es war ja noch Sommer – und suchte nach einem Einschuß. Ich fand keinen. Ich löste schnell den Kopf mit Geweih aus dem Fell und trennte den Kopf vom Hals, weil ich ihn da, wo er lag, nicht ausnehmen und zerlegen konnte. Es war zu steil. 100 Meter tiefer ging es über eine steile Wand in das Bett einer Laine* hinunter. Ich band die Decke am Hals zusammen und ließ den ganzen Hirsch über die Wand in das Bett der Laine hinuntergleiten. Dann nahm ich den Kopf mit dem Geweih auf, es hätte beim Sturz über die Wand und beim Aufprall leicht zerbrechen können und brach die Grandln* heraus.

Was hatte der Bursche für schöne Grandln! Ich und auch meine Kameraden und Freunde hatten noch nie solch schöne Grandln gesehen. Auch heute noch, nach über 50 Jahren, betrachte ich sie mir gerne. Ich habe mir vom Goldschmied Rapp in Murnau eine Krawattennadel damit machen lassen.

Also, mit dem Kopf am Rucksack festgebunden, stieg ich auf einem kleinen Umweg in die Laine hinunter. Da lag er nun vor mir. Ich mußte schnell machen, um das Tageslicht noch auszunützen, und es konnten ja auch Jäger in der Nähe den Schuß gehört haben und mich in dem tiefen Geländeeinschnitt beim Ausnehmen überraschen. Wegen des rauschenden Baches konnte ich keine Geräusche hören, aber wenigstens hatte ich bei der nun folgenden Arbeit Wasser zur Verfügung. Ich fand immer noch keinen Einschuß und suchte auch gar nicht mehr lange danach. Erst mal habe ich den Hirsch aufgebrochen, da sah ich die Bescherung.

Der Schuß war beim After eingedrungen und hatte die Därme und sogar die Leber zerfetzt, da wir sogenannte Dum-Dum, also abgefeilte Militärmunition, verwendeten. Für den zerfetzten Aufbruch war es gut, daß Wasser da war. Ich schlug den Hirsch aus der Decke, löste die vier Schlegel aus, packte alles mit den brauchbaren Innereien in den Rucksack und band den Kopf mit dem Geweih dran. Den übrigen Teil des Hirschen wickelte ich in eine Decke und legte alles auf einen übermannshohen Stein wegen der Füchse, um es am nächsten Tag abzuholen. Ich schaute, daß ich aus der für mich gefährlichen Lage herauskam und machte mich auf den Heimweg.

Bis ich in die Nähe des Dorfes kam, war es schon dunkel, und kein Mensch begegnete mir. Ich ging zur Wirtschaft des Reiser und klopfte ans Küchenfenster. Gleich trat der »Greider Thaddi« ans Fenster und kam sofort heraus. In der Wirtschaft wurde eine Doppelhochzeit gefeiert vom Dominik Höldrich, »Loffer«, dem Wirt der Bahnhofrestauration Ohlstadt und einem Postboten. Der Thaddi, mein Freund und Arbeitskollege, trommelte heimlich die anderen gleichgesinnten Kameraden zusammen, denen ich die wunderbaren Grandln zeigen mußte. Sein späterer Schwager, der »Streidl Hartl« (Daiser Leonhart), wollte mir die Grandln für einen damaligen Wochenlohn von

Selber gewilderte Hutnadel – Trophäe

50 bis 60 Mark abkaufen, um Ohrringe für seine nachmalige Frau, eine Schwester des »Greider Thaddi«, machen zu lassen. Aber die selten schönen Grandln waren mir um keinen Preis feil.

Den Kopf mit dem Geweih, den mußte ich unbedingt dem Wirt, dem Reiser Franzl, überlassen, einen Bug und einen Schlegel habe ich dann auf Anweisung vom Wirt eingesurt und in einem Schaffl* neben meiner sturmfreien Bude aufgestellt. Der Franzl hat mir das Ganze dann geräuchert. Den übrigen Teil des Hirschen, den ich in der Laine auf dem großen Stein gelegt hatte, habe ich am nächsten Morgen, als ich zur Arbeit ging, in meinen Rucksack gepackt und abends heimgenommen, wobei meine zwei Kameraden auch einen Teil in ihren Rucksäcken untergebracht und unauffällig ins Dorf gebracht haben.

Es wurde alles kameradschaftlich aufgeteilt, auch der Wirt bekam seinen Teil. So ein zähes Wildbret ist mir aber niemals mehr untergekommen, ein Zeichen, daß es ein ganz alter Hirsch war. Er war erstens ein Einzelgänger, das sah man an seinem Lager, zweitens hatte er ein zurückgesetztes Geweih und dann die ganz dunklen Grandln. Eines davon hat sogar ein ganz kleines Loch, wie von einem Wurm. Man kann es heute noch sehen. Außerdem hatte er eine schwarze Haut.

Übrigens, die von uns erbeuteten Wildfelle hat uns ein Hauthändler um gutes Geld abgenommen, darum haben wir die anfallenden Felle auch immer schonend behandelt beim

131

Abhäuten. Der Hauthändler hat uns beim Wirt immer mit seinem erstklassigen Zitherspiel unterhalten.

Der »Greider Thaddi«, mein Arbeitskollege, hatte sich mit seinem Vater überworfen und wohnte beim »Wunder« (Penzberger) so wie ich als Schlafgeher und ging zum Essen wie ich zum Dreilindenwirt Reiser Franzl.

Der war übrigens auch ein freier Wildbretschütz. Wir hatten damals eine umfangreiche Arbeit in der Nähe vom Ohlstädter Kalkofen in »Schafflers Waldteil« am »Brandgras«. Es war da ein größerer Windbruch zum Aufarbeiten. Einmal in der Mittagspause ist da ein Rehbock ganz in der Nähe übergewechselt. Ich, nicht faul, habe es gleich mit meinem italienischen 12mm-Kavallerie-Revolver, einem Beutestück noch aus dem Krieg an der italienischen Front, probiert. Leider habe ich den Burschen verfehlt. Mein Gewehr war zwar in der Nähe verstaut, doch ich hatte mir nicht die Zeit genommen, es zu holen und zusammenzuschrauben. Jedenfalls müssen die Jäger den Schuß gehört haben.

Abends in der Dämmerung ging ich über den »Ram« (eine Viehweide am Fuße des Berges) nach Hause, weil ich mein Gewehr aus dem Versteck zum Putzen mit heimnehmen wollte. Meine zwei Arbeitskollegen gingen auf der Straße. Es war schon fast Nacht, und ich hatte es schon geholt und wollte aus dem Wald auf die Viehweide treten. Da sagte mir mein Schutzengel, das ist die innere Stimme, die jeder Mensch hat: »Loffer Sepp, heut hast du geschossen, nimm das Gewehr nicht heim und versteck es wieder!«

So machte ich es auch. Ich versteckte meine »Lattn« am Waldrand und ging hinaus auf die Viehweide und auf ein Gatter zu. Dieses Gatter war vom Gebüsch eingefaßt. Plötzlich sind drei Männer hinter den Stauden hervorgesprungen, haben mich umringt und »Halt!« gerufen. Mit dem Gewehr an der Hüfte standen sie vor und hinter mir.

Ich sagte »Hoi, was ist da los!«

»Das wirst glei seg´n!« sagte der Oberjäger Zeber und tastete mich rundherum ab, während die beiden anderen vor und hinter mir das Gewehr auf mich richteten.

Der Zeber sagte ein paarmal in seinem Tiroler Dialekt: »Er hot nix!«

Ich zog meinen Tabaksbeutel heraus und füllte mir gelassen eine Pfeife ein.

»Zwoa Knicker* hot er. Was machst du denn mit de zwoa Knicker?«

Sie lagen im sonst leeren Rucksack.

Ich sagte: »Die brauch ich halt.«

»Wo hast denn s´ Wildbret. Ihr habt´s doch heit g´schossen. Wo san denn de andern zwoa?«

Ich sagte: »De genga auf da Straßn.«

»Ham de des Wildbret?«

Ich wieder: »Wos für a Wildbret?«

»Ja, ihr habt´s doch g´schossen!«

»I hab nix g´hört. Konn i iatz boid geh?«

Ich zündete mir die Pfeife an, und ab ging´s. Den Revolver hatte ich im Hosentürl hängen mit dem Schwungriemen nach außen. So konnte er mir nicht aus der kurzen Lederhose rausfallen, und hingelangt ans Hosentürl hat mir der Zeber doch nicht. Sonst hatte ich ja nichts an wie Joppe und Rucksack. Die zwei Knicker hat er sauber im Rucksack drin gelassen. Anständig, nicht wahr!

Als ich über die Wiese und durch die Laine ging, um an die Straße zu kommen, war ich schon versucht, aus Übermut mit dem Revolver einen Schuß in die Luft abzuballern, aber ich hab es doch bleiben lassen, denn das hätte üble Folgen haben können, wenn mir die drei mit ihren Gewehren nachgeschossen hätten. Sie mußten ja annehmen, ich hätte auf sie geschossen. Jedenfalls bin ich schnell heimwärts und beim »Wunder« (Penzberger) eingekehrt, um das Erlebnis zu berichten. Alle waren sie in der Küche versammelt.

DIE SPIONIN

Wie ich gerade den Geschwistern Penzberger und dem Thaddi von meinem Erlebnis erzählte und den Revolver aus dem Hosentürl zog, um ihn herzuzeigen, warf ich einen Blick zum

Fenster mit den kleinen Butzenscheiben. Ich sah außen ein Frauengesicht und rief: »Schnell, da schaut eine rein!«

Wir gleich raus und über den Zaun in dem Schmied seinen Garten, haben aber leider nichts mehr gesehen. Das Luder, es war die Zebertochter Dini, von mir geheißen »Zeber Gams«, hat da spioniert. Pfui Teufel, wenn sich ein Mädchen für solche Dinge hergibt. Später hat sie das noch mal gemacht. Sie lebt heute noch. Sie hat keinen Mann mitgekriegt.

Nun auch gleich zum zweiten ähnlichen Spionagefall und wieder zu meinem Schutzengel, meiner inneren Stimme, auf die jeder hören sollte, um sich vor Schaden zu bewahren.

Die meiste Sommerarbeit im Wald am »Brandgras« war getan, da mußten wir wieder in Schafflers Waldabteil Simmetsberg, am »Illingstoa«. Auf dem Weg dorthin hatte ich ja schon mal zwei Rehe erlegt. Mein Stutzen war immer irgendwo in der Nähe der Arbeitsstelle. Um schon frühmorgens vor Beginn der Arbeit einen kleinen Pirschgang zu machen, mußte ich schon zwischen drei und vier Uhr früh weggehen und war dann selbstverständlich zum Morgenkaffee bei der Bäuerin nicht da. Sind dann irgendwo im Berg in der Nähe meiner Arbeitsstelle ein oder zwei Schuß gefallen, so hörte man die bis ins Dorf, und die Spionin Zeber Dini brauchte nur bei ihrer Tante, der »Haglsima-Bäurin«, nachzufragen, ob ich zum Morgenkaffee da war oder nicht. Dann wußte der Oberjäger Zeber sofort, daß ich der Schütze gewesen sein konnte.

Bei einem dieser morgendlichen Pirschgänge habe ich in der Nähe vom Arbeitsplatz eine junge Gemsgeiß aus dem Rudel herausgeschossen und im Rucksack zur Arbeit gebracht und natürlich versteckt bis zum Feierabend. Keiner von meinen beiden Arbeitskollegen wollte, daß ich das Gams aufteile, um es unauffällig in allen drei Rucksäcken heimzubringen. Also habe ich es allein in meinem Rucksack heimgetragen. Es war noch heller Tag, als ich durch den Obstgarten wie immer zu meiner Schlafstelle gehen wollte, ehe ich zum Essen zum Wirt ging.

Da hat mir mein Schutzengel zugeraunt: »Sepp, heut gehst nicht ins Quartier, sondern hinterm Haus am Misthaufen vorbei schnurstracks zum Reiser hinüber!«

Bis dahin waren es ungefähr 200 Meter. Ich hab schnell mein Gams im Eiskeller verstaut und bin rein zur Wirtin zum Essen. Kaum sitze ich, da geht die Tür auf, und die Spionin schaut rein und sieht mich sitzen, sagt zur Wirtin ein paar belanglose Worte und verschwindet wieder. Erst am anderen Morgen beim Frühkaffee hat mir die Tochter von meiner Hausherrin erzählt, daß sie gestern um mich so Angst ausgestanden hat, und daß sie mir am liebsten entgegengelaufen wäre, um mich zu warnen vor den zwei Jägern, dem Laber und dem Aschhuber, welche in der Hütte, wo der Aufgang zu meinem Quartier ist, auf mich warteten und daß ihre Cousine, die Zeber Dini, von einem Fenster aus mich mit gepacktem Rucksack schnell zum Reiser hinüber hat gehen sehen.

Das Gams wurde wie üblich aufgeteilt. Ich betone nochmals, wenn ich damals, als mich die innere Stimme vor der Gefahr warnte, nicht auf sie gehört und nicht sofort reagiert hätte, ich weiß nicht, was damals in der Remise* alles zu meinem Schaden passiert wäre. Bei dieser Gelegenheit kann ich nicht umhin, noch mal meine tiefste Abscheu über das Benehmen dieses Mädchens auszudrücken, das sich nicht scheute, Wildschützen, die ihr gar nichts getan haben, zu bespitzeln, und daß ihr Vater, der Oberjäger Zeber, der sonst im Gegensatz zu seinen Kollegen sehr korrekt war, dieses überhaupt geduldet hat. Er war der Firmpate von meinem Schützen- und Arbeitskollegen »Greider Thaddi«.

Es sind auch andere Bauernburschen damals dem Wildbretschießen nachgegangen, aber am meisten war man auf mich scharf, weil man doch endlich wegen des Prestiges mal einen solchen Lumpen wie mich zur Strecke bringen mußte, wenn schon vier Jägern für diesen Zweck in einem so kleinen Ort wie Ohlstadt angestellt sind. Da war ich als Fremdling, um den sich nach Meinung dieser Herren niemand kümmern würde, gerade der richtige. Aber davon später.

Ungefähr an der Stelle, wo ich das erwähnte junge Gams geschossen hatte, ging ich mit dem Thaddi wieder einmal am hellen Tag pirschen. Wie wir gerade auf den abgeholzten Schlag hinaustreten wollen, sehe ich in einer Mulde in 25 bis

30 Meter Entfernung einen Hut mit Spielhahnfeder auf- und niederwippen. Ich sage zum Thaddi: »Da schau hin!«

Es war der Jäger Laber, allein auf seinem Reviergang. Ich schnell hinter den nächsten Baum und sehe gerade noch, wie der Thaddi mit wehendem Mantel nach rückwärts retiriert*. Das ist der größte Fehler, den man machen kann, dem Jäger das Hinterteil zu zeigen. Ob er uns gesehen hat oder nicht, weiß ich nicht, jedenfalls hat daheim der Thaddi der Wirtin erzählt, was für ein kalter Hund ich sei, weil ich beim Anblick des Jägers nicht gleich die Hosen voll hatte und mich hinter den nächsten Baum gestellt habe, um mich zu sichern.

Auf einen Menschen zu schießen und noch dazu wegen eines Stückes Wild, das wäre mir ja nie in den Sinn gekommen – in keiner Lage, was ich auch ein halbes Jahr später bewiesen habe.

Wieder einmal sind der Thaddi und ich in einer ganzen Tagestour auf die Pirsch gegangen, nicht miteinander, sondern getrennt. Wir haben uns zusammenbestellt auf dem Rödlstein im Schlehdorfer Revier. Ich hatte wieder mal schon morgens ein Reh geschossen und es an der kleinen Laine vom Esterbach ausgenommen und versteckt. Ich bin dann weiter, um den Thaddi zu treffen. Am »Rödlstoa«, da fiel der Nebel ein, und aus war's mit Pirschen. Wir haben uns deshalb auf der Spitze des kleinen Berges in die Sonne gelegt für ein paar Stunden, aber die dicke Nebelsuppn unter uns ging nicht mehr weg, also machten wir uns abends auf den Heimweg, immerhin gut eineinhalb Stunden. Als wir unterhalb der Nebeldecke in Richtung Esterbach gingen, um mein Reh aus dem Versteck zu holen, da sahen wir auf kurze Entfernung, so etwa 50 Meter, ein Rudel Hirsche auf eine nahe Wiese wechseln. Die müssen uns wohl gehört oder in den Wind bekommen haben, jedenfalls sind sie wieder zurückgeflüchtet und schräg über uns verhoffend stehen geblieben.

Wir beide sofort unsere Gewehre entsichert und im Anschlag! Alle zwei Schuß gingen in einem Schlag raus, und wir sahen in der Dämmerung ein Stuck* fallen und auf dem Laub genau auf uns zu rutschen. Wir sind gleich hin. Es hatte einen

Schuß zwischen den Lusern*, der Kopf war aufgerissen, und der zweite Schuß saß im Hals, war durch die Schlagader gegangen – also beides Glücksschüsse bei der schlechten Sicht. Wir haben es gleich an Ort und Stelle aufgebrochen, die Läufe zusammengebunden und an meinem starken Bergstecken über die Achseln heimgetragen. Auch das Reh vom Morgen haben wir im Rucksack verstaut, und der Reiser Franzl hat nicht schlecht gestaunt, als wir todmüde mit der Tagesausbeute heimkamen. Kein Mensch hatte von den drei Schüssen etwas gehört, die waren zu weit weg von Ohlstadt gefallen.

ERLEBNISSE UNSERES WIRTES

Nun gab es wieder einige Tage lang Fleisch für alle Beteiligten. In diese Zeit fällt auch ein Erlebnis unseres Wirts, des Reiser Franzl. Er machte eine Pirschtour im Alleingang, leider im Moos, im Fiertsee, nahe des Eschenloher Reviers bei Weghaus. Da wurde er von einem Eschenloher, der beim Jäger Geisenberger Knecht war, genannt »Kartl«, und der zugleich einen Aufpasser für die Eschenloher Jäger machte, beobachtet. Der gemeine Kerl, nicht faul, hat auf den Reiser Franzl geschossen. Zuerst durch den Hut, dann, als der Franzl sich hinter eine »Streb-Drische«* retten wollte, hat ihm der Schuft ins Knie geschossen, und der Franzl lag hinter der Drische und hat um Hilfe gerufen. Es war gut, daß der »Doser Andres« (Schweller), ein Ohlstädter Original, mit seinem Fuhrwerk in der Nähe war, um Torf zu holen. Der hat dann den schwerverletzten Franzl aufgeladen und heimgefahren. Der Franzl kam ins Garmischer Krankenhaus.

Als dann die Verhandlung in München stattfand (der Franzl bekam eine Geldstrafe und Tragung der Kosten), bei welcher der schuftige Kerl als Zeuge auftrat, wurde er auf der Heimfahrt im Zug überfallen und übel zugerichtet, wobei er ein Auge verlor. Aufgekommen ist nichts, wer der oder die Täter waren. Nach meiner Meinung geschah es dem Schuft gerade recht. Er war ja gar kein Jäger, sondern nur Knecht für die Landwirtschaft des Jägers. Was braucht so ein Kerl gleich mit

Die Dreilinden-Wirtin Reiser Zenzi

dem Gewehr auf Menschen schießen, und wenn es auch ein Wildschütz ist. Der Franzl war ja dabei noch anständig. Der hätte ja zurückschießen können.

Unser Wirt mußte das Krankenhaus und alle sonstigen Kosten selbst bezahlen. Als er mit seinem schlechtverheilten Schuß im Knie wieder daheim war, kam es zu einem ernsten Zwischenfall mit seiner Frau. Das Verhältnis zwischen den beiden Ehegatten war gerade auch aus anderen Gründen, welche nicht hierher gehören, recht gespannt. Er humpelte im Haus und in der Wirtschaft herum, und im Schlachthaus geschah auch fast nichts, weil er nicht auf Gäufahrten* konnte. In dieser Zeit sprach er dem Bier mehr zu als seiner Arbeit als Wirt und Metzger. Kurzum, es kam zum Streit.

Der Thaddi und ich waren auch wie gewöhnlich in der Küche anwesend, um unsere Mahlzeiten einzunehmen. Beim Streit der beiden gab die Wirtin, eine kräftige, stabile Frau, dem Franzl einen Stoß, daß er in eine Ecke fiel. Sie hatte gerade eine Weinflasche in der Hand und wollte sie dem Häuflein Elend in der Ecke auf den Schädel hauen, da sprang ich schnell hin und hielt den schon erhobenen Arm mit der Flasche fest. Ich sagte: »Tu das nicht, Frau!«

Sie schaute mich an und sagte im Zorn, ich solle mich aus der Küche scheren und in Zukunft in der Gaststube essen. Ich half dem jammernden Franzl auf, und wir verdrückten uns in die Stube. Der Franzl in weinerlichem Ton: »Bist a guada Kamerad! Der Thaddi hätt freili zuag´schaut, wie mich die Frau beinah erschlagen hätt!"

Also ging ich von nun an nicht mehr in die Küche zum Essen, aber ich bekam im Oberstüberl mein Essen von der Bedienung gebracht.

Als ich dann später angeschossen ins Krankenhaus kam, hat mich der Franzl mal besucht und geschaut, wie´s mir geht. Er gab mir bei der Gelegenheit eine Hartwurst mit den Worten: »So, Sepp, die schickt dir meine Frau!« Als ich dann wieder rauskam, war es wieder wie früher, und das kurze Intermezzo war vergessen. Vielleicht war sie froh, daß ich sie von einer unüberlegten Handlung abgehalten hatte. Jedenfalls war sie eine gute Wirtin und eine sehr gute Köchin.

SCHLIEßLICH DOCH ERWISCHT

Es hatte inzwischen schon geschneit, als wir gleich zu fünft eine Pirschtour in die Wälder über der »Kreuth«, die sogenannten »Hoachn Tanna«, machten. Wir gingen getrennt, der Pauli und ich am oberen Rand einer steilen Wiese zwischen Ohlstadt und Schwaiganger, die anderen drei weiter unten. Auf dem Holzabfuhrweg von der Kreuth in die »Hoachn Tanna« war eine Wegekreuzung, und da haben wir uns zusammenbestellt. Als wir alle fünf da waren, hatten die anderen schon eine Rehgeiß erlegt. Die wurde in einer Fichtenschonung versteckt, und wir machten uns etwas weiter weg im freien Hochwald wegen der Übersicht ein Feuer zum Mittagessen. Nachher trennten wir uns wieder zu einer weiteren Pirsch und wollten uns gegen Abend an der Kreuzung wieder treffen, wo das Reh lag. Ich war diesmal allein am äußersten linken Flügel, die anderen jeweils zu zweit. Wir pirschten ein großes Waldgebiet durch. Gegen Abend verfolgte ich im leichten Schnee die frische Fährte einer guten Hirschkuh. Dabei muß man auch immer die Umgebung beobachten.

Wie ich gerade, immer die Spur der Hirschkuh im Auge, aus einer größeren Fichtenschonung in den freien Hochwald schlüpfe, sehe ich auf gut 30 Meter so schräg links von mir drei Jäger hintereinander und sichernd auf der Spur von Pauli und mir vom Vormittag dahingehen. Ich war gerade am Rande der Schonung und setzte mich impulsiv auf die Knie. Ohne jede Bewegung erlebte ich ein paar lange Minuten. Wenn sie zu mir hergeschaut hätten, hätten sie mich im freien Hochwald unbedingt so in der Hocke sitzend sehen müssen, aber sie waren derart in unsere Fährte vertieft, daß sie nicht seitwärts blickten. Wenn ich versucht hätte, mich ins Jungholz zu verdrücken, hätten sie diese Bewegung gesehen und wären stutzig geworden. Nicht auszudenken, wie es dann gekommen wäre. Endlich waren sie an mir vorbei, und mir hat der Hals geklopft.

Der ausgemachte Zeitpunkt an der Kreuzung stand kurz bevor, und es konnte leicht sein, daß die Jäger mit ein paar von uns fünf zusammenstießen. Ich ging, als sie vorbei waren, in

140

100 bis 150 Meter Abstand, fast in Sichtweite und immer im freien Hochwald, mit größter Vorsicht hinter ihnen her, denn ich konnte meine Kameraden in dieser Lage nicht im Stich lassen. Bei dem Treffpunkt angelangt – ich hatte kurz davor noch mein Gewehr versteckt – sah ich an den Fußspuren der Jäger, daß sie kalte Füße bekommen haben mußten.

Sie hatten an den zusammenlaufenden Fußabdrücken gesehen, daß sie es nicht mit zwei, sondern mit fünf Wilderern zu tun hatten und waren schnurstracks auf dem Fußweg zur Kreuth-Alm abgehauen. Nicht mal das in der Fichtenschonung versteckte Reh haben sie versucht, mitzunehmen, zu dem ja unsere Spuren leicht sichtbar hinführten. Ich bin ihrer Fährte noch etliche hundert Meter nachgefolgt, um ganz sicher zu sein, daß sie wirklich weg waren, es war ja noch immer hellichter Tag, und bin dann zurück zum Treffpunkt. Da sind auch schon zwei von uns fünf in ein lautes Gespräch verwickelt ohne Beute dahergekommen. Als ich dann allerdings vor ihnen stand und ihnen sagte, sie sollten nicht so schreien, die Jäger seien noch da, hätten die zwei fast durchgedreht und wären am liebsten davongelaufen. Ich überredete sie schließlich, auf die anderen zwei Kameraden zu warten, es bestünde keine Gefahr mehr. Da sind sie dann ziemlich kleinlaut dageblieben.

Bald darauf kamen auch die anderen zwei Kameraden daher. Sie hatten ein erbeutetes Reh im Rucksack. Es waren der »Greider Thaddi« und der »Roana Pauli«. Mit den anderen, dem »Roana Thaddi« und dem »Zangl Hans«, habe ich mich dann beraten, was zu tun sei, nachdem sie wußten, was sich alles zugetragen hatte in der letzten Stunde. Wir holten das Reh vom Vormittag aus dem Versteck. Es war inzwischen schon dämmrig. Wir nahmen die beiden Rehe auf und auch das Gewehr vom »Zangl Hans« und schickten wie vereinbart den Hans voraus in Richtung Kreuth. Für den Fall, daß er in einen Hinterhalt der Jäger kam, sollte er sich, wenn sie ihn stellten, durch lautes Rufen bemerkbar machen, damit wir uns heimlich in eine andere Richtung verdrücken können. An einem Zusammenstoß mit den drei Jägern war uns nicht gelegen.

Es passierte nichts auf dem ganzen Weg zur Kreuth, nach Schwaiganger und dann nach Ohlstadt. Wir gingen immer auf

der Straße und begegneten keinem Menschen. Wir hatten eine
gefährliche Situation gut überstanden und zwei Rehe als Beute

Ein paar Wochen später, am 4. Januar 1920, war beim »Daiser«
eine Tanzveranstaltung. Der »Roana Thaddi« und ich waren
auch da. Auf dem Heimweg um zwei Uhr in der Früh, der
Thaddi war nimmer ganz nüchtern, sagte der Thaddi zu mir,
im »Greiders Anger«, nahe beim Praxmeier, seien immer
Stuck. Ich wußte das auch.

Ich ließ mich überreden, wir holten unsere Latten und be-
schlossen, es auf die Hirschkühe zu probieren. Der Thaddi, besoffen wie er war, sollte sich durchs »Marxn Gassl« und ich
wollte mich auf der Straße anpirschen. Ich habe ihn schon gehört, wie er in seinem Rausch immer wieder an der Weißdorn-
hecke im »Marxn Gassl« angewandelt ist. Das Rotwild hat es
natürlich auch gehört und die Stuck sind schemenhaft an mir
vorüber über den Zaun und die Straße hinweg geflüchtet.

Was hilft da das Schimpfen? »Wenn wir schon mal da sind«,
sagte der Thaddi, »gehen wir weiter nach Pömetsried, da finden wir sicher was.«

Ich Depp ließ mich überreden, es auch mal mit dem »Roana
Thaddi« allein zu versuchen. Also gingen wir zur Pömetsrieder
Kiesgrube. Es war da ein gutes Revier, aber nicht nach meinem
Geschmack. Mir war lieber der Berg zum Pirschen. Wir hatten Glück und erwischten jeder ein Reh in kurzer Zeit. Es war
inzwischen Tag geworden. Wir nahmen die Rehe aus, ließen
den Aufbruch offen liegen, und der Thaddi stellte auch noch
die acht Rehläufe in einer Pyramide auf, damit sich die Jäger
ärgern. Und ich machte das alles mit; ich weiß heute noch
nicht, warum. Dies war nicht meine Art.

Kurz und gut, wir versteckten unsere Gewehre; der Thaddi
das seine an der Straße von Achrain nach Schwaiganger unter
einem an der Straße liegenden Ganterbaum, wo etliche Lang-
bäume aufgegantert waren. Um an den Ganterbaum zu kommen, mußte er einen Schritt in den Schnee tun, um das Gewehr darunter verstecken zu können. Ich sagte ihm noch, daß
die Jäger das finden werden, aber umsonst. Der Thaddi wußte
es besser. Ich versteckte mein Gewehr auf andere Weise. Ganz

an der Straße war ein lichter Hochwald mit wenig Schnee. Ich ging eine kurze Strecke, so 20 bis 30 Meter bis zu einem von den Reisighaufen, wie sie in jedem Wald zu finden sind. Unterm Gehen steckte ich mein Gewehr hinein, ging noch zehn Meter weiter und habe da einen Haufen hingeschissen, damit jeder sehen konnte, warum ich diese Fährte hinterlassen habe. Dann ging es auf den Heimweg. Ich sagte, wir müssen, da ja heller Tag ist, über die Wiesen und Felder heimwärts gehen mit den gepackten Rucksäcken, in denen angeblich Mehl war, das wir in Mühlhagen gehamstert haben. Immer wieder sagte ich, die Schüsse sind gehört worden, und wir können auf der Straße Jägern begegnen. Der Thaddi aber meinte nur: »Wenn uns die was wollen, dann hau ma´s recht!«

Ich als der Jüngere willigte schließlich ein, auf der Straße zu bleiben. Kurz vor Schwaiganger begegnete uns der Bader, er war in Schwaiganger Sägschneider und zugleich Aufpasser bei der Jagd. Wir grüßten uns, er sagte: »Ihr seid´s aber schwer aufpackt!«

Wir antworteten: »Wir haben in Mühlhagen ein Mehl geholt!«

Selbstverständlich hat er das uns beiden Verdächtigen nicht abgenommen. Wie wir durch Schwaiganger auf der Straße gegangen sind, ist uns die Schwester vom Thaddi, eine Hebamme, begegnet, und die hat uns später gesagt, daß der Bader ins Büro gelaufen ist und von da wahrscheinlich nach Ohlstadt telefoniert hat, daß wir beiden zwielichtigen Burschen am hellichten Tage mit den vollgepackten Rucksäcken auf der Straße dahinmarschieren als wenn da gar nichts wäre. Aber das wußten wir nicht, wir meinten, er wäre ins Sägewerk gegangen. Ahnungslos gingen wir weiter auf der Straße Ohlstadt zu.

Bei der Brücke über die Wetzsteinlaine waren Wasserbauer am Arbeiten. Sie riefen uns zu: »Tut es doch zu uns rein!«

Die wußten auch, was wir in den Rucksäcken hatten und wollten das Wildbret für uns verstecken. Ein paar hundert Meter weiter kam dem Trinkl sein Haus auf der linken Straßenseite. Wir gingen hinter einem mit Kühen bespannten Schlitten her. Der Bauer hatte Mist gefahren und brachte sein Gespann zu Mittag heim.

Wie wir beim Trinkl ankamen, kamen die zwei Glangerer*, die Jäger Frühholz und Laber, hinter dem Zaun hervor und gingen, das Gewehr an der Hüfte, auf Thaddi zu. Der Laber ging um das weiterfahrende Fuhrwerk herum und kam auf mich zu. Er hielt mir den Browning auf die Brust und sagte: »Ablegen!« Ich reagierte erst mal überhaupt nicht, schaute auf die andere Straßenseite hin zum Thaddi und dachte an seine Worte »De hau ma recht!«. Er aber machte keine Anstalten dazu.

Ich habe den Laber gar nicht beachtet und bin langsam weitergegangen, er vor mir rückwärts gehend, während er mir unter ständiger Aufforderung, abzulegen, den Browning auf die Brust drückte. Da tat der Thaddi seinen Rucksack runter, packte das Reh aus und legte es an den Straßenrand. Dann gab er dem »Glangerer« auf dessen Aufforderung auch noch sein langes Messer, das er wie jeder Bursche im Oberland in der seitlichen Messertasche seiner Lederhose hatte. Beim Trinkl hingen die Leut in den Fenstern und schauten zu, was sich da auf der Straße abspielte. Wie er mit dem Thaddi fertig war, kam der Jäger wieder auf mich zu mit den Worten: »So, einen hätten wir, jetzt kommt der andere dran!«

Mir ist bei diesen arroganten Worten die Galle hochgestiegen. Der Laber hielt mir sein Gewehr an meine linke Schulter und sagte wieder: »Ablegen!«

Ich nahm sein Gewehr beim Lauf und sagte: »Weg da mit deiner Lattn!«.

Er sagte: »Was hast denn in dei´m Rucksack drin?«

Ich drauf: »Schaug nei, a Mehl is drin!«

Er ist dann hinter mich und hat in den Rucksackschlitz hineingeschaut. Er sah aber nur einen Packen, in eine Joppe eingewickelt, worauf er mir den Rucksack runterreißen wollte.

Ich sagte ganz energisch im Weitergehen: »Hier auf der offenen Straße schaut ihr zwei mir nicht in den Rucksack! Wenn´ts was wollt´s, dann geht´s zum Bürgermoaschta mit, da könnt´s mir den Rucksack aussuchen!«

Der Laber kam um mich rum und wollte mir mein Messer aus der Seitentasche ziehen.

Ich wieder ganz energisch: »Finger weg von dem Messer!« schrie ich ihn an, weil ich mein Kriegsmesser unter keinen

144

Umständen hergeben wollte. Im Uhrtascherl der Barrashose, die ich anhatte, steckte ein Rähmchen Infanteriemunition mit fünf Patronen.

Er zeigte mit seiner Latt´n drauf und sagte: »Was hast denn da?«

»Meinst, wir schiaßn mit Dreck?«

Er getraute sich aber doch nicht, mir die Patronen wegzunehmen.

Wir waren inzwischen immer langsam weitergegangen, der Laber den Browning auf meiner Brust rückwärts, der Thaddi daneben auf der linken Straßenseite. Wir waren schon ungefähr 50 bis 60 Meter vom Trinkl seinem Haus weg, da sagte der Thaddi frech: »Ja, dann hol i mei Reach (Reh) wieda!« und ging zurück, der Frühholz hinter ihm her.

Da fragte der Laber: »Was mach ma denn mit dem (gemeint war ich)?«

Der Frühholz sagte: »Laß ma´n laffn, den kriag´n ma scho no!«

Sie nahmen das Reh vom Thaddi auf und gingen heimwärts, wir zwei hinterher.

Wir hatten ja nun noch etwas von unserer Beute gerettet, aber hätte mir der Thaddi gefolgt, so wären wir mit zwei Rehen ungeschoren heimgekommen. Ich hab das Reh zum Reiser hineingetragen, bin dann heim ins Quartier und habe den Rucksack gewaschen. Am Nachmittag kam der Sergeant Amon von der Gendarmerie Eschenlohe zu mir und wollte den Rucksack sehen. Er wunderte sich, daß ich ihn gewaschen hatte und fand an der Joppe und am Rucksack ein paar Rehhaare. Ich sagte, wir hätten, als wir von Mühlhagen kamen, einen Schuß gehört und ein zusammenbrechendes Reh gefunden. Das hätten wir dann mitgenommen und wollten es abliefern. Er ließ sich auch mein Messer zeigen und nahm es mit. Was sollte ich machen, allein in meiner Bude mit einem Gendarm. Er hat dann drei Monate später vor Gericht sehr zu meinen Gunsten ausgesagt, ganz im Gegensatz zu den Jägern.

Noch am selben Abend wollten wir unsere Gewehre holen. Der Thaddi war zu feige, mitzugehen, also ging sein Bruder

Pauli mit. Dem Thaddi sein Gewehr war natürlich nimmer da, aber meines war noch in seinem Versteck. Die acht in einer Pyramide aufgestellten Rehläufe waren auch gefunden worden und sind uns später straferschwerend vorgehalten worden.

Nun, diese Affäre war mir eine Lehre. Sie trug mir nämlich zwei Monate wegen Jagdvergehens und drei Wochen wegen Waffenbesitz ein – für das Gewehr vom Thaddi – und auch noch drei Tage wegen Messertragens.

Der Thaddi stand am 31. Mai 1920 neben mir, als ich wegen seinem Gewehr von der Strafkammer drei Wochen aufgebrummt bekam. Er war zu feige, zu sagen, daß es sein Gewehr war, das da als Beweismittel auf dem Richtertisch lag mit meinem Messer. Ich sagte natürlich auch nichts, denn ich konnte doch meinen Kameraden nicht verraten. Aber wie gesagt, eine Lehre war es mir. Fast acht Jahre später habe ich den gleichen Fehler aber wieder gemacht, was mir wieder vier Monate einbrachte, aber davon später, nun geht es der Reihe nach mit meinen Affären als Wildschütz.

Pirschgang zu sechst

Wir arbeiteten wieder als Holzer am »Brandgras«. Es hatte inzwischen geschneit, und wir mußten die fertigen Stämme zu Tal bringen, was uns bei dem Schnee leicht von der Hand ging. Ich mußte das Werkzeug, Griff und Sapie*, den Almsteig hinauf zum »Brandgras« tragen. Die beiden anderen Kameraden, der »Greider Thaddi« und der »Streidl Sepp« (Josef Daiser), gingen durch den »Ram« in den Wald oberhalb der Kriegerkapelle. Der Thaddi hatte sein Gewehr mit, um eventuell auf Hirsche oder Stuck zum Schuß zu kommen. Es hatte einen leichten Schnee. Tatsächlich stand am sogenannten »Köpfla« ein kleines Rudel Stuck und Kälber beisammen. Der Thaddi kam zum Schuß, und ein Stuck blieb liegen, während die anderen flüchteten. Sie haben das Stuck ausgenommen und unter einem kleinen Felsen versteckt und mit Schnee zugedeckt. Der Schuß wurde natürlich im Dorf gehört. Die beiden gingen dann im Schnee quer durch den Wald zur Arbeitsstätte. Wir

146

Er hat viel gewildert rund um Ohlstadt, der »Greider Thaddi«

haben den ganzen Tag Bäume getrieben, das heißt, zu Tal gelassen. Nach Feierabend sind wir drei die Spur im Schnee zurückgegangen, um die Hirschkuh mit nach Hause zu nehmen. Leider sahen wir an den Spuren im Schnee, daß die Jäger dagewesen waren und das Stuck mitgenommen hatten.

Nun war Vorsicht am Platze, denn wir wußten ja nicht, ob die Brüder nicht irgendwo in der Nähe auf die lauerten, welche das Stuck abholen würden. Es war aber weitum freier Hochwald, und wir waren so nicht leicht zu überraschen, zumal es noch hell war. Ich ließ mir vom Thaddi die Stelle zeigen, wo das Rudel gestanden hatte, als er schoß. Ich merkte gleich, daß der Thaddi nicht nur ein Stuck getroffen hatte, was in der Eile weder von meinen zwei Kameraden noch von den Jägern bemerkt worden war. Ich untersuchte die Stelle genau und sah an den Schweißspuren* im Schnee, daß noch ein Stuck schwer getroffen war, was ja bei einem Infanteriegewehr leicht möglich war, wenn zwei Tiere in der Schußlinie hintereinander standen.

Ich stellte die beiden als Posten auf, damit ich bei der Suche nach dem zweiten Stuck, das mit so einem schweren Schuß nicht weit liegen konnte, nicht überrascht würde. Ich brauchte nicht lange suchen, mußte nur der Fährte und der Schweißspur nachgehen. Ich verstehe nicht, daß das weder von meinen Kameraden, noch von den Jägern bemerkt worden war. Sie hatten alle geschaut, möglichst schnell aus der Gefahrenzone herauszukommen, da wohl jede Partei fürchtete, von der anderen überrascht zu werden. Bei mir war das anders. Als die beiden als Wächter aufgestellt waren, was sie sich von mir jüngerem auch gefallen ließen, stand ich bald vor dem gesuchten Tier.

Dem Stuck waren am Ellenbogengelenk beide Hinterläufe zerschossen. Es lebte noch und sah mich mit seinen schwarzen Augen und mit einem Schmerzenslaut so hilflos an, daß mir die Tränen in die Augen kamen – auch heute noch, wenn ich daran denke. Das kann man mir glauben oder nicht, das ist mir egal. Was wahr ist, soll wahr bleiben.

Ich habe das arme Tier, um es von seinen Leiden zu erlösen, mit dem Bergstecken erschlagen und mit einem verabredeten und schon öfter angewandten Pfiff die Kameraden verständigt. Die mußten wieder aufpassen, daß sie niemand bei der Arbeit überraschte. Die Hirschkuh wurde aufgebrochen, aus der Haut geschält und in drei Teile zerlegt in unseren Rucksäcken verstaut. Dann ging´s heimwärts. Als wir beim Reiser ankamen, war es immer noch hell, und es hatte uns niemand auf dem Weg durchs Dorf belästigt. Wir wurden gefragt, ob wir eine Hirschkuh geschossen haben. Die Jäger hätten eine heimgebracht, und sie würden in der Nacht passen, wer sie holen will. Solche Dinge sprechen sich schnell herum.

Der Reiser Franzl hatte natürlich die größte Freude, daß wir wieder einmal seinen liebsten Freunden ein Schnippchen geschlagen hatten. Sehr wahrscheinlich blieb das auch den Jägern nicht verborgen, daß wir drei noch am selben Tag ein weiteres Stuck am hellen Tag nach Hause getragen haben, aber beim Reiser Haussuchung zu halten, das trauten sich weder die Jäger noch die Gendarmen, denn nur beim Reiser verkehrte die bewußte Clique. In der nächsten Nacht schneite es auch noch stark, und unsere Freunde, die Jäger, taten uns fast leid, wie sie bei dem Sauwetter vergeblich auf die Lumpen warten mußten, welche ihre Beute nicht holen wollten.

So ging es weiter. Wir gingen fleißig unserer Arbeit nach trotz aller anderen Strapazen, aber was machte das schon uns jungen Burschen aus. Es war ein gewisser Reiz dabei, sich ständig den Gefahren für Leben und Gesundheit auszusetzen, wie sehr, wird man in ein paar Wochen bei mir sehen, aber ich will den Dingen nicht vorgreifen.

Inzwischen habe ich am »Ölroa«, einem abgelegenen wildreichen kleinen Berg bei der Wankalm, wieder mal einen jungen Hirschen geholt, denn das Fleisch durfte nicht ausgehen. Es wurden ja außer unserer Wirtin auch mehrere andere Leute damit versorgt. So ein junger Hirsch hat ein zartes Fleisch, und nur wegen des Fleisches habe ich all das auf mich genommen. Wegen der Trophäe einen alten Hirsch oder eine Gams zu schießen, wäre mir nicht eingefallen. Das ist höchstens aus Versehen passiert, wie bei dem alten zurückgeschlagenen Achter vom Sommer 1919.

Ein Ereignis aus dieser Zeit sollte nicht unerwähnt bleiben, denn es gehört auch zu meinen Erinnerungen an damals. In der Fastnacht 1920 hatte ich ein sehr eindrucksvolles Erlebnis mit einem Mädchen, das ich bis heute nicht aus meinen angenehmen Erinnerungen streichen möchte, obwohl ich seit 44 Jahren gut verheiratet bin, wenn auch mit einer Preußin. Wenn die damaligen einschneidenden Ereignisse nicht eingetreten wären, was jetzt in meinem Bericht kommt, so hätte ich wahrscheinlich das Mädchen von damals geheiratet und nicht meine jetzige Frau, aber alles der Reihe nach.

DRAMATISCHES FRÜHJAHR 1920

Also auf dieser Faschingsdienstagsveranstaltung beim Reiserwirt holte mich ein maskiertes Mädchen zum Tanz. Ich war bloß erstaunt, nicht über den Tanz, sondern daß sich das Mädchen den ganzen Abend an meiner Seite hielt und sich auch von mir nach Hause bringen ließ. Dabei kam es zu Zärtlichkeiten, und es entwickelte sich eine heimliche Liebe auf beiden Seiten. Die Liebe mußte heimlich bleiben, weil die Resl erstens ein ordentliches Mädchen war, welches allein ihrem alten Vater und mehreren Brüdern den Haushalt führte und auch noch das Vieh im Stall zu betreuen hatte. Die Mutter lebte nicht mehr. Zweitens war es ortsbekannt, daß das Mädchen schon lange versprochen war (eine Verlobung wie heute gab es damals noch nicht) und im Herbst heiraten sollte.

Ich möchte hier ausdrücklich betonen, daß es mir im Traume nicht eingefallen wäre, diesem Mädchen einen Antrag zu stellen oder gar am Kammerfenster eine Liebschaft anzufangen. Aber es ist halt anders gekommen, und der eigentliche Anstoß dazu ist von ihr ausgegangen. Sie hat mir später gestanden, daß sie und ihre Freundin mehr aus Neugier dieses Techtelmechtel an jenem Faschingsdienstag veranlaßt haben.

Es wäre dabei bald ein Bund fürs Leben herausgekommen, wenn nicht schwerwiegende Umstände über mich hereingekommen wären, die mein Leben von Grund auf veränderten. Und das muß ich jetzt berichten, um es mir von der Seele zu

150

schreiben, ehe es mich erdrückt. Ich bin zu alt und zu verkalkt, um die damaligen Ungerechtigkeiten und den Schwindel anzuzeigen, die mir widerfahren sind.

Am 26. März 1920 ging ich wieder einmal allein, das heißt ohne meine Arbeitskameraden, auf die Pirsch am Simmetsberg, am Illing und an der Veste. Ich nahm einen 18jährigen, in diesen Dingen noch unerfahrenen Burschen mit, damit der arme Teufel auch einmal zu ein paar billigen Pfund Fleisch kommt. Er hatte ebenfalls ein Militärgewehr, aber kein abgeändertes, bei sich. Viel Freude erlebte ich mit dem sonst braven Burschen nicht, denn er hatte keinerlei Erfahrung mit dem Wildern. Er ging wohl den ganzen Tag hinter mir, aber an jedem Stein stieß er an und jedes Ästchen trat er ab. Natürlich hört das Wild solche Geräusche und verschwindet rechtzeitig. Ich kam zwar zum Schuß, aber nur auf Gemsen und auf weite Entfernung. Da habe ich natürlich gefehlt.

Gegen Abend endlich schoß ich auf einen Rehbock, aber wahrscheinlich habe ich ihn nur angefleddert*. Trotz des langen Suchens auf der Schweißspur mußten wir mit leeren Rucksäcken, weil es Abend wurde, heimwärts ziehen. Vor lauter heimlichem Zorn über die ergebnislose Pirsch den ganzen Tag lang habe ich auch noch die gebotene Vorsicht außer Acht gelassen. Meiner inneren Stimme zuwider bin ich nicht durch die Wetzsteinlaine und die angrenzenden Stauden und über Wiesen nach Hause gegangen, sondern über den schmalen Steg beim »Bichlroa« in der Nähe vom Fieberkirchl. Der junge Bursch, der »Streidl Lenz« (Daiser), ging einige Meter hinter mir. Das Gewehr hatten wir beide noch unter dem Arm, denn es war dämmrig, und es konnte uns leicht noch ein Wild vor die Büchse kommen.

Die Jäger mußten meine beiden Schüsse vom Tag wohl gehört haben, und ich sage es noch mal, bei ruhiger Überlegung hätte ich nicht über den Steg gehen dürfen. Kaum war ich über den schmalen Holzsteg gegangen und drüben auf einem kleinen erhöhten Damm angelangt, schrie jemand: »Halt!«

Ich drehe mich halbrechts und sehe hinter einem Busch am Bachrand zwei Schatten kauern. Im gleichen Moment fallen

Der »Streidl Lenz« als junger Kerl in Uniform und 1930 als Familienvater in Köln-Deutz, wohin er ausgewandert ist.

auch schon, so drei bis vier Schritte vor mir, zwei Schüsse. Ich spürte einen kleinen Schlag in der Nähe vom Geschlechtsteil und drehte mich kurz weg, um von dem kleinen Damm herunterzukommen. Da fiel noch ein Schuß, und der Lenz ein paar Schritt hinter mir fing an zu plärren. Inzwischen spürte ich auch an der rechten Hüfte einen Schmerz. Als ich hinfaßte, fühlte ich es feucht, also war ich auch da getroffen. Ich hatte mein Gewehr immer noch in der Hand. Es war mit fünf Dum-Dum-Geschossen geladen aber gesichert.

Da kam, als ich am Wasser angelangt war, der Laber auf mich zu und sagte immer wieder: »Ablegen!«

Ich sagte bloß: »Laß mich in Ruhe, mir langt es!«

Er darauf: »Er is´s schon!« zum anderen Jäger hin.

Ich habe ihm dann das Gewehr hingeworfen am Wasser. Er hob es auf, und die beiden gingen weg, ohne sich um uns zu kümmern.

Der Lenz weinte immer noch leise vor sich hin. Er hatte angeblich ein paar Schrote in den Handrücken bekommen. Ich sagte: »Hör doch endlich zu jammern auf, was tät ich da sagen!«

Ich merkte immer besser, daß ich schwerer getroffen war, als es erst den Anschein hatte. Wir gingen dann heimwärts, nachdem sich die Jäger verdrückt hatten.

Wir hatten einen guten halben Kilometer zu gehen bis an den Ortsrand. An einem Obstgarten lehnte ich mich an den Zaun. Ich konnte nicht mehr weiter und sagte zum Lenz, der sich inzwischen beruhigt hatte: »Geh zum Reiser und hol ein paar, die mich heimbringen!«

Es kamen bald etliche Kameraden, die mich erst zum Reiser führten. Die paar hundert Meter schaffte ich gerade noch. Die Wirtin sagte, sie könne mich nicht haben, sie sollen mich in mein Quartier bringen. Es sprach sich schnell herum, und bald war meine Bude voller Leute. Es wurde der Dr. Denzinger in Murnau angerufen. Der Bader Neumann war auch schon da. Ich wurde ins Bett gebracht und gebührend bedauert. Inzwischen, bevor der Arzt kam, gab mir der »Stina Klos« im Auftrag seines Vaters drei Eßlöffel Schießpulver zu essen. Er sagte nicht warum. Ich habe es gegessen.

Dann, als der Arzt um halb elf Uhr kam und mich genau untersuchte, sagte er, der eine Schuß habe mich von hinten getroffen, weil ich an der rechten Bauchseite ein Loch wie ein Fünfmarkstück hatte. Das viel kleinere Loch hinten mußte also das Einschussloch sein. An der linken Seite nahe bei den Hoden waren mehrere kleine Einschüsse, von Schroten herrührend. In der linken Hosentasche fanden meine Kameraden ein Verbandspäckchen, wie man es im Krieg bei sich hatte. In dem Verbandspäckchen steckten zehn Schrotkörner, was ja auf die kurze Entfernung von weniger als drei Meter leicht erklärlich ist. Hätte ich aber das Verbandspäckchen nicht in der Tasche gehabt, wäre mir die ganze Ladung Schrot in den inneren Schenkel gegangen und hätte wahrscheinlich die Schlagader aufgerissen.

Ein Hoden schwoll an wie eine Kinderfaust. Ich bekam einen Notverband. Mein Kriegskamerad, der »Haglsima Sepp« (Bader), mußte an meinem Bett die ganze Nacht wachen, daß ich nichts aß oder trank, weil der Arzt nicht wußte, was vielleicht innen alles verletzt sein konnte. Am nächsten Vormittag wurde ich von sechs Kameraden mit einer Streutrage, in Betten verpackt, zum Bahnhof getragen, um im Gepäckwagen mit dem Zehn-Uhr-Zug nach Garmisch ins Krankenhaus transportiert zu werden. Am Bahnhof luden sie mich allerdings in einen Sanitätswagen. Im Krankenhaus angekommen, wurde ich nach der ersten Untersuchung in ein Einzelzimmer gelegt, ohne gleich operiert zu werden. Am nächsten Tag sagte mir der Chefarzt Dr. Mehltretter, bei der Operation möchte ein Münchner Professor dabei sein, also müsse man warten, bis der kommt. Vielleicht dachte der Arzt, mit dem Schuß ist der sowieso nimmer zu retten. Jedenfalls, als vom Reiser aus etliche Male angerufen wurde, hat man ihm gesagt, daß es stündlich zu erwarten sei, daß ich sterbe.

Die im Krankenhaus wußten ja nicht, daß ich gegen den Wundbrand ein paar Eßlöffel voll Schießpulver eingenommen hatte. Der Arzt meinte halt, nachdem die Leberspitze durchgeschossen war, würde ich es nicht überleben. Er war ein guter Chirurg, im Krieg Stabsarzt gewesen, da mußte er ja wissen, wie es bei solchen Verwundungen steht. Übrigens, ein Hoden hatte inzwischen die Größe einer Männerfaust erreicht, und als ich am dritten Tag endlich operiert wurde, hätte man beinahe den Hoden auch noch aufschneiden müssen, um den Bluterguß wegzubringen. Es wurden dann dauernd Eisbeutel aufgelegt.

Die Schußkanäle wurden bei der Operation von vorne und hinten mit Schnitten erweitert, daß der ganze Dreck besser herauskonnte. Fast drei Jahre danach in der Rheinpfalz sind mir in einem Krankenhaus in Landau Messingsplitter, so drei Zentimeter lang und spiralförmig verbogen, Knochensplitter von einer angeschossenen Rippe und Stoffetzen, welche sich in einer enteneigroßen Beule (vom Körper abgestoßen) angesammelt hatten, herausgeholt worden.

Jedenfalls, wäre ich gleich operiert worden, so hätte man diese Dinge aus dem Schußkanal herausholen können, und ich hätte dieses Zeug nicht fast drei Jahre lang im Bauch herumtragen müssen, von einer Infektionsgefahr durch diese Sachen ganz zu schweigen. Meine Meinung ist, wenn ich nicht eine sehr gute körperliche Konstitution gehabt hätte damals, dann hätte ich erstens die 42 Grad Fieber im Juni 1918 bei der Kopfgrippe und zweitens diese schwere Verletzung vom 26. März 1926 nicht überlebt.

Und in dem Zusammenhang soll auch nochmal erwähnt werden: Hätte ich frühzeitig mit den Weibern angefangen und auch sonst einen liederlichen Lebenswandel geführt, so wäre es halt um mich geschehen gewesen. Entweder wäre ich den Heldentod gestorben oder von den lieben Jägern erschossen worden. Kein Hahn krähte heute nach mir, und ich könnte all diese unliebsamen Erlebnisse für mich und andere hier nicht niederschreiben. Ich schreibe dies auch nur, um der Wahrheit zu dienen und nicht aus Bosheit oder Sensationslust!

Nun weiter. Als die Operation gut überstanden war – ich war die kritischen Tage so im halben Dämmerzustand und bin mir meiner gefährlichen Lage gar nicht bewußt gewesen – kam ich in einen größeren Gemeinschaftsraum. Am neunten Tag nach der Operation besuchte mich meine heimliche Liebe aus Ohlstadt. Ich, nicht faul (meine Kleider lagen in einer

Pappschachtel unterm Bett), habe gleich meine Sachen angelegt. Während die Schwestern Nachmittagsandacht hielten,
bin ich einfach abgehauen, mit dem Mädchen in ein Kino und
nachher auch noch in eine Wirtschaft. Ich habe sie noch zum
Zug begleitet und bin dann so um halb fünf Uhr nachmittags
wieder ins Krankenhaus zurück, als wenn nichts gewesen wäre.

Man braucht nicht zu fragen, wie mich die Schwestern
empfangen haben. Was ich mir eigentlich denke, so kurz nach
der Operation, der Arzt wirft mich hinaus, wenn ich das
Wundfieber bekomme und so weiter. Gleich wurde wieder
Fieber gemessen, ab ins Bett, und der Anzug wurde auch weg-
geräumt, das war das erste. Der Arzt hat mir bei der Abendvi-
site auch eine Standpauke gehalten, aber ich war endlich auch
mal im Kino und in der Wirtschaft mit einem Mädchen zusammen gewesen, wenn auch nur kurz.

Der Bluterguß im Hoden ist in den nächsten Wochen zurückgegangen, aber die Wunde an der Hüfte heilte nicht gut
zu. Es wurde jeden Tag von beiden Seiten Gaze hineingesteckt,
daß sie offenblieb und der ganze Dreck herauskonnte. Gestunken hat das Zeug! Es war aber nicht eigentlich Eiter. Es muß
wohl auf die kurze Schußentfernung von drei Meter viel Zeug
in die Wunde hineingekommen sein. Bei richtiger Überlegung
denke ich, die Ärzte haben nicht recht gehabt mit dem Schuß
von hinten, auch wenn das vordere Loch größer war wie das
hintere. Ich hatte nämlich ein gewöhnliches Fernglas umhängen vorne an der Brust, und dieses Glas hatte nach dem Schuß
in dem Hohlraum zwischen den Linsen ein Loch durch beide
Messingumhüllungen. Daher der drei Zentimeter lange Messingsplitter, spiralförmig zusammengedreht, der mir fast drei
Jahre danach herausoperiert wurde. Die Ärzte haben sich da
auch hauptsächlich wegen dem Messingsplitter gewundert, wie
der da in den Bauch hineingekommen sei. Aber der Reihe
nach.

Am 30. April gab ich keine Ruhe mehr, bis mich der Arzt aus
dem Krankenhaus entließ. Der Volkstrachtenverein hielt ja am
1. Mai die Mai-Musi ab, und da mußte ich als Mitglied des
Vereins doch dabei sein.

Volkstrachtenverein Ohlstadt – wohl alle haben gewildert

Die Wunde an der rechten Seite war noch lange nicht zuge-
heilt, aber deswegen habe ich doch getanzt wie der Lump am
Stecken.

Da ich auch leben mußte, aber noch nicht arbeiten konnte
wegen der offenen Wunde und auch kein Gewehr mehr hatte,
um mir wieder Fleisch zu holen zum Lebensunterhalt, habe
ich mein heimliches Mädchen so lange angebettelt, bis sie mir
das Gewehr von ihrem Bruder, das er als Mitglied der Ein-
wohnerwehr zu Hause hatte, zur Verfügung stellte. Anderer-
seits haben sie und auch andere Mädchen im Dorf mich in-
brünstig gebeten, doch nicht mehr hinauszugehen.

»Die erschießen dich noch ganz!« sagte sie.

Ich war aber vorsichtig, ging erstens allein und zweitens
weiter weg vom Dorf, zum sogenannten »Ölroa«. Da gab´s immer Wild, aber es war für mich sehr weit zu tragen. So ein
Stuck oder ein junger Hirsch wiegt immerhin ausgenommen
noch dreiviertel Zentner.

Zweimal habe ich das noch gemacht, dann war ich soweit hergestellt, daß ich die Holzerei wieder anpacken konnte. Meine
Kameraden hatten eine größere Arbeit vom Förster in Unternogg (bei Altenau) angenommen. Die Arbeit, es waren noch

große Windbrüche vom Januar 1919, wurde in mehreren Akkordabteilungen vergeben. Es waren vier bis sechs Mann von Ohlstadt, dann eine Partie von Unterammergau und auch eine Tiroler Partie in dem riesigen Gelände, zwei Stunden von Unternogg weg, eingesetzt.

Daß wir Ohlstädter beim Förster und den Jägern von Unternogg schlecht angeschrieben waren, dafür hatten schon die Ohlstädter Jäger gesorgt, und das wurde mir bei meiner Verhaftung im August deutlich unter die Nase gerieben, aber ich will den Dingen nicht vorgreifen. Die Jäger in Ohlstadt hatten natürlich inzwischen Anzeige erstattet. Einmal gegen den »Roana Thaddi« und mich wegen Jagdvergehen und Waffenbesitz vom 5. Januar 1920 vor der Strafkammer beim Landgericht München II, dann auch noch eine Anklage wegen Widerstand gegen die Staatsgewalt in zwei Fällen vom 5. Januar und 26. März 1920 vorm Volksgericht gegen mich allein. Das war der größte Schwindel und Betrug, den sich die bayerische Justiz damals geleistet hat, nur um das schuftige und hundsgemeine Verhalten der Jäger vom 5. Januar und vom 26. März zu decken.

Zur neuen Arbeit mußten wir am Montagmorgen mit dem Zug von Ohlstadt nach Murnau fahren, dann auf die Privatbahn nach Altenau umsteigen, von da zum Forsthaus Unternogg und von da etwa zwei Stunden an unsere Arbeitsstätte am sogenannten »Sonngraben« gehen. Proviant für die ganze Woche wurde mitgenommen. Wir hatten da eine sehr schöne Hütte. Der Kochraum mit einem Herd mit sechs Kochstellen war sogar getäfelt und vom Schlafraum abgeteilt. Eine Wasserleitung in einen Trog vor der Hütte war vorhanden, und die Hütte lag schön auf einem freien Platz. Da machte das Arbeiten richtig Freude, und wir Ohlstädter waren, wie mir später bestätigt wurde, von der Arbeitsleistung her die beste Kolonne. Freilich waren wir von den Ohlstädter Jägern her von vornherein schwarz angeschrieben beim Förster, und die Jäger, besonders der Schweiger, hatten einen Zorn auf uns, weil sie uns wegen des schlechen Rufs in Bezug auf Wilderei immer beschatten mußten.

Aber wir ließen uns diesbezüglich bis auf ein paar Kleinigkeiten im Spätsommer nichts zuschulden kommen. Wenngleich zur Aufbesserung des Proviants ein Stück Wild sehr gelegen gewesen wäre, mußten wir uns Brot, Mehl, Eier und Butter selber besorgen, was damals (es gab noch Marken) nicht leicht gewesen ist. Da war es gut, wenn man wie ich eine heimliche Liebe mit einer kleinen Landwirtschaft hatte. Da fiel dann jede Woche auch für mich etwas ab.

Dann war da die Frau des Bäckermeisters Zimmerer, man bekam da auch ohne Marken Brot, Margarine und sonstwas. Auch zu einigen Bäuerinnen und deren Töchtern konnte man kommen um einen kleinen Zuschuß an Butter oder Eiern. Wir brauchten pro Mann immerhin in der Woche so drei Pfund Mehl, mindestens zwei Dutzend Eier und cirka drei Pfund Butter oder Margarine ohne Brot und andere Zutaten. Fleisch gab es die ganze Woche nicht, auch kein Bier, aber trotzdem machte uns die Arbeit Freude und ging gut vonstatten.

GERICHTSVERHANDLUNGEN

Die beiden Verhandlungen am 31. Mai und am 1. Juni 1920 in München haben mich finanziell sehr zurückgehauen. Ich mußte bei meinem Mädchen eine Anleihe von 300 Mark aufnehmen, habe ihr allerdings meinen wertvollen Trachtenschmuck dafür verpfändet. Sie hat das Geld aber nie von mir zurückverlangt.

Nun zu den Verhandlungen selber. Am 31. Mai standen der Thaddi und ich vor der Strafkammer beim Landgericht München II. Wegen seinem Gewehr erhielt ich ja, wie schon geschildert, drei Wochen Gefängnis aufgebrummt. Das Gericht nahm einfach an, es gehörte mir. Was sagt man dazu? Ich sagte jedenfalls nichts und er auch nicht. Das sind Kameraden!

Am 1. Juni 1920 stand ich allein vor dem Volksgericht, das war ein Sondergericht in Bayern, bei dem die Urteile sofort rechtskräftig wurden ohne Möglichkeit zur Berufung – genauso wie 15 bis 20 Jahre später in der Nazizeit. Erst 1925, als Hindenburg Präsident wurde, kam ein Reichsgesetz heraus, daß gegen Urteile bayerischer Volksgerichte, eben weil sie so ungerecht waren, ein Wiederaufnahmeverfahren eingereicht werden kann. Natürlich hätte man da Geld und mehrere Zeugen gebraucht, um die meineidigen Aussagen in meinem Fall erschüttern zu können.

Als Folge der beiden unüberlegten Schüsse der zwei Jäger am 26. März haben sich zwar schwere Folgen körperlicher und auch gesundheitlicher Natur eingestellt, aber ich bin halt nicht zugrunde gegangen daran. Also mußte diese Tat sanktioniert werden, indem man einen erschwerten Jagdwiderstand gegen die Staatsgewalt konstruierte, um mich deswegen verurteilen zu können. Dazu war eben das bayerische Volksgericht da, welches bei der damaligen Regierung der Bayerischen Volkspartei und der deutschnationalen Justiz des Dr. Gürtner, späterer Reichsjustizminister, möglich war – aber nur in Bayern und in keinem anderen Bundesland!

Nun endlich zum Ablauf der Komödie vor dem Volksgericht: Ich war wie gesagt angeklagt des erschwerten Widerstandes gegen die Staatsgewalt, obwohl es sowohl am 5. Januar als auch am 26. März 1920 zwei privat angestellte Jäger waren. Im ersten Fall habe ich überhaupt keinen Widerstand geleistet, sondern ich habe mir am hellen Tag auf offener Straße vor einem Haus lediglich nicht den Rucksack abnehmen lassen und die Brüder aufgefordert, zum Bürgermeister mitzugehen, und da könnten sie meinen Rucksack anschauen. Wo ist da der erschwerte Jagdwiderstand?

Im zweiten Fall am 26. März haben mir die gleichen zwei Jäger am Steg aufgelauert. Der eine hatte ja am 5. Januar schon gesagt: »Laß ihn laufen, den kriag´n ma scho!« was ja nun am 26. März geschehen ist. Mich, gerade mich, mußten sie endlich mal kriegen, und sie haben es geschafft, mich hineinzureiben.

Ich habe dem Gericht geschildert, wie das alles gelaufen ist, nämlich daß ich mit dem jungen Burschen, jeder mit Gewehr unterm Arm, auf der Pirsch gewesen war und daß bei uns beiden der gleiche Tatbestand vorliegt. Auf den einen Anruf »Halt!« waren wir damals stehengeblieben, der »Streidl Lenz« so vier bis fünf Meter hinter mir.

Es fallen zugleich zwei Schüsse, und kurz darauf, als ich mich wegdrehe, also immer noch der gleiche Tatbestand, bin ich von den Schüssen schwer getroffen, der Lenz leicht. Auf wiederholte Aufforderung des Laber »Ablegen!« werfe ich das Gewehr weg. Wo ist da der Widerstand zu sehen von meiner Seite!

Mit den Worten »Er is's scho!« hoben sie mein Gewehr auf und sind abgehauen, ohne sich um mich und meine Verletzungen zu kümmern. Ob sie auch dem anderen das Gewehr weggenommen haben, weiß ich nicht, ich hatte mich um mich zu kümmern. Warum ist nicht auch mein Begleiter wegen Widerstand gegen die Staatsgewalt vors Volksgericht gekommen? Der hat lediglich eine kleine Strafe wegen Jagdvergehens bekommen, ich nicht, obwohl ich doch das Pirschen zugegeben habe. Wenn da in unserem Fall kein Widerspruch in der Beurteilung seitens der Justizbehörden besteht, dann weiß ich überhaupt nimmer, was da noch Gerechtigkeit ist.

Die Jäger sagten unter Eid aus, sie hätten zweimal »Halt!« gerufen und dann geschossen, weil ich das Gewehr auf sie angelegt habe. Nach dem ersten Schuß sei ich zusammengebrochen und wieder aufgestanden und habe wieder das Gewehr auf sie angelegt. Ich sei ein ganz rachsüchtiger, gemeingefährlicher Mensch, der jeden Jäger, wenn er im Revier von mir angetroffen wird, erschießen würde.

Auf diese gemeinen Anschuldigungen hin bin ich aufgesprungen und habe dem Gericht gesagt, das sei eine gemeine Lüge, denn wenn das wahr wäre, dann lebte von den beiden keiner mehr, denn die sind mir schon wiederholt im Revier vor die Büchse gelaufen. Der Vorsitzende fuhr mich an mit den Worten: »Sind sie ruhig, sonst lasse ich sie abführen!«

Es saßen noch ein paar vollgefressene Beisitzer neben ihm, vielleicht waren das Jagdpächter, die mit so einem Lumpen wie mir kurzen Prozeß machen wollten.

Jedenfalls hat man mir, obwohl ich einen Verteidiger hatte, wegen der zwei Zusammenstöße vier Monate und sechs Monate wegen erschwertem Jagdwiderstand aufgebrummt, und den Jägern wurde zumindest vermeintliche Notwehr zugebilligt. Der Sergeant Amon von Eschenlohe, der auch als Zeuge geladen war, antwortete auf die Frage des Vorsitzenden, was er denn sage zu den Aussagen der Jäger: Er glaube nicht, daß ich eine Gefahr für die Jäger sei und jeden von ihnen, den ich im Revier treffe, erschießen würde, denn ich sei ein einsichtiger Mensch, ich saufe nicht, ich ginge immer meiner Arbeit nach und außerdem würde ich auch nicht gewerbsmäßig wildern (was auch die Jäger zugaben). Ich würde nur für gemeingefährlich gehalten, weil ich einen finsteren Blick hätte. Trotzdem mußte ich verurteilt werden, um die Gemeinheit der Jäger zu decken.

Ich bekam, weil ich den Krieg mitgemacht hatte und durch die beiden Schüsse selber schwer verletzt worden war, eine Gesamtgefängnisstrafe von acht Monaten, davon vier Monate Bewährungsfrist bis zum 31. Dezember 1924. Außerdem mußte ich die Kosten tragen, also mit den Anwaltskosten für mich viel Geld. Wenn ich keinen Anwalt genommen hätte, wäre ich genauso weggekommen, denn die hätten mir einen Pflichtverteidiger gestellt. Aber wenn man das erste Mal vor Gericht steht, weiß man vieles nicht und glaubt auch noch an die Gerechtigkeit. Aber wie gesagt, warum wurde der andere, wo er doch das gleiche wie ich verbrochen hatte, nur wegen Jagdvergehen bestraft und nicht auch wegen Widerstand angeklagt?

Es gibt dafür nur eine Erklärung: Ich hatte schwere Verletzungen davongetragen, dafür hätte ich Entschädigung bekommen müssen – aber von wem? Also hat man mich wegen Widerstand angeklagt und das beim Volksgericht ohne Berufungsmöglichkeit.

Nach Ansicht des Gerichts hat man mich nur gering gestraft, also blieb das Gesicht gewahrt und die Schuldigkeit der Jäger gedeckt trotz deren offensichtlich falschen eidlichen Aussagen. Aber warum habe ich nicht zurückgeschossen, als sie ihre Gewehre abgeschossen hatten? Die hätte es in der Mitte abgerissen auf die kurze Distanz und mit den Dum-Dum-Geschossen in meinem Gewehr. Warum die unverschämten Lügen, ich sei zusammengebrochen und wieder aufgestanden und habe wieder auf sie angelegt?

»Warum habe ich da nicht auch geschossen?« frage ich mich immer wieder. Die Antwort ist jedes Mal die selbe: Wegen der paar Pfund Fleisch darf man nicht auf einen Menschen schießen! Das habe ich mehr als einmal bewiesen.

Als man mich zur Verbüßung der vier Monate verhaften wollte, obwohl ich vergeblich durch einen Weilheimer Rechtsanwalt um Strafaufschub bis zum Winter eingegeben hatte, da habe ich, weil ich mich wegen des Widerstandes unschuldig fühlte, einen falschen Namen angenommen und bin Ende August 1920 abgehauen, aber davon später.

ABWECHSLUNG BEI DER HOLZARBEIT

Erst einmal ging unsere Arbeit in Unternogg zügig vorwärts, denn wir sind zuweilen bis zu sechs Mann stark gewesen. Unser Arbeitsgebiet erstreckte sich im sogenannten Senngraben von der Hütte angefangen bis zu einer halben Stunde bergaufwärts. Ganz oben konnte man schon auf den Trauchgau hinunterschauen. Es waren in dem ganzen Gebiet riesige Tannen- und Fichtenstämme vom Sturm einfach abgesprengt oder umgerissen worden. Im Wochenturnus mußten immer zwei Mann dauernd sägen, die anderen asten und putzen.

Einmal waren der »Weber Jörgl« (Gugler) und ich dran zum Sägen. Da hatten wir den auf zehn Meter Länge abgesprengten Stumpf einer Tanne umzuschneiden. Wir brauchten dazu nur dreiviertel Stunden, aber man muß bedenken, am Stock waren 135 Zentimeter Durchmesser gemessen. Der neun Meter achtzig lange Stumpf hatte sieben Kubikmeter Inhalt. Kaum zu glauben, daß es solche Kolosse in unseren Wäldern noch gibt.

Einmal, weit ab von der Hütte, machten wir auf einem übersichtlichen freien Platz Mittagspause. Da sahen wir 50 Meter schräg unten, wie sich ein Hirschkalb niederlegen wollte. Der Thaddi und ich, nicht faul, umgingen das Hirschlein. Von zwei Seiten sprangen wir auf es zu, es tat einen kleinen Schrei und duckte sich nieder. Dann hatten wir es lebendig und waren uns einig, daß wir es nach Hause mitnehmen wollten. Es war Freitag Mittag. Wir haben dem kleinen Kerl die Läufchen zusammengebunden und ihn im Rucksack verstaut. Über Nacht haben wir das Kalb außerhalb der Hütte an einer Staude festgebunden und am Samstag vormittag packte ich es in meinen Rucksack, um es heim nach Ohlstadt zu transportieren. Am Forsthaus vorbei trug ich es nach Altenau zur Bahn und fuhr damit nach Murnau.

Es hat natürlich im Rucksack manchmal tüchtig gestrampelt, aber geschrien hat es zum Glück nicht. Im Zug bin ich schon vorsichtshalber auf der Plattform draußen geblieben. Ein paar Murnauer Kollegen, die auch im Zug saßen und mich kannten, sagten im Vorbeigehen: »Jetzt fangt´s as wohl scho lebendig!«

Auf einmal, es hatte wieder einmal fest gestrampelt, brach die Rucksackschnur, und der kleine Kerl, immerhin so groß wie ein halbwüchsiges Reh, fiel auf die Plattform. Zum Glück hatte ich ihm die Läufe zusammengebunden, sonst wäre er mir wohl aus dem fahrenden Zug gesprungen. Ich flickte schnell die Schnur wieder zusammen und verstaute den Ausreißer

Schönach Jackl, ein Kraftmensch und verwegener Wilderer, mit Sohn Jakob und seinem geliebten Hirsch Hansi

wieder im Rucksack. In Murnau angekommen traute ich mich nicht mehr, auf den Anschlußzug nach Ohlstadt zu warten, sondern ging über den Burggraben auf der Straße Hechendorf zu, um auf dem Bahngleise schnell heimzukommen nach Ohlstadt, was mir auch ohne Zwischenfall gelang.

Als die anderen Kameraden mittags im Forsthaus einkehrten, um den Vorschuß in Empfang zu nehmen, fragte der Förster, wo der Roith Sepp sei. Die Kameraden sagten, ich sei schon am Vormittag gegangen, um in Oberammergau beim Koppelhuber eine Säge zu kaufen, und die Sache war erledigt. Das Hirschkälbchen haben wir dann beim Penzberger, wo der Thaddi wohnte, untergebracht.

Ein paar Tage wollte es nicht fressen und saufen und ist dabei stark heruntergekommen. Auf einmal nahm es doch Milch an und hat auch zu fressen angefangen. Es wuchs kräftig heran, aber es konnte nicht immer beim »Wunder« (Penzberger) bleiben, so haben wir es dem Schönach Jackl in Grainau, der ein Ohlstädter war und eine Grainauerin geheiratet hatte, zur Aufzucht gegeben. Er hat es groß gezogen und ihm den Namen Hansi gegeben. Wie man später hörte, ist er ihm als Spießer überallhin nachgelaufen.

Ehe man mich Ende August 1920 an der Arbeitsstelle zum Strafantritt verhaften wollte, noch ein anderes unglaubliches Erlebnis: Wir waren an unserer Arbeitsstätte schon weitab von der Hütte beschäftigt. Auf dem Weg zur Hütte machte der Thaddi einen kleinen Umweg, man kann auch sagen Pirschgang. Er hatte eine Armeepistole dabei, bei der man das hölzerne Gehäuse als Schaft aufstecken konnte. Er hatte Glück und schoß ein Stuck. Es war Freitag Abend. Wir brachten die gute Hirschkuh sauber zerlegt in unseren sechs Rucksäcken unter und kehrten am Samstag Mittag wie immer im Forsthaus ein. Es war schönes Wetter, und wir saßen in einem Salettl bei der Brotzeit, wozu uns die Försterin das nötige Bier brachte, während unser Capo, der »Streidl Sepp« (Josef Daiser), das Geld für uns alle in Empfang nahm.

Der Förster selber kam fast nie zu uns heraus, aber seine Hunde schnüffelten an unseren am Boden liegenden Rucksäcken herum, bis sie die Försterin wegscheuchte. Auf den Gedanken, daß da ein ganzes Stuck schön verteilt drin sein könnte, kam niemand. Wir schauten aber doch, daß wir mit der Brotzeit fertig wurden, um abhauen zu können, weil wir ja auch in Altenau den Zug erwischen mußten. Nun zu meiner geplanten Verhaftung an der Arbeitsstelle.

EMIGRATIONSZEIT
1920 – 1926

HERUMIRREN ALS HANS SAUER

Weil wir doch nur am Wochenende und manch einer von uns nur alle 14 Tage nach Ohlstadt kamen, wußte ich nicht, daß inzwischen die Post mit dem Strafantrittsbefehl in meinem Quartier in Ohlstadt angekommen war. Am 4. Mai 1920 hätte ich in Laufen sein sollen, aber ich konnte dem Befehl ja nicht Folge leisten, weil ich in Unternogg war. Am dritten Tag danach kam automatisch der Haftbefehl heraus. Der Kohlgruber Gendarm in Begleitung vom Jäger Schweiger von Unternogg sollte mich an der Arbeitsstelle verhaften, weil ich mich nicht gestellt hatte. Ich war gerade an einer meterdicken Tanne damit beschäftigt, die Rinde mit der Axt abzuhauen, als sie kamen.

Hauptsächlich der Schweiger war fuchsteufelswild, weil, wie er sagte, die Jagdgehilfen von Nogg gerade mit uns Ohlstädtern soviel Scherereien hätten und sie uns dauernd bei der Arbeit beobachten müßten. Wir seien von den Ohlstädter Jägern als schwere Wilderer angegeben worden. Er mußte aber zugeben, daß bei uns nichts dergleichen bemerkt worden sei. Ich sagte auf die Vorhaltung, daß ich mich nicht in Laufen zum Strafantritt gemeldet hätte: »Erstens habe ich um Strafantritt erst im Winter eingereicht und bin 14 Tage nicht nach Ohlstadt gekommen! Ich kann also gar nichts davon wissen.«

Der Schweiger meinte daraufhin, ich sei absichtlich in der Hütte geblieben. Da wurde ich schon langsam wütend. Als er auch noch sagte: »Na, da nehmen wir ihn einfach mit!« war's bei mir ganz aus. Sie standen zufällig an der anderen Seite der dicken Tanne, welche ich mit der Axt entrindete.

Ich hieb die Axt in den Baum und schrie: »Was? Mich einfach mitnehmen? Pobiert's as, aber i sag eich glei, zehn solchene wie es bringt's mi da net weg!«

Das war natürlich ein wenig übertrieben, aber ich war halt wütend über das saudumme Gerede vom Schweiger. Jedenfalls, der Kohlgruber Wachtmeister beruhigte mich, er könne ja auch nichts dafür, daß er geschickt werde, und wenn ich ihm verspreche, daß ich freiwillig meine Strafe antrete und zum Zeichen, daß er bei mir gewesen ist, den Haftbefehl unterschreibe, dann sei´s gut.

Er legte mir den Haftbefehl vor, und ich unterschrieb. Ich paßte aber dabei auf, daß er mir keine Handschellen anlegen konnte. Die beiden gingen dann und suchten noch die Hütte auf. Dort lag unser Kamerad, der Weber Martl, im Bugat*. Er hatte sich in den Fuß gehackt. Von der Wand haben die beiden dann meinen italienischen Armeerevolver mitgenommen. Er hing unter einem Handtuch. Ich habe nie mehr was davon gehört, auch keine Anzeige bekommen.

Solche Gangstermethoden verabscheue ich! Auch von dem englischen Sweater und Hemd und Mantel, welche die Polizei nach der Affäre in Ohlstadt am 26. März beschlagnahmt hatte, habe ich nie wieder was zurückbekommen – Gangstermethoden sage ich noch mal. Aber die Gerichtskosten, die haben sie von meinem Vater eingetrieben, weil ich nicht mehr auffindbar war.

Als die Jäger weg waren, habe ich die Kameraden informiert, was der Gendarm und der Schweiger wollten und daß ich jetzt weg müsse. Ich bin dann in die Hütte gegangen, habe meine Sachen gepackt und bin nach Ohlstadt gefahren. Ich habe mich mit guten Freunden besprochen, daß ich nicht die Absicht habe, mich nach Laufen zu begeben, um die vier Monate abzusitzen, sondern daß ich irgendwohin abhauen will, weil ich mich in Bezug auf den Widerstand unschuldig fühlte. Erst wollte ich nach Rücksprache mit dem »Loffer Beni«, ein Kriegsblinder und früher in einer ähnlichen Lage wie ich, in die Schweiz abhauen. Dann abends beim Reiser habe ich mich mit einem anderen guten Kameraden aus dem Schwäbischen besprochen. Er sagte, er gibt mir, wenn ich am nächsten Morgen abhaue, seine Quittungskarte auf den Namen Sauer Hans. Es waren nur ein paar Marken drin, und die Karte hatte die Nummer vier.

Meine erste Liebe, die Wurzer Resi

Die folgende Nacht nahm ich schweren Herzens Abschied von meinem Mädchen. Am nächsten Tag fuhr ich nach Weilheim zu meinem Vater und ging dort zugleich zur Stadtsäge. Der Pächter Kollmuß war unser Auftraggeber für die Holzarbeit in Unternogg. Ich schilderte ihm meine Lage und daß ich nach Laufen zum Strafantritt müsse; da bräuchte ich etwas Geld. Er telefonierte nach Unternogg und bekam die Auskunft, daß die Ohlstädter Partie mit der Arbeit gut vorangekommen sei und daß er mir außer dem wöchentlichen Zuschuß (40 bis 45 Mark) vom Förster noch 400 Mark auszahlen könne. Er gab mir das Geld sofort. Die Quittungskarte hatte mir zuvor der Sauer Hans tatsächlich an den Bahnhof gebracht. Eine Nacht blieb ich noch beim Vater in Weilheim.

Wie ich am nächsten Vormittag in einen Zug einstieg, war auch der Seitz Kari von Kohlgrub drin, der in Ohlstadt und Weichs als Bauernknecht beschäftigt war. Er erzählte mir, daß er abhauen müsse wegen einer Diebstahlsache. Er wolle nach München zu einem Onkel, um Geld von ihm zu erbitten. Ich erzählte ihm auch, in welcher Lage ich war und daß ich auch abhauen wolle, anstatt mich in Laufen für eine Sache einsperren zu lassen, die ich nicht begangen habe.

In München bei seinem Onkel ging der Kari leer aus, aber wir blieben trotzdem zusammen. Er lag mir in der nächsten Zukunft auf der Tasche, denn ich hatte ja mehr als 400 Mark. Wir fuhren gleich anschließend nach Augsburg. Ich wollte da einen verheirateten Sohn von meiner Stiefmutter und seine Familie besuchen. Da die keinen Platz für uns zum Schlafen hatten, schauten wir uns in einer Wirtschaft um ein Nachtquartier um.

Nun kam ich beinahe in die Zwickmühle, als uns der Wirt die Meldeliste vorlegte. Ich habe meinen neuen Namen »Sauer Hans« eingetragen, und beim Geburtsdatum habe ich erst seine Quittungskarte rausziehen und draufschauen müssen, damit ich wußte, wann ich geboren bin, daß die Eintragung stimmte. Der Wirt hat vielleicht komisch geschaut, weil ich nicht mal wußte, wann ich geboren war. Wir hatten schon Angst, er meldet uns der Polizei, aber nichts geschah.

Am nächsten Morgen fuhren wir mit einem Schnellzug Nürnberg zu. Ich wollte da in Mittelfranken meinen Kriegskameraden, den Schwackenhofer Fritz, besuchen, um vielleicht da in der Nähe Arbeit zu bekommen. Im Schnellzug, wir standen im Gang draußen, kamen ein paar Kriminaler in Zivil, um zu kontrollieren. Wir beide waren in der Tracht. Der Seitz Kari zeigte seine Papiere, und ich hatte nur die Quittungskarte vom Sauer Hans vorzuzeigen. Sie fragten, wo wir hinwollten und ob ich sonst keine Papiere hätte. Mir ist schon das Herzklopfen gekommen, vielleicht haben sie ja schon den Roith Josef gesucht, jedenfalls haben wir uns ein bißchen dumm gestellt, und sie ließen uns stehen.

In Langenaltheim hat der Fritz ganz große Augen gemacht, als er mich nach zwei Jahren sah. Er behielt uns ein paar Tage bei sich, beziehungsweise seinen Eltern, um uns Gelegenheit zu geben, eine Arbeit zu finden in den Sollnhofer Schiefersteinbrüchen. Es war aber nutzlos, so fuhren wir – immer auf meine Kosten – weiter in die Oberpfalz.

Ich besuchte erst mal meine Verwandten in meinem Geburtsort in Neukirchen-Balbini, und wir bekamen dort bei der Base einer Schwester vom Vater ein Zimmer als Quartier, um uns von da Arbeit zu suchen. Endlich hatten wir Glück. In der Nähe von Schwandorf wurde bei Schwarzenfeld eine Braunkohlegrube aufgemacht. Die Firma Carl Brand aus Berlin machte die Abraum-Arbeiten. Wir wurden eingestellt und suchten uns ein Quartier in der Nähe. Wir bekamen eins in Knölling, eine gute halbe Stunde vom Arbeitsplatz entfernt, bei Bauersleuten und später beim Wirt in Knölling, Gemeinde Dürnsricht, Bahnstation Freihölz, auf der Strecke Amberg – Schwandorf.

Nun, wir waren endlich fürs erste versorgt, wenn wir auch am Morgen keinen Kaffee bekamen, sondern eine ortsübliche, sogenannte »weiße Suppe«. Wir fuhren zu meiner Base, um unsere Sachen zu holen. Dabei mußte ich feststellen, daß mir mein liebster Kumpel eine Brosche gestohlen hatte. Ich drohte ihm Schläge an, da gab er sie wieder her. Erst später erfuhr ich von der Base, daß ihr auch ein paar Schuhe abhanden gekommen waren. Sie hatte gemeint, ich sei es gewesen und deshalb nichts gesagt. Kameraden bestehlen ist eine große Gemeinheit nach meiner Anschauung.

Angemeldet war ich bei der Gemeinde Dürnsricht. Es ging da zum Glück nicht so genau her mit den Meldepapieren, denn ich hatte ja immer noch nichts außer der Quittungskarte auf den Namen Sauer.

BRAUNKOHLEBAU IN DER OBERPFALZ UND IN SACHSEN

Bei der Firma Carl Brand kamen wir beide an einen großen Zwei-Kubikmeter-Löffelbagger als Planierer am Boden. Der Bagger räumte den Abraum in große, vier bis fünf Kubikmeter fassende Loren* mit 90er Spurweite. Das Material wurde auf eine Kippe gefahren. Wir hatten nichts anderes zu tun, als den Bagger am Boden zu bedienen in Tag- und Nachtschicht. Bei der Firma genügte die Karte anscheinend auch.

Im September 1920 kaufte ich mir einen einfachen Zivilanzug, um heimlich wieder heimfahren zu können, denn ich hatte doch eine gewisse Sehnsucht nach meiner heimlichen Liebe, und da sie ja im Oktober heiraten wollte, mußte ich sie noch einmal vorher sehen.

Ich konnte aber nur einen Tag bleiben, weil mich sonst die Polizei erwischt hätte. Ich nahm aber von Ohlstadt noch einen Kameraden mit zu unserer Arbeitsstelle, den »Streidl Lenz«. Nun waren wir drei Kameraden aus einem Ort auf der Baustelle. Der Lenz kam auch zu uns an den Bagger und auch in Knölling ins Quartier.

An Neujahr 1921 bin ich dann noch mal heimlich nach Hause gefahren und habe meine heimliche Liebe in Peißenberg besucht. Sie war ja schon verheiratet; von da an habe ich sie endgültig aus meinem Leben streichen müssen, so schwer es mir auch gefallen ist. Aber das Leben geht weiter.

Eines Nachts im Frühjahr 1921 bin ich ziemlich schwer am Bagger verunglückt. Es war nur eine große Karbidlampe als Beleuchtung da. Der Löffel des Baggers war übervoll, so daß

172

ein Tonbrocken von einem halben Meter Durchmesser aus dem Löffel kullerte, als er ganz oben war, die Böschung herunterrollte und mich über den Haufen schlug, der ich gerade in der Dunkelheit am Gleis arbeitete. Ich wurde mit dem rechten Knie ans Gleis geworfen und habe mir eine schwere Verrenkung und Prellungen zugezogen.

Zum Arzt oder ins Krankenhaus getraute ich mich wegen meines falschen Namens nicht, ich fürchtete, dann käme alles auf. So habe ich mich halt im Quartier ein paar Wochen auskuriert, aber wie! Heute noch habe ich Beschwerden an dem Knie, es wird von Jahr zu Jahr schlimmer.

In der Zeit brach in den Kohlengruben in Wackersdorf und Schwandorf ein Streik aus, und da wurde uns jungen Burschen, weil er längere Zeit dauerte, von der Streikleitung geraten, wir sollten uns um eine andere Arbeit umschauen.

Nun war bei uns ein Schachtmeister Müller mit Namen. Der ging ins Mitteldeutsche Braunkohlegebiet bei Bitterfeld. Von dort aus schrieb er uns dreien, weil wir guter Arbeiter waren, wir könnten zu ihm nach Sachsen kommen, da gäbe es Arbeit für uns.

Der Kari und der Lenz fuhren gleich hin und schrieben mir von dort aus, daß es eine gute Arbeitsstelle sei. Ich konnte ja nun nicht gleich mitfahren, weil ich noch an meinem rechten Knie laborierte.

Im April 1921 war ich wieder einigermaßen hergestellt, so daß ich die Reise nach Mitteldeutschland antreten konnte. Beim Bürgermeisteramt in Dürnsricht bekam ich dann einen richtigen Abmeldeschein auf meinen neuen Namen und auch von der Firma Papiere auf den neuen Namen Hans Sauer. So konnte ich mit dem Schnellzug nach Leipzig fahren.

In Mitteldeutschland waren zu der Zeit die kommunistischen Unruhen, die von den verschiedenen Freikorps, auch bayerischen, niedergeschlagen wurden. Alles ging noch ein bißchen drunter und drüber, und wir drei Bayern mußten uns einige Male von kommunistischen Kollegen die Vorwürfe anhören, daß unsere Landsleute geholfen haben, den Aufstand niederzuschlagen. Aber wir kümmerten uns damals wenig um Politik und um kommunistische schon gar nicht.

Einen Tag blieb ich in Leipzig, dann ging´s weiter nach Bitterfeld, und von da fragte ich mich nach Wolfen durch zu den »Greppiner Werken«, einer Braunkohlegrube mit Abraum und Brikettfabrik, also ein ziemlich großes Werk mit 500 bis 600 Arbeitern und Angestellten. Wir wurden im Ledigenheim über der Kantine untergebracht. Wir waren da mit acht Mann auf einer Stube. Erstmal kam ich auf eine Kippe, wo der Abraum, der auf der Braunkohle lagert, abgekippt wird. Löffelführer, Schmierer und Heizer brauchte man keine, so kamen wir alle drei nach ein paar Wochen an einen elektrischen Zwei-Kubikmeter-Löffelbagger als Bodenbedienung. Wir wußten in dieser Arbeit ja schon von der Oberpfalz her gut Bescheid und haben uns mit dem Baggerführer schnell eingearbeitet.

Zur großen Zufriedenheit des Schachtmeisters und Bauführers schafften wir drei eine Arbeit, welche sonst fünf oder sechs Mann machen mußten. Es wurden in einer Schicht bis zu 24 Züge mit je 24 Wagen (90-er Spur) zu je fünf Kubikmeter, immer drei Löffel pro Wagen, beladen.

Wenn pro Schicht über 14 Züge geschafft wurden, bekamen alle Mann am Bagger, bei den Zügen und auf der Kippe eine Prämie. Manchmal kamen wir bloß auf 17 bis 18 Züge, wenn ein Wagen aus den Schienen sprang oder sonstwie etwas passierte. Wenn man auf über 20 Züge kommen wollte, da mußte natürlich alles klappen.

Ich war vorne am Bagger und planierte gleich während des Baggerns, was eigentlich verboten war, aber der Baggermeister und ich waren aufeinander eingespielt. Er ließ haarscharf neben mir den Löffel mit 50 bis 60 Zentner runter, um ihn beim Hochziehen aufs Neue zu füllen, schwenkte ihn herum, um über den Wagen zu kommen und zog, ohne anzuhalten, die Klappe und entleerte den Inhalt in den Wagen. Was über den Wagen fiel, mußten der Kari und auf der anderen Seite der Lenz wieder einschaufeln. Nach 15 bis 20 Minuten war der Zug voll. Auf einem Nebengleis wartete schon der nächste leere Zug. So ging das Hand in Hand, wir hatten sogar manchmal Zeit, uns auf die Schaufel zu lehnen und zuzuschauen,

174

*Mit meiner Kippkolonne bei den Greppiner Werken in Wolfen-Bitterfeld
1921; rechts kniend Josef Roith*

denn es brauchte ja nur alle drei bis vier Züge das Gleis für den
Bagger ein paar Meter vorgestreckt werden.

Kam dann zufällig der Direktor auf seinem Rundgang in der
Ferne vorbei und sah uns drei dastehen, so beschwerte er sich
nicht bei uns, da war er wohl zu feige, sondern beim Bauführer.
Als der uns einmal darauf ansprach, wenn wir den Direktor sä-
hen, sollten wir uns halt ein bißchen bewegen, fuhr ich ihn
gleich an, wenn wir ihm nicht genug täten, solle er uns gleich
die Papiere fertigmachen. Das wollte er natürlich nicht, denn
drei solche Narren, die wie wir zu dritt die Arbeit von fünf bis
sechs Mann machten, wollte er nicht verlieren.

Ein andermal hat der Direktor unseren Schachtmeister an-
gesprochen, daß immer, wenn er vorbeikäme, wir drei dastün-
den und nichts täten. Der Schachtmeister Zwotschinsky, ein
alter Hase, sagte zu ihm: »Ja, da müssen sie halt mal kommen,
wenn die drei arbeiten!« und ließ ihn stehen. Von da an ist er
nicht mehr gekommen und hat in der Ferne gelauert, bis wir
uns hinstellten, als unsere Arbeit getan war. Er hieß Wagner
und hatte ein Hinkebein.

Mit seinem Schwager, er war Prokurist im Büro, bin ich
später ein paarmal in menschlichen Kontakt gekommen. Er

175

war ein freundlicher Mensch im Gegensatz zum Direktor. Wenn ich mich nicht täusche, ist es der spätere Gauleiter Wagner in München gewesen.

Das Werk ist meines Wissens viele Jahre danach eingegangen, weil das Braunkohlegebiet, das dem Werk gehörte, abgebaut war. Jedenfalls, wir am Bagger waren bald mit unserem Stück fertig.

Hinter uns kam noch ein sogenannter E-Bagger, auch elektrisch, der das Material mit einer Eimerleitung aus der Tiefe holte und in einen bereitstehenden Zug füllte. Auf einem anderen Geländeabschnitt war ein ganz großer B-Bagger, ein sogenannter »Bukaner-Doppelschütter«, am Werk, um die Erde auf der Braunkohle, manchmal bis 20 Meter hoch, herunterzuholen. Die Kohle, so in etwa 15 bis 20 Meter tief gelegen, wurde dann im Tagebau abgebaut, mit Seil oder Kettenbahn in die Brikettfabrik befördert, und hinterher wurde das abgebaute Gelände mit dem Abraum von den drei Baggern wieder zugefüllt. Am Abraum, an den Baggerzügen und auf der Kippe waren so ungefähr 250 Mann beschäftigt, die anderen 300 beim Kohlefördern und in der Brikettfabrik, im Büro, in der Kantine oder sonstwo.

Eines schönen Tages im Spätsommer 1921 habe ich den ersten Ischiasanfall gehabt. Ich wußte bis dahin gar nicht, was das ist. Auf der Straße bin ich einfach zusammengeknickt und konnte mich dann kaum noch weiterbewegen. Als ich zum Arzt ging, sagte der, das ist Ischias und hat mich gleich in das Knappschaftskrankenhaus Karlsfeld bei Brehna geschickt. Da haben sie mit mir die reinste Roßkur veranstaltet. Um das durchzustehen, brauchte man schon ein gutes Herz.

Das hatte ich scheinbar, denn bei der Gelegenheit ist zu erwähnen, daß wir einmal das Gleis des elektrischen C-Baggers richteten und dabei die Elektriker die elektrische Zuleitung aus Versehen auf den Bagger fallen ließen. Dadurch war der Bagger und auch das Gleis unter Strom gesetzt. Den Kameraden, welche mit dem Rückeisen, einem gebogenen Zwei-Zoll-Rohr von ein Meter achtzig Länge, auf der Erde standen zwischen den Schwellen, denen hat es einen tüchtigen Schlag gegeben, und sie fielen hin. Diejenigen, welche mit den Füßen auf den Schwellen standen, blieben an den Rückeisen hängen. Alle schrien durcheinander. Ich hatte eine Eisenschiene in der Hand, um das Gleis auf einer Seite hochzudrücken. Dabei stand ich auf der anderen Schiene des Gleises. Also, mich hat es so drei Meter weit geworfen. Ich war momentan bewußtlos, da ich ja den härtesten Schlag bekommen hatte, weil ich auf Eisen stand und Eisen in der Hand hielt. Der Schlag hätte leicht tödlich sein können, weil die elektrische Leitung im Werk immerhin 500 Volt Spannung hatte. Dies nur im Zusammenhang mit der Behandlung, die im Krankenhaus Brehna auf mich zukam.

Jede Woche bekam ich zweimal ein elektrisches Vollbad, das war ein geschlossener Holzkasten mit einem Stuhl als Sitzgelegenheit, worauf ich nackt sitzen mußte. Am Stuhl unten und hinten an den Wänden des Kastens waren starke elektrische Birnen angebracht, welche so eine Hitze ausstrahlten, daß einem der Schweiß in Strömen aus allen Poren lief. Ich war bis zum Hals in den Kasten eingeschlossen, der Kopf schaute oben raus, und in kurzen Abständen ist eine Schwester vorbei und schaute nach, ob ich noch bei Bewußtsein war.

Die ganze Prozedur dauerte eine Stunde, das Wasser, gemeint ist der Schweiß, lief in einer betonierten Rinne am Boden ab. Als ich da rauskam, war ich ganz benommen. Ich wurde dann abgerieben und sofort ins Bett gesteckt. Zu essen bekam man erste Kost und Zulage. Außerdem war da noch ein Vier-Zellen-Bad, da waren vier Becken drin aus einer Art Steingut. In eines kamen die Arme bis zum Ellenbogen, in ein anderes die Beine bis zum Knöchel. Dann wurde elektrischer Strom durch den Körper geleitet, wechselweise vom linken Fuß zum rechten Arm oder umgekehrt.

Dann gab es noch Diathermie, das ist ein hölzerner Kasten mit elektrischen Wärmebirnen innendrin, welcher über den zu behandelnden Körperteil gestülpt und mit Decken zugedeckt wurde. Dies alles so ein paarmal in der Woche, dann noch zusätzlich elektrische Massage. Nach einer Behandlungszeit von etlichen Wochen war das Ischias wie weggeblasen, und erst wieder 1935/36 tauchte es wieder bei anderer Gelegenheit auf.

Seitdem hat er mich bis heute malträtiert, weil ich eine solche Roßkur wie damals kein zweites Mal ausgehalten hätte.

So wiederhergestellt ging ich wieder in die Firma. Das Gelände beim C-Bagger war inzwischen abgebaut, die Firma hatte nach Greppin zu ein neues Gelände erworben, worunter sich abbaufähige Kohle befand. Zu dem Zweck mußte erst mal in Handarbeit ein Einschnitt für ein später zu legendes Gleis geschaffen werden. Da dies eine gutbezahlte Akkordarbeit war, wurden die zehn besten Arbeiter vom Abraum ausgesucht, worunter sich auch wir drei vom Löffelbagger befanden.

Der Einschnitt hatte an der Basis eine Breite von drei bis vier Meter und eine obere Weite von zehn Meter. Dazu wurde, je drei Meter breit und einen Meter tief, auf den beiden Seiten der Boden ausgehoben und in die Mitte geworfen. Also mußte das Material mit der Schaufel vom Rand her gute vier bis fünf Meter weit geworfen werden. Gegenüber geschah das gleiche. In der Mitte blieb so ein Block von vier Meter Breite stehen, und der wurde vom Kopf her auf eine dreiviertel Kubikmeter-Lore geladen und wieder über Kopf auf die Kippe gestürzt.

Der Lenz und ich waren mit dieser Arbeit beschäftigt und schafften in der Schicht von acht Stunden, Frühstück und kurze Pause abgerechnet, so um die 40 bis 45 Wagen. Die anderen acht Kameraden meinten nun, sie müßten sich besser plagen als wir beide und fingen zu meckern an, wir hätten es schöner, weil wir das Material nicht so weit zu werfen bräuchten wie sie. Sie meinten, sie müßten in der Stunde fast zwei Kubikmeter Material schaufeln und vier bis fünf Meter weit werfen, während wir nur auf den Wagen laden und auf die Kippe fahren bräuchten. Daß wir aber eine gute Leistung machten mit vier bis fünf Wagen in der Stunde, das berechneten sie nicht. Kurz und gut, ich zeigte den Brüdern an einem der nächsten Tage, was man in ihrer Lage leisten könnte. Ich nahm mir ein Stück vor, eine ganze Schicht lang. Am Abend wurde das Loch, das ich ausgehoben hatte, vermessen, da waren es genau 26 Kubikmeter gewachsene Erde, welche ich in ungefähr sieben Stunden bewegt hatte, also ungefähr ein Kubikmeter in der Viertelstunde. Da haben die Brüder vielleicht Augen gemacht.

Von da an haben sie nicht mehr kritisiert, und wir beide hatten es schöner. Da alle Woche das Geschaffte ausgemessen wurde, bekamen wir pro Mann 1000-1200 Mark heraus. Es kam so weit, als das bekannt wurde, daß sich die anderen, im Abraum und in der Grube Beschäftigten beschwerten, daß wir zehn so viel verdienen. Daß wir aber dafür auch schuften mußten, das bedachte wohl keiner. In der Grube verdienten sie damals gute 500 Mark, im Abraum als Tagelöhner so 250 bis 300 Mark, also hatten wir fast das Dreifache.

An einem Donnerstag, es war Zahltag, da mußte ich, weil unser Schachtmeister Zwotschinsky mit einem Fetzen Rausch in unserer Baubude saß, das Geld, es waren 13 000 Mark, für uns zehn im Büro holen. Im Büro war ich schon bekannt als der »Herkules vom Abraum«, weil ich mal eine Schiene am Stapel von fünf Meter sechzig Länge aufgehoben hatte. Die schafften sonst nur zwei von uns Kameraden; und dabei hat mir ein Werkskriminaler zugeschaut und das im Büro erzählt. Aber das nur nebenbei. Wie ich das Geld in Empfang nahm und mich mit dem Prokuristen unterhielt, da hat der wohl gemerkt, daß ich auch nicht mehr ganz nüchtern war. Er hat dann, ohne daß ich das gemerkt habe, mir einen Werkskriminaler nachgeschickt, ob ich auch mit dem Haufen Geld in der Baubude ankam. Ich bin aber mit dem Batzen Geld in der Hand auf keinen dummen Gedanken gekommen und habe es treu und redlich abgeliefert. Ich war ja als Vorarbeiter sozusagen der Stellvertreter des besoffenen Schachtmeisters, der aber sonst ein guter Kerl war.

In diese Zeit, 1921, fiel auch die 50-Jahr-Feier der Greppiner Werke. Das Werk zeigte sich dabei sehr großzügig. Es gab für die alten Betriebsangehörigen 1200 bis 1500 Mark extra, und auch wir jungen wurden mit 1000 Mark bedacht. Außerdem wurde in den Orten Wolfen, Greppin und Sandersdorf, in denen die Arbeiter wohnten, Säle gemietet und Betriebsfeiern veranstaltet, mit freiem Essen, Kaffee und Bier.

Meine zwei Kameraden und ich, wir hatten unsere Tracht dabei angezogen. Der Lenz und der Kari waren gute Schuhplattler. Bei den Werkselektrikern war einer mit Namen Todt Kari, der spielte auf meine gepfiffene Anweisung auf seiner Harmonika die verschiedenen Plattlermelodien wie den Wildschützen-Tanz, den Heidauer, den Penzberger und andere. Wir wurden von dem Prokuristen in die verschiedenen Säle gefahren, damit auch alle in den seltenen Genuß einer Schuhplattler-Vorführung kamen. Daß es dafür vom Prokuristen Extrazulagen an Bierzeichen und Zigaretten gab, war selbstverständlich. Nun wieder zurück zur Arbeit.

KATASTROPHE

Als unser Akkord zu Ende war, war der Winter noch nicht vorüber. Im Abraum konnte noch nicht gearbeitet werden, weil der Ton, der da meterdick auf der Braunkohle lagerte, noch zu hart gefroren war und vom Bagger nicht erfaßt werden konnte. Einige von uns haben deshalb in die Grube zum Braunkohleabbau gemußt, auch ich. Es würde zu weit führen, auch die Art des Tagebau-Abbaus zu beschreiben, jedenfalls lag die Kohle in dem Gebiet in 20 bis 40 Meter Tiefe, und die Erde darüber mußte zuerst abgebaut werden in zwei bis drei Schichten von je einer Kettenbahn zu 10 bis 20 Meter – soweit reichte der jeweilige Bagger. Die Kohle wurde dann in Hunten* mit einer Kettenbahn oder einer Seilbahn in die Brikettfabrik oder zum Verladen gefahren. Da, wo die Kohle abgebaut war, wurde dann das Material von den Baggern abgekippt.

So eine Kippe war manchmal 20 bis 25 Meter tief. War in der Kippe auch noch metertiefes Grundwasser, so war die Arbeit besonders schwierig, weil das abgekippte Material ja keinen Halt fand und am Fuß der Kippe immer wegschwamm. Auf so einer Kippe war ich bei der Kippmannschaft zu 16 Mann eingeteilt. Dabei geschah ein schweres Unglück, bei dem ein Mann unserer Mannschaft ertrank und erst nach drei Tagen Suche gefunden wurde. Ich will genau schildern, wie es dazu kam:

Bei dieser »Wasserkippe« verliefen oben bis zur Kante die Gleise, und die fanden bei der schweren Belastung des Bodens keinen Halt, weil das Material am Boden der Kippe im Wasser wegschwamm. Die Maschine am Zug wog über 300 Zentner, dazu die etwa 20 Wagen, jeder mit fünf Kubikmeter Erde beladen – da müssen die Geleise auf dem ständig frisch aufgeschütteten Material schon gut verlegt sein. Um also Halt zu bekommen, haben wir in halber Höhe eine zwei bis drei Meter breite Rampe geschaufelt, daß in zwei Etagen gekippt werden konnte. Meine Schicht hatte den ersten Zug auf der neuen Rampe zu kippen. Es war gerade Schichtwechsel, die zweite Schicht war schon vollzählig anwesend und stand am Ende des Geleises und schaute uns zu.

Der Zug fuhr ganz langsam, von der schweren Zugmaschine geschoben, ein. Es passierte nichts, aber als wir die ersten paar Wagen nacheinander kippten, da gab es wie immer einen ganz schönen Schlag auf das Gleis, und die Erschütterung am Gleis löste die Katastrophe aus. Von einem Moment auf den anderen sackte unter uns der Boden weg, und ab ging es mit uns 14 Mann unterm Gleis hindurch in die Tiefe. Zwei von uns waren im Moment des Kippens auf der anderen Seite, um die Haken der Lade aufzuschlagen. Die vollen Wagen waren natürlich in Sekundenschnelle umgekippt und in weitem Bogen mit der ständig nachrutschenden Erde hinaus ins Wasserloch gestürzt. Das Wasser rauschte meterhoch hinter uns her. Wir liefen um unser Leben, immer bergauf, und die abrutschende Erde warf uns immer wieder zurück.

Ich war als erster oben an der Abbruchstelle und kraxelte über die Kante. Dann half ich dem Kippmeister und ein paar Kameraden hoch. Wie ich zurückschaute, tauchte ein Mann von uns in dem brodelnden Wasser und Schlamm auf und fuchtelte mit den Händen um Hilfe. Schreien konnte er nicht. Ich sprang schnell hinunter und lief auf der sich immer noch bewegenden Erde hin zu der Stelle, wo er aufgetaucht und gleich wieder verschwunden war. Ich rief die Kameraden der anderen Kolonne, sie sollten kommen und eine Kette bilden, aber er tauchte nimmer auf.

Rund zehn bis zwölf Wagen waren weit hinausgeschwemmt worden und versunken. Die anderen, alle noch zusammengekuppelt, hingen zum Teil den Hang hinauf immer noch an der schweren Zugmaschine, die zum Glück noch fest auf dem Gleis stand.

Drei Tage dauerte es, bis der Mann unter einem versunkenen Wagen gefunden war. Die Wagen wurden dann im mühevoller Arbeit herausgeholt.

Unser Kippmeister, ein schon älterer Mann, ein eingewanderter Pole, hatte einen Nervenschock erlitten und war für diese Aufgabe nicht mehr zu gebrauchen.

Noch andere erwähnenswerte Vorfälle haben sich in Wolfen abgespielt: Ich ging mit einem originellen Schlesier, er war auch auf unserer Junggesellenbude und war Löffelführer beim Bagger, immer an den Sonntagen zum Tanz nach Sandersdorf. Dabei haben wir auch drei Sandersdorfer, welche später mit mir nach Köln gingen, kennengelernt. Einer von den dreien, der Toni Stellmacik, ging mit mehreren Mädchen aus Sandersdorf immer an unserer Kantine vorbei nach Wolfen in eine Filmfabrik zum Arbeiten. Die Mädchen waren alle polnischer Abstammung, weil ihre Vorfahren in das mitteldeutsche Braunkohlegebiet eingewandert waren. Diese Mädchen waren, weil sie selber Geld verdienten oder was weiß ich warum, zu stolz, um uns »kleine Kerle« zum Tanzen zu holen. Da haben wir zwei, wir nannten einander Schwager, ganz egal, was die anderen darüber dachten, miteinander getanzt und gesoffen.

Meine zwei Kollegen, der Kari und der Lenz, führen jeden Sonntag nach Dessau zum Tanzen. Sie hatten da ein paar Weiber aufgegabelt. Einmal haben sie auch mich und noch einen verheirateten Bock von der gleichen Arbeitsstelle überredet, mit nach Dessau zu fahren. Da haben sie mich dann dazu gebracht, daß ich mit ins Puff gegangen bin, das erste Mal in meinem Leben. Erst habe ich mich schon ein bißchen geschämt, aber das ganz nette Mädchen hat mich schon hingekriegt. Später in Köln war ich dann nimmer so zimperlich.

SPRENGARBEITEN IN KÖLN

Ein Schachtmeister mit Namen Förster war inzwischen nach Köln gereist und hatte beim Abbruch der Befestigungsanlagen um Köln herum Arbeit gefunden. Er schrieb mir, ich solle mit sechs bis zehn Mann zu ihm kommen, als Vorarbeiter. Die Sprengarbeiten reizten mich. Meine zwei Ohlstädter Kollegen und ich und noch drei Mann aus Sandersdorf, wir fuhren dann gegen Ende Mai 1922 nach Köln. Davor schrieb ich noch dem Förster, daß ich mit sechs Mann kommen werde. Die Firma wollte uns drei Ohlstädter (die anderen drei arbeiteten woanders) natürlich nicht gehen lassen. Ich sollte sogar an Stelle des alten Polen Kippmeister werden, aber wir ließen uns, wie halt junge Leute sind, nicht mehr halten. Über Braunschweig, Hannover und das Ruhrgebiet ging es nach Köln. Vorher habe ich natürlich mit dem »Schwager« in Sandersdorf Abschied gefeiert und bin dabei zu meinem ersten Schnapsrausch im Leben gekommen.

Also, einen Bierrausch und einen Weinrausch hatte ich, wie berichtet, schon früher erlebt. Nun mußte es auch noch ein Schnapsrausch sein. Ein Rausch ist bei mir kein kleinerer oder größerer Schwips – solche hatte ich mehrere -, sondern ein »Woigler«*, wo man kaum mehr bei Sinnen ist. Das nur nebenbei.

Geld hatten wir genug, und wir waren auch sonst gut in Schale. Besonders wir drei aus Ohlstadt haben gegeneinander gewetteifert, was Kleidung anbelangte. Als wir uns, immer im Schnellzug, dem Ruhrgebiet näherten, sagten uns Mitreisende, ohne Paß kämen wir nicht ins besetzte Gebiet. Jedenfalls ließen wir es darauf ankommen und fuhren weiter ins französisch besetzte Ruhrgebiet. Es wurde da wohl kontrolliert, aber wir wurden nicht beanstandet und fuhren weiter nach Köln in die englische Zone. Auch da kamen wir ohne Schwierigkeiten an.

In Köln-Mühlheim sollte unsere erste Arbeitsstelle sein. Das Fort XI mußte wie alle der insgesamt zwölf Befestigungsanlagen gegen die Franzmänner plus die Nebenforts im Auftrag der Entente von deutschen Firmen auf Reichskosten gesprengt und abgetragen werden. Beim Fort XI in Mühlheim

Sprengkolonne Hans Sauer (links) im Sommer 1922 in Köln-Mühlheim, Fort XI; links vorne stehend Josef Roith

machte diese Arbeit die »Deutsche Tiefbau-Gesellschaft« mit Sitz in Essen.

An dieser Gesellschaft waren mehrere Tiefbaufirmen beteiligt, neben anderen auch die Firma Vatter aus Mannheim, in deren Auftrag ich ein halbes Jahr später, als die Arbeit im Fort XI schon zu Ende war, als Schachtmeister nach Ludwigswinkel in der Pfalz, nahe der lothringischen Grenze, versetzt wurde. Aber alles der Reihe nach. Erst war ich mit meinen zwei Ohlstädter Kollegen und den drei mitgebrachten Sachsen beim Schachtmeister Förster untergekommen. Unser Quartier war in der Nähe der Arbeitsstelle, ein aus Holz gebautes Schützenhaus, die sogenannte »Schützenburg«. Sie war zwar bewirtschaftet, aber es herrschte wenig Betrieb. Im Saal war Stroh auf dem Boden ausgelegt, und das war unsere vorläufige Unterkunft. Einige blieben da, bis im Oktober die Arbeit zu Ende war, andere, darunter auch ich, suchten sich Privatquartiere.

Es dauerte nicht lange, und der Schachtmeister Förster wurde entlassen, weil er öfter betrunken war. Er war aus dem Grund schon von den Greppiner Werken in Wolfen hinausgeschmissen worden. Jedenfalls, als er von uns weg war, mußte ich seine Stelle einnehmen. Ich hatte so 30 bis 40 Mann in meiner Kolonne und als Hilfe einen Vorarbeiter zugeteilt be-

184

kommen. Es war eine eigene Sprengkolonne da, aus meinen Leuten ausgesucht. Nach einer großen Sprengung der Kasematten und der Mannschafts- und Munitionsunterstände wurden die oft meterdicken Betonbrocken mit sogenannten Auflegern zerkleinert, meist in der Mittagspause oder nach Feierabend. Die so zerkleinerten Brocken wurden dann zusammen mit der mehrere Meter mächtigen Erde in den Wallgraben, der das ganze Fort umrahmte, abgefahren. Das ganze hat man dann eingeebnet und zu Sportplätzen oder ähnlichem gemacht. Das Material wurde nach einem Prämiensystem abgefahren. Vom 14. Muldenkipper an gab´s zum Stundenlohn eine Prämie. Der Vorarbeiter zählte die Wagen, ich trug sie dann in das Rapportbuch ein und führte auch das Lohnbuch für die Stundeneintragungen.

Der Bauführer kam nur alle Woche einmal vorbeischauen, wie es läuft und um die Lohngelder zu bringen, die ich dann in Tüten an die Leute auszugeben hatte. Bei den verschiedenen Sprengungen fiel viel Eisen, Kupfer und Blei an. Das meiste Material wurde von der Firmenleitung mit dem Fuhrwerk abtransportiert und an den Althändler verkauft. Die kleineren Sachen wie Armierungseisen und gelegentlich mal eine übersehene Panzerplatte wurden dann bei den Abraumarbeiten von uns gesammelt und gemeinsam verkauft. Dieses Zeug wurde damals gut bezahlt und war eine schöne Nebeneinnahme für uns alle in der Kolonne.

Meine Leute waren so richtig zusammengewürfelt – meine zwei Kollegen aus Ohlstadt, drei Mann aus Sandersdorf in Sachsen, noch ein paar Bayern, einige aus Schlesien, etliche aus Hessen und aus Köln-Sülz und Köln-Dünnwald. Alle haben wir uns gut verstanden, nur anfangs ging es mit den Kölnern etwas schlecht, denn der Kölner geht bekanntlich nicht weiter fort, als daß er den Dom noch sieht. Da hat er auch wenig Verständnis für einen fremden Arbeitskollegen, schon der Sprache wegen. Aber ich habe mich schon durchzusetzen verstanden und im Laufe der späteren Jahre noch oft Gelegenheit dazu gehabt.

MEINE FRAU KENNENGELERNT

Meine Einkehr war hauptsächlich der »Gladbacher Hof«, eine Eckwirtschaft Ecke Gladbacher und Wichheimer Straße. Es spielten da an mehreren Tagen ein älterer Klavier- und ein Violinspieler zur Unterhaltung der Gäste. Die Mehrzahl der Gäste hielt sich an der Theke auf, wo, wie es damals in Köln üblich war, ein kleines Bier, dazu der obligatorische Korn oder sonst ein Klarer getrunken wurde. Also, die zwei Musiker spielten auch manchmal einen Landler auf und bekamen dann von mir einen spendiert, denn Geld hatte ich damals immer, und man mußte es unter die Leute bringen wegen der beginnenden Inflation.

Ich freundete mich besonders mit dem Violinspieler, Heinrich Esser hieß er, an. Einmal sagte er zu mir: »Na, Hans! Was ist denn mit dir los? Hast´n kein Mädchen?«

Ich sagte: »Ach laß mich mit den Weibern in Ruh!«

Ich hatte tatsächlich seit meiner Abreise im August 1920 weder in der Oberpfalz noch in Sachsen ein Verhältnis mit einem Mädchen.

Er sagte darauf: »Ich weiß dir eine, ein Mädchen wie Milch und Blut!«

»Gut«, sage ich, »bringst sie halt mal mit!«

Sie wohnte seit kurzem bei ihrer Schwester in der Wohnung, neben der vom Esser in Mühlheim, Schützenhofstraße, also ziemlich weit weg vom »Gladbacher Hof«. Als ich wieder einmal in diese Wirtschaft kam, saß da die Frau vom Esser mit einem besoffenen Mädchen am Tisch. Ich dachte mir gleich, die muß es sein und stellte mich an die Theke. Von dort beobachtete ich die mir Zugedachte und die Frau Esser, die auch ganz schön angeheitert war.

Einmal hob die Bewußte den Kopf vom Tisch und sah mich mit ihren schwarzen Augen an. Sie hatte sich von oben bis unten vollgekotzt. Schade um das schöne Kleid, dachte ich mir und war auf Anhieb gar nicht abgeneigt, mit ihr anzubandeln, was aber momentan nicht gut möglich war.

Ich ließ auf meine Kosten den angerichteten Verhau wegputzen und setzte mich auch an den Tisch. Es war noch ein

besoffener Arbeiter aus meiner Kolonne anwesend, der meine Zukünftige auch anhimmelte. Kurz und gut, es kam die Sperrstunde, und ich begleitete meine Auserwählte, sie war schon nüchterner geworden, mit dem Ehepaar Esser nach Hause, allerdings auf der anderen Straßenseite. Als wir beide unter der Eisenbahnunterführung angelangt waren, fiel sie mir um den Hals und sagte: »Hans, bist du mir bös?«
Ich sagte: »Nein, warum auch?« und der Bann war gebrochen. Ich sagte mir, die und keine andere! Wir sind dann den ziemlich weiten Weg hinter dem Ehepaar Esser in großem Abstand hergegangen. Dabei eröffnete sie mir, sie sei verlobt und nur auf Besuch bei ihrer Schwester hier. Ich dachte mir: »Schade!« Einem anderen das Mädchen wegnehmen, das wollte ich nicht.

Jedenfalls ein paar Wochen später war sie wieder mit den Essers in der Wirtschaft, und da gefiel sie mir noch besser. Wir gingen wieder zusammen heim, wobei sie mir diesmal eröffnete, daß die ihrem Verlobten in die Heimat geschrieben habe, es habe keinen Sinn. Sie wolle in Köln-Mühlheim bleiben, und er sei ja so weit weg in Westpreußen zwischen Schneidemühl und Danzig. Mir war es recht, denn sie gefiel mir immer besser, und so ist es geblieben, trotz aller Widerwärtigkeiten bis heute, bald 50 Jahre später.

Ehe unsere Arbeit zu Ende ging, kaufte ich mir beim »Hambitzer«, einem Kaufhaus an der Buchheimer Straße, einen im Schaufenster ausgestellten braunen Anzug, mit 4800 Mark ausgezeichnet. Ich ging hinein und wollte den Anzug haben, allerdings hatte ich nicht ganz 2000 Mark in der Tasche. Die wollte ich anzahlen. Es hieß, nur bei Barzahlung kann ich den Anzug haben. Was tun? Ich ging zu meinem Bierlieferanten, der uns im Fort mit Flaschenbier belieferte, das auf meine Rechnung ging. Er lieh mir sofort 3000 Mark. Damit ging ich sofort wieder zum Kaufhaus, um den Anzug zu holen. Es war inzwischen halb fünf nachmittags und der Laden schon geschlossen. Wahrscheinlich wußten die, daß die Mark bald wieder fallen würde und wollten deshalb so wenig wie möglich verkaufen. Ich ging beim Hintereingang hinein und bestand darauf, daß sie mir den

Meine spätere Frau Ida, geborene Retz

Anzug gegen Barzahlung geben. Sie wollten mir, wie sie sagten, einen gleichwertigen anderen aus dem Lager geben, ich bestand auf dem in der Auslage. Als sie mir den verweigerten, holte ich schnell einen Polizisten von der Straße. Daraufhin – es war ja noch nicht Geschäftsschluß – haben sie mir den richtigen Anzug für 4800 Mark, wie ausgezeichnet, herausgerückt. Ich habe daran lange eine Freude gehabt.

Inzwischen bin ich auch mit meiner neuen Liebe vorangekommen. Wir haben einen gemeinsamen Ausflug ins Stadtwaldrestaurant nach Lindental gemacht. Ich habe da auch ein paar Kameraden getroffen und mich sehr spendierfreudig gezeigt und mich mit meiner Neuerwerbung in Sachen Liebe mit einem Taxi bis Mühlheim fahren lassen. Daß es dabei zu den ersten, lange hinausgezögerten Intimitäten kam, ist doch verständlich und hat uns wohl beide noch fester aneinander gebunden.

Um nicht weiter der Schwester auf der Tasche zu liegen, hat meine Braut auch Arbeit angenommen.

Wie es halt so geht im Leben sind der Bayer aus dem Gebirge und die Preußin nahe der Waterkant fürs Leben zusammengekommen; sie evangelisch und er ein Katholik. Ihre Schwester in Mühlheim und manch andere wollten von der Verbindung nichts wissen, und es ist trotz allem gutgegangen.

Als Sprengmeister in der Rheinpfalz

Es sei noch erwähnt – als ich zu meiner Arbeitsstelle in der Rheinpfalz fuhr, konnte der Seitz Kari diesmal nicht mitkommen. Er hatte sich den Brüdern Decker und deren Vater aus Sülz angeschlossen und mit deren Schwester, beziehungsweise Tochter, ein Verhältnis. Nur der Daiser Lenz, der blieb bei mir und kam mit zur neuen Arbeitsstelle.

Wir hatten uns inzwischen längst einen Paß, ich für das ganze besetzte Gebiet, für alle Zonen gültig, angeschafft. So fuhren wir nach einem traurigen Abschied von meiner neuen Eroberung Mannheim-Ludwigshafen zu. Auf der Rheinbrücke begann die französische Zone, aber der Paß war gültig, und wir konnten einreisen über Landau-Hinterweidenthal. Von da ging es mit einer Kleinbahn weiter bis Ludwigswinkel in der Nähe von Pirmasens in der hinteren Pfalz.

Da mußte auf Reparationskosten für die schwarzen französischen Besatzungssoldaten ein Truppenlager gebaut werden mit auf Betonböden erstellten Baracken, etliche Dutzend, mit allem was dazugehört wie Offizierswohnungen, Lazarett und ähnlichem. Unsere Firma hatte die Erdbewegungen, wozu auch Sprengungen in dem bewaldeten Tal gehörten, durchzuführen. Eine andere Firma erstellte die Baracken, die zum Teil schon mit schwarzen Soldaten, hauptsächlich Marokkanern, belegt waren. Der Lenz und ich und noch einige Arbeiter hatten uns in einer zum Teil fertigen Baracke häuslich eingerichtet. Es gab auch eine deutsche Kantine und Küche sowie eine französische Marketenderei*, wo auch die Deutschen ab und zu etwas kaufen konnten.

Mit den schwarzen Soldaten, welche auch unsere Kantine besuchten, habe ich mich schnell angefreundet. Es waren nette Burschen dabei, was man von den Franzosen nicht immer sagen konnte. Diese kamen auch oft innerhalb des Lagers in Ludwigswinkel oder Fischbach mit ihren schwarzen Bundesgenossen in Streit, und es gab dabei auch Schlägereien zwischen ihnen. Im Lager selbst, da mußten die Schwarzen kuschen. Sie wurden von ihren weißen Ausbildern hart angefaßt, das wird wohl der Grund dafür gewesen sein, daß sie außerhalb des Lagers aufgemuckt haben. Wir haben uns nicht daran gestört, sondern geschaut, daß wir mit beiden Parteien gut auskamen.

An einer unserer Arbeitsstellen, an einem Hang, mußte, um für die Kanalisation Platz zu schaffen, Material abgetragen werden. Das ging soweit gut, bis der gewachsene Fels kam, er war allerdings nur roter Sandstein. Ich ließ fünf bis sechs Meter tiefe Löcher für die notwendigen Sprengungen bohren, um den Fels abzusprengen. Das war aber sehr gefährlich, denn so acht bis zehn Meter vom Hang entfernt stand das französische Offizierskasino. Am Mittag, als die Sprengung stattfinden sollte, standen die Offiziere an den schaufenstergroßen Fenstern und schauten zu, wie das vor sich gehen sollte.

Ich hatte natürlich die Bohrlöcher unten mit einem sogenannten Schnurschuß erweitert, damit sich ein kleiner Kessel
bildete, in dem die angemessene, nicht zu starke Ladung Platz
hatte. Einige Ladungen hatte ich so vorbereitet und mit kleinen Fichten und Ästen gut abgedeckt. Die Offiziere gingen
auf meine Aufforderung »Attention« nicht vom Fenster weg
und schauten weiter zu. Ich hatte schon heimlich Herzklopfen,
ob alles gut gehen und kein Stein in die großen Fenster fliegen
würde, was sie als Sabotage auffassen könnten. Aber als die
Sprengladungen zündeten, ging alles gut. Kein Steinchen flog
gegen das Fenster; sie haben mich sogar für das Schauspiel mit
einer Flasche Wein belohnt.

Ein andermal mußte ich beim Lazarett die Auffahrt einen
guten Meter tiefer sprengen und das Material wegräumen lassen. Auch das ging gut, ohne daß am Gebäude oder an den
Fenstern und Türen ein Schaden entstand.

Inzwischen ist der »Weber Martl«, mein Kamerad beim
Holzen, zu uns gekommen. Wir hatten ihm geschrieben, wo
wir sind. Er hatte auch eine kleine Affäre wegen Wilderns und
Strafe zu erwarten.

*Das für die Franzosen in Ludwigswinkel gebaute Truppenlager im Jahre
1922/23*

Da der Seitz Kari in Sülz geblieben war, waren wir jetzt wieder drei aus einem Ort. Wie gesagt, der Lenz und ich hatten uns in einem kleinen Raum in einer Baracke ein paar Klappen aufgestellt und hausten da zusammen. Der Martl wurde im Mannschaftsraum untergebracht. Auf einmal bemerkte ich bei mir am Rippenbogen, bei der Narbe vom ehemaligen Schußloch, daß sich da eine enteneigroße Beule bildete. Ich bekam es mit der Angst zu tun und ging nach Dahn zu einem Arzt. Der schickte mich nach Landau ins Krankenhaus, da wurde mir bei einer kleinen Narkose die Beule aufgeschnitten.

Zum Erstaunen der Ärzte – und auch des meinen – kamen da die schon erwähnten Knochensplitter, die Messingspirale und Stoffreste heraus. Ich hatte den Ärzten schon vorher gesagt, daß ich an der Stelle vor Jahren beim Wildern einen Durchschuß erhalten hatte. Die Fremdkörper, die ich da bald zweieinhalb Jahre mit mir herumgetragen hatte, ohne daß ich davon was merkte, hätten zu einer inneren Entzündung oder Eiterung führen können, und das wäre wohl nicht so gut ausgegangen. Meine gute Konstitution war mein Glück. Der Krankenhausaufenthalt war nur kurz, und ich kam bald wieder ins Lager an meine Arbeitsstelle zurück.

Mit meiner neuen Liebe in Köln war ich ja noch immer in Briefverbindung. Eines Tages bekam ich Nachricht von ihr, daß sie schwanger sei und was sie tun solle. Was für eine Frage! Ich schrieb zurück, das sei nicht so schlimm und sie müsse selber wissen, was sie in der Lage tun oder nicht tun solle. Jedenfalls, als ich wieder aus dem Krankenhaus an meine Arbeit kam, hatte ich eine kleine Erholung nötig. Sehnsucht nach Köln und nach meinem Mädchen in ihrer momentanen Lage hatte ich auch, also fuhr ich auf Weihnachten 1922 nach Köln-Mühlheim. Da erlebte ich eine erfreuliche Überraschung.

Mein Mädchen war sterbenskrank. Sie hatte wahrscheinlich aus einem Kurzschluß heraus bei einem Waschtag bei ihrer Schwester, wo sie noch wohnte, eine Tasse Waschlauge getrunken. So ein Quatsch! Die Frucht ging freilich weg, aber sie hätte sich dabei den Tod holen können.

Die ganze Affäre fand ohne ärztliche Betreuung statt, denn

sie traute sich kein Aufhebens davon zu machen. Ich habe das alles nicht gebilligt, aber was sollte ich machen?

Aber eins muß ich heute noch sagen, wenn ich zurückdenke. Dieses schwerwiegende Erlebnis hat mich, wenn es möglich war, noch stärker an dies Mädchen gebunden, und diese Bindung ist heute noch nicht erloschen. Wir konnten ja damals noch nicht heiraten, weil ich einen falschen Namen hatte. Erst 1925, fünf Jahre nach dem Abgang, kamen wir – auch wieder in Mühlheim – zum Heiraten, aber davon später.

Sie erholte sich damals einigermaßen schnell. Es mag wohl auch meine Anwesenheit dazu beigetragen haben. Aber die Zeit ging dahin, und ich mußte wieder an meine Arbeitsstelle in Ludwigswinkel, denn ich hatte als Schachtmeister auch da eine gewisse Verantwortung meiner Firma und auch meinen Leuten gegenüber. An meiner Stelle hatte mich inzwischen ein alter Kollege aus Köln, der Vorarlberger Julius Bronold, vertreten. Er ist auch im Frühjahr 1923 mein Nachfolger als Schachtmeister geworden, weil ich es in Ludwigswinkel, so weit entfernt von meiner Liebsten, nicht mehr aushielt.

INFLATION IN KÖLN

Also, ich kam im Frühjahr 1923 bei der Firma Carl Altenberg aus Köln-Vingst als Schachtmeister im Tiefbau zum Einsatz. Auf der Baustelle Vogelsanger Straße wurde da im alten Wallgraben und Festungsgelände um Köln im Zuge der Arbeitsbeschaffung eine Grünfläche angelegt.

Oberbürgermeister von Köln war damals der spätere Bundeskanzler Konrad Adenauer. Rings um Köln entstand ein Grüngürtel, dazu gehörte auch die schon beschriebene Schleifung der zwölf Forts und der Nebenforts und eine Stadtwalderweiterung im Verlauf von mehreren Jahren. Ich war da bei verschiedenen Firmen als Vorarbeiter und Schachtmeister eingesetzt. Die meisten Arbeiter waren »Notstands-Arbeiter«, welche zum großen Teil nicht mit Pickel und Schaufel umgehen konnten. Da hatten wir Vorarbeiter und Schachtmeister oft unsere liebe Not, diesen Leuten in der damaligen schlechten Inflationszeit die ihnen ungewohnten Arbeiten beizubringen. Es waren da an die 30 000 Mann beschäftigt, die ihrer Arbeit und den Vorgesetzten gegenüber sehr kritisch eingestellt waren.

Als sie ihren Lohn für die vergangene Woche erhielten, war das Geld schon nichts mehr wert. Ein Beispiel soll der Anzug darstellen, den ich mir im Herbst 1922 für 4800 Mark gekauft hatte. Im Frühjahr 1923 kostete der gleiche Salz und Pfeffer-Anzug schon 225 000 Mark. Ähnlich war es auch mit den Lebensmitteln. Kein Wunder, daß da die Arbeiter kritisch wurden und der kommunistischen Propaganda folgten. Sie zogen im Demonstrationszug zum Rathaus und wurden auf dem Weg dorthin von den Polizisten Adenauers mit flachen Säbelhieben und Gummiknüppeln niedergeschlagen und auseinandergetrieben.

Ich bin da nie mitgegangen. Dafür wurde ich von so einem Agitator namens Overzier, der auf meiner Baustelle die Leute aufhetzte, als Stehkragen-Proletarier bezeichnet. Es stand da auch ein städtischer Beamter, welcher unsere Arbeiter beaufsichtigen mußte, neben mir. Er war natürlich auch empört über die unverschämte Bemerkung des Genossen Overzier. Meine zwei Freunde aus Ohlstadt sind beide mit den anderen zum Rathaus mitgegangen und haben mir später von den empfangenen Säbel- und Knüppelhieben erzählt. Gummiknüppelhiebe habe ich gelegentlich auch von der richtigen Polizei, aber bei anderer Gelegenheit bekommen, dazu später.

Ich muß feststellen, daß ich all die Jahre bei meinen Arbeitern in der Kolonne und den Freunden ziemlich beliebt war als Schachtmeister Hans Sauer. Später, als Einschaler im Kanalbau, dies nur nebenbei, gab es schon hie und da mal den einen oder anderen Aufsässigen unter meinen Arbeitern, aber ich bin damit immer fertig geworden. Mancher Kölner hat halt nicht gerne von einem »Kraat« oder dem »Bümogg«, wie er Fremde gerne zu nennen pflegt, Anordnungen entgegengenommen.

Auf der Baustelle stand ein altes Gebäude, das eingeebnet werden mußte. Zu dem Zweck mußte es gesprengt werden. Der Schwager von meinem Chef Carl Altenberg, Herr Simon, war Ingenieur, und ich mußte mit meinen Leuten die kleine elektrische Sprengung vorbereiten und durchführen. Es waren zu dem Schauspiel einige Herren der Stadt von Herrn Simon geladen worden. Ich hatte damals schon einige Erfahrung mit Sprengungen, und alles klappte ausgezeichnet. Es wurde auch später in meinem Zeugnis bestätigt, daß ich mit Sprengungen gut vertraut war.

Um den Bericht kurz zu machen – in einem knappen halben Jahr war die Baustelle fertig, und ich kam zu einem anderen Unternehmen, der Weltfirma »Polentzky und Zöllerer«. Die baute die sogenannte »Gürtelbahn« um Köln herum, welche das spätere Industriegelände bei Niehl mit dem Güterbahnhof Gercon verbinden sollte. Ich war da mit einer Kolonne von 25 bis 30 Mann eingesetzt als Schachtmeister. Zum Materialtransport – meistens Erde von Hand geladen – wurde eine kleine Bahn mit 70er Spur eingesetzt. Ich hatte den Ladeschacht (Einschnitt für die spätere Bahn) und die Kippe zu führen. Da passierte auch ein Unfall beim Laden einer fünf Viertel Kubikmeter-Lore. Bei dem sandigen Material hatten die Arbeiter zuviel unterminiert, und es brach ein gutes Stück ein, da es schon leicht gefroren hatte. Dabei hat es dem Zimmer Willi, einem alten Bekannten aus meiner Kolonne 1922 im Fort XI in Mühlheim, den Fuß überm Knöchel abgedrückt.

Ich sagte schon was von der damaligen Geldentwertung. Auf die vielen Beschwerden der Arbeiter hin bekamen wir nun alle zwei Tage Lohn, um die Inflation einigermaßen abzufangen. Ich entsinne mich, einmal bekam ich meinen Wochenlohn von drei Millionen in 1000-Mark Scheinen ausbezahlt. Ich mußte das Geld, drei Bündel mit je tausend Scheinen in der Aktentasche heimtragen. Was heißt heim – ich hatte damals kein Heim, was man so nennen könnte, sondern habe als möblierter Zimmerherr allein oder mit einem Kameraden zusammen bei Familien in verschiedenen Stadtteilen von Köln gewohnt.

Das Essen ist in einem sogenannten Henkelmann* von den meisten Arbeitern zur Baustelle mitgebracht worden. Von einem »Kaffee-Jungen«, der von der jeweiligen Firma bezahlt auf jeder Baustelle vorhanden war, wurde dann das Essen in den sogenannten Henkelwärmern im Wasserbad aufgewärmt.

Er mußte auch zur Kaffeepause das mitgebrachte Kaffeemehl in der Email- oder Blechkanne, die jeder in der Bauhütte hatte, aufbrühen, die Baubude saubermachen und kleine Botengänge machen. Bier gab es auf den Baustellen nicht immer, weil sie oft zu weit von einem Ort entfernt lagen.

Im Spätherbst 1923, als die Arbeit an der Baustelle Gürtelbahn zwischen Köln-Mersheim und Niehl schon zu Ende ging, habe ich unbezahlten Urlaub genommen, um mal wieder nach drei Jahren in die Heimat zu fahren, denn die Sehnsucht nach den heimatlichen Bergen war groß geworden. Inzwischen war die Inflation schon bei einer Milliarde angelangt, und ich hatte als Schachtmeister ja gut verdient und ungefähr drei Milliarden Mark in der Tasche.

Hier in der Heimat in Oberau, da kannten die meisten Leute noch keinen Milliardenschein, also war ich da ein halber Krösus. Allerdings mußte mein Aufenthalt, der nur knappe 14 Tage dauerte, geheim bleiben, denn erstens hieß ich ja Hans Sauer und zweitens wurde der Roith Sepp, der ich in Wirklichkeit war, immer noch von der Polizei gesucht wegen der zehn Monate Gefängnisstrafe, die das Volksgericht verhängt hatte. Auf der Baustelle in Köln wußten nur eingeweihte Kameraden meinen Aufenthalt und meinen richtigen Namen. Wie ich einige Jahre nach meiner Verhaftung erfuhr, war ich nur im bayerischen Fahndungsblatt ausgeschrieben, in Köln war ich offiziell als der Schachtmeister Sauer gemeldet und der Roith Sepp unbekannt.

Ich werde versuchen, meine Erinnerungen noch diesen kommenden Winter zu Ende zu bringen, denn meine geistigen Fähigkeiten lassen nach dem viermonatigen Krankenhausaufenthalt in Bad Tölz, den ich wegen meiner Ischiasbeschwerden hinter mir habe, nach.

Nun wieder zurück an die Baustelle Gürtelbahn oder besser gesagt Umgehungsbahn zwischen Köln-Mersheim und Niehler Hafen. Im Spätherbst und Winter 1923 auf 1924 ging die Arbeit zu Ende und die Inflation immer weiter. Um den enormen Geldbedarf für Löhne und andere Kosten zu decken, ließ auch die Stadt Köln Geld drucken. Man bekam inzwischen schon Billionenscheine, bis endlich am 1. Januar 1924 die neue R-Mark, die Renten- oder Roggenmark, weil als Deckung die Roggenernte verpfändet war, aufkam.

Man muß bedenken, über Nacht sind aus 1 000 000 000 000 Mark eine einzige Mark geworden. Als Zahlungsmittel, welch eine Umstellung!

Als die Arbeit bei der Firma Polensky zu Ende war, bin ich durch einen früheren Bekannten als Vorarbeiter zur Firma »Westdeutsche Bau-Union« gekommen, die den Stadtwald bei Müngersdorf erweiterte. Wir waren so ungefähr sechs bis acht Vorarbeiter, und jeder hatte 20 bis 25 Mann zu beaufsichtigen. Es wurde da ein großer Weiher von ungefähr 65 000 Quadratmetern in den neuen Stadtwald eingebaut. Dabei waren um die 2500 Mann beschäftigt. Das anfallende Material, ungefähr eine viertel Million Kubikmeter, wurde gleich nebenan zu einem künstlichen Hügel, später Adenauer-Hügel genannt, mit einer Kleinbahn, 75er Spur, aufgefahren.

Als die entstandene Vertiefung mit Wasser gefüllt wurde, stellte sich heraus, daß der Weiher das Wasser nicht hielt und es versackte. Was tun? Man kam auf den Gedanken, den ganzen Weiher mit einer Tonschicht zu versehen, damit er das Wasser, immerhin eineinhalb Meter tief, auch festhält. In den Braunkohlegebieten mußte ja, um an die Kohle zu kommen, oft neben der Erde eine zwei bis fünf Meter dicke Tonschicht abgebaggert werden. Dieser Ton wurde nun in großen Brocken in Eisenbahnwaggons verladen und nach Lindenthal transportiert, hier auf die besagte 75er Kleinbahn umgeladen und in den zukünftigen Weiher gefahren.

Damit der Ton bei der Sommerhitze nicht austrocknete, mußte er ständig mit Wasserschläuchen feucht gehalten werden. Der Ton wurde in Würfeln von 20 bis 25 Zentimeter Kantenlänge in der Weihersohle aneinandergefügt und mit Holzschlegeln festgeklopft. Nach Fertigstellung des Weihers stellte sich dann bei einer Probefüllung heraus, daß das Wasser jetzt hielt. Das gleiche geschah auch am Aachener Tor, wo im

Zuge des Grüngürtelbaues ebenfalls ein künstlicher Weiher von 40 000 Quadratmeter entstand. Um diese große Fläche in kurzer Zeit mit Tonwürfeln einzuschlagen, waren ebensoviele Leute nötig.

Die Gleiskolonne mußte ich übernehmen, weil ich ja schon von der Oberpfalz und von Mitteldeutschland her viel Erfahrung im Gleislegen und im Unterhalt von Kleinbahnen hatte. Mein Mädchen, welches immer noch bei ihrer Schwester in Mühlheim wohnte, brachte mir mit der Straßenbahn jeden Mittag das Essen in die Bauhütte. Es war dies kein kurzer Weg mit der Straßenbahn durch Köln, aber sie war immer schon eine gute Köchin, und ich habe mich in dieser Beziehung von ihr verwöhnen lassen, obwohl wir nicht verlobt waren. Eine gute Bindung muß auch ohne Verlobung halten, meinten wir.

Ich verdiente gut, das Geld war ja inzwischen stabil. Zusätzlich haben der Oberschachtmeister und ich jeder ein Lohnbuch geführt. Da konnten leicht jede Woche ein oder zwei Mann, welche in Wirklichkeit nicht gearbeitet hatten, aufgeführt werden. Das Geld hierfür haben wir uns geteilt und so eine zusätzliche Einnahme gehabt. Moralische Bedenken hatte ich damals keine deswegen, Hauptsache, die Kasse stimmte. Geld konnte man ja immer brauchen nach der Inflation, die ja hauptsächlich uns Arbeitern am meisten geschadet hat, weil wir für den Lohn unserer Arbeit kaum das Nötigste kaufen konnten.

Kurz und gut, es wurde Winter, und die Arbeit ging zu Ende. Der Weiher hielt, die kleinen Stellen, wo er undicht war, konnte man am Sog erkennen und leicht ausbessern.

ALS KANALBAUER IN KÖLN

Ich mochte nun weder einen Vorarbeiter noch einen Schachtmeister machen und habe mich auf Einschaler und Verbauer im Kanalbau eingestellt, obwohl ich bis dahin noch keinen Kanal von innen gesehen hatte. Die Gründe für diesen Entschluß waren folgende: Erstens wollte ich als Vorarbeiter oder

Schachtmeister keine Leute mehr anschreien und schikanieren. Zweitens wollte ich wieder selbständig für mich arbeiten im Akkord, weil man da mehr verdiente und in Ruhe gelassen wurde, wenn man seine Arbeit korrekt und eigenverantwortlich machte. Daß ich das konnte, wußte ich.

Meine erste Kanalarbeit bekam ich bei der Firma Peter Bauwens und Söhne, die ich ja schon von Ludwigswinkel her im Jahre 1922 kannte.

Es wurde da vom damaligen Truppenübungs- und Schießplatz (heute ist da der Flugplatz Wahn) ein fünf Kilometer langer Kanal bis zum Rhein gebaut in zwei Losen. Alle zwei Lose führte die Firma Bauwens gleichzeitig aus, denn es gab damals in Köln außer ihr noch keine spezielle Kanalbaufirma, denn da war es mit der Kanalisation noch schlecht bestellt. Ich fing also als Verbauer am Kanal in Wahn an.

Selbstverständlich hatte ich auch meine zwei Ohlstädter Kameraden, den Lenz und den Mentl (er lebt heute noch in Porz, der Lenz ist schon längere Zeit gestorben), auf die Baustelle mitgebracht. Der Kanal bekam das birnenförmig auf die Spitze gestellte Profil von zwei Meter Höhe und ein Meter fünfundsechzig Weite Innenmaß. Der beim Aushub anfallende Kies wurde gleich an Ort und Stelle als Betonkies für die Kanalröhre verwendet mit einer Wandstärke von 30, an der Sohle sogar von 50 Zentimeter. Da das Gelände uneben war, mußte bis zu zehn Meter tief ausgehoben werden in einer größeren Breite.

Ich mußte mit einem Helfer die Schalungsbögen aus U-Eisen setzten und mit der 30 mm starke Schalung umkleiden. Drei Tage nach dem Betonieren wurde wieder ausgeschalt, und die Bögen weiter vorne im Graben weiterverwendet. Hilfsarbeiter, Betonierer, Kanalmaurer, die mit säure- und feuerfestem Klinker die Sohle ausmauerten, und Einschaler waren mit dem zweieinhalb Kilometer langen Kanal in einem halben Jahr fertig.

Wir schafften, da ja alles im Akkord ging, an manchen Tagen 24 bis 30 Meter Kanal. Ich und mein Helfer kamen da in der Woche auf einen Lohn von 120 bis 160 Reichsmark bei vielleicht 48 Stunden und etlichen Überstunden.

Meine Kameraden aus Ohlstadt gingen mit 80 bis 90 Reichsmark heim, und die Kanalmaurer und Verputzer verdienten im Akkord auch 200 bis 300 Mark pro Woche. Das waren ganz respektable Löhne für die damalige Zeit. Dies hielt aber nicht allzulange an, weil die Akkordsätze gesenkt wurden, und später gab´s überhaupt nur mehr Stundenlohn. Der betrug für mich im Jahre 1927 eine Reichsmark sechsundzwanzig.

Ich wohnte im Jahr 1925 bei einem Einschaler-Kollegen, welcher in der gleichen Kolonne wie ich arbeitete, in seiner Wohnung in Sülz, Geroldsteiner Straße. Ich lebte dort im zweiten Stock mit meinem Mädchen zusammen in einem möblierten Zimmer für 40 Reichsmark monatlich. Die gesamte Wohnung kostete den Hartmann nur etwas über 30 Reichsmark.

Als die Besitzerin des dreistöckigen Hauses erfuhr, daß der Hartmann für die Untermiete mehr bekam, als er für die ganze Wohnung bezahlen mußte und daß wir nicht miteinander verheiratet waren, zeigte sie aus Neid die Hartmanns wegen Kuppelei an. Wir mußten auf die Polizeiwache kommen und wurden dort einzeln befragt, ob wir miteinander schliefen. Wir haben übereinstimmend verneint und behauptet, einer von uns schlafe in Hartmanns Wohnung auf dem Sofa. Eines Morgens kam die Kriminalpolizei kontrollieren. Ich war gerade im Zimmer ins Bett geschlüpft, und mein Mädchen war am Herd Feuer machen. Der Polizist sagte: »Ihr beide schlaft doch nicht zusammen in dem Bett?«

Wir verneinten das, ich sagte, ich sei gerade in Hartmanns Wohnung vom Sofa aufgestanden, weil die zwei Kinder schon auf sind. Damit war die Sache abgetan und die neidische Hausfrau abgewiesen.

Obwohl die Hartmanns für ihre Wohnung praktisch nichts zahlen mußten, hatte die Hausfrau nie Geld. Er war selten zu Hause, obwohl er eine nette Frau und zwei kleine Buben hatte. So ist es zwangsläufig gekommen, daß ich mich mit ihr befreundete. Aber ich muß gestehen, daß die Initiative von ihr ausging und ich mich nicht beherrschen konnte und es einige Male zu intimem Verkehr kam zwischen uns. Ob mein Mädchen etwas gemerkt hat davon, weiß ich nicht gewiß, aber da wir ja nicht verheiratet waren, ist es zwar nicht schön, aber zu verstehen gewesen. Ein Jahr später haben wir dann geheiratet, und es ist bis heute sowas nicht mehr vorgekommen.

Als die Arbeit am Kanal in Wahn zu Ende war, kam ich auf eine andere Baustelle nach Mühlheim zur Firma Kortlang und auch in eine andere Wohnung, aber alleine für mich, weil wir nicht mehr zusammen wohnen wollten. Es hatte Differenzen gegeben zwischen uns, wie es halt so vorkommt – aber besser vor der Ehe als nachher. Obwohl wir miteinander verstritten waren, kamen wir doch nicht voneinander los. Wir konnten ja auch nicht heiraten, weil ich immer noch der Sauer Hans war.

Hier muß ich auch noch erwähnen, daß wir vier Kameraden aus Ohlstadt uns dem Gebirgstrachten-Erhaltungsverein Edelweiß, Stamm Köln 07, schon 1927 angeschlossen hatten, um unsere heimatlichen Bräuche zu pflegen. Es waren Buben, Mädchen, Frauen und Männer aus ganz Bayern, also nicht bloß lauter Gebirgler in dem Verein Mitglieder. Unser Stammlokal war die ersten Jahre der »Rote Löwe« in der Levin Straße, in dem auch ein Kino untergebracht war. Alle Sonntage war da Vereinsabend. Es ging auch auswärts, wenn irgendwo ein Fest der Trachtler war. Der Zusammenhalt und die Vereinstätigkeit der Trachtler in der Ferne hat mir sehr gut getan. Ich war da erst als Hans Sauer eingetragen und nach meiner Verheiratung in Mühlheim als das Mitglied Roith Sepp. Als wir eine neue Fahne bekamen, wurde ich als Fähnrich auserkoren – welch eine Ehre für mich!

Auch in Oberau bin ich 1928 bei den Trachtlern Mitglied geworden und bis heute, 1972, geblieben.

Nun wieder zu meiner neuen Arbeitsstelle an der Kreuzung Clevischer Ring-Keupstraße. Es wurde da von der Firma Kortlang und Söhne, eigentlich eine Hochbau-Firma, ein sogenannter Dücker, das ist eine Kreuzung zweier großer Abwasserkanäle, tief in die Erde gebaut. Das Bauwerk war 14 Meter tief, 25 Meter lang und 8 Meter breit. An der Längsseite war nur ein paar Meter entfernt ein Häuserblock von vier Stockwerken. Ich erwähne dies nur deshalb, weil bei der Ver-

*Mitglieder-Hutzeichen des Kölner Volkstrachten-
vereins Edelweiß von 1927*

*Der Gebirgstrachten-Erhaltungsverein Edelweiß, Stamm Köln 07, war
in den 20er Jahren Heimat vieler »ausgewanderter« Oberbayern*

bauung, also beim Abstreben bis 14 Meter Tiefe mit größter Vorsicht vorgegangen werden mußte, denn das ausgehobene Material war lauer Kies, teilweise sogar Rollkies. Es bestand höchste Einsturzgefahr. Es wurden sogar von den anstoßenden Häuserblocks Fotos gemacht, um eventuelle Risse festzustellen, aber nichts passierte während der halbjährigen Bauzeit. 500 Kubikmeter Beton wurden für die sich kreuzenden Kanalprofile verarbeitet.

Ab elf Meter Tiefe kam Grundwasser, somit mußte drei Meter tief das Grundwasser ständig herausgepumpt werden. Diese Arbeit war sehr lehrreich und interessant. Um nach Plan arbeiten zu können, hatte ich eine große Hilfe im städtischen Ingenieur, denn sowohl unser Bauführer als auch der Schachtmeister hatten wenig Ahnung vom Kanalbau. Waren Materialanforderungen beim alten Kortlang zu machen, so haben sie immer mich geschickt, und ich habe sie auch immer durchgesetzt. Ich habe einfach gesagt, wenn ich das geforderte Material nicht bekäme, könne ich keine Verantwortung für die Folgen übernehmen. Der Ingenieur hat mir auch leicht verständliche Zeichnungen angefertigt. Die Schablonen für die Kanalmauer habe ich auf einer großen Bühne an der Baustelle selbst angefertigt nach diesen Zeichnungen.

Außer einem Toten gab es keinen nennenswerten Unfall, aber der war tragisch: Der Hilfsarbeiter stand gebückt am Schacht und redete mit seinem Maurer im Schacht. In der Zeit schwenkte der Kranführer einen großen Kübel voll Beton rüber und übersah den Helfer. Der Kübel schwenkte aus und stieß den Mann rückwärts in die Tiefe. Er schlug so unglücklich auf, daß er auf der Stelle tot war.

Ich kletterte sofort zu ihm ins Loch, inzwischen ließ der Kranführer eine Bahre herunter. Wir legten den toten Kumpel darauf, und ich ließ mich gleich mit hochziehen. Er wurde abgeholt, und die Arbeit ging gleich wieder weiter.

GEFÄNGNISZEIT
1926/1927

DOCH NOCH GEFAßT

Inzwischen ist es Februar 1926 geworden. Unsere Arbeit ging in den wichtigsten Teilen zu Ende, und ich äußerte beim Bauführer den Wunsch, daß ich meine Papiere haben wolle, um zu einem Urlaub in die Heimat fahren zu können. Er gab sie mir nicht leicht heraus, weil er mich gerne behalten wollte. Somit fuhr ich Ende Februar 1926 nach drei Jahren wieder mal nach Hause, denn die Sehnsucht nach den Bergen ist halt immer in mir geblieben. Ich ließ mich durch meine Logie-Frau auf dem Polizeirevier als Hans Sauer abmelden.

In Ohlstadt angekommen, ging ich gleich zum Bürgermeister, der mich ja von früher her persönlich noch kannte, um mich polizeilich anzumelden. Er fragte mich wohl nach den Abmeldepapieren. Ich sagte: »Herrschaftszeiten, die habe ich nicht dabei!«

Ich konnte ihm doch nicht die Papiere des Sauer Hans zeigen! In Ohlstadt wußte ja niemand, daß ich schon sechs Jahre lang diesen Namen trug. Ich erfuhr, daß mich die Polizei immer noch als Roith Sepp suchte und mußte überall heimlich hin.

Dabei fällt mir ein erheiterndes Erlebnis mit meinem Bruder Wastl ein. Mein Schwager Quirin und ich gingen auf die Suche nach ihm. Im Gasthaus »Untermberg« haben wir ihn gefunden und setzten uns an einen anderen Tisch. Er war mit einigen Kameraden beim Watten. Als sie mich, einen vermeintlich Fremden, da sitzen sahen, luden sie mich zu einem Schafkopf ein. Sie wollten mich dabei ausnehmen.

Mein Bruder erkannte mich nicht, weil ich einen Vollbart trug. Er redete mich während des Spiels immer mit Sie an. Da fing mein Schwager mit meinem Bruder ein Gespräch an über mich. Ich sei wieder in Ohlstadt bei meinen Weibern und ich hätte angeblich einen Vollbart. Auf einmal ging dem Wastl ein Licht auf. Mit den Worten: »Oder bist es du?« erkannte er mich, und es war eine große Gaudi.

Währenddessen hatte ich mir durch meinen Vater, der inzwischen in Weilheim ein kleines »Sachl« hatte, die Heimatpapiere aus der Oberpfalz besorgen lassen – Geburtsurkunde und Heimatschein. Damit ging ich wieder zum Ohlstädter Bürgermeister, um mich abzumelden. Er fragte mich: »Wohin abmelden?« Ich sagte darauf: »Ich weiß noch nicht, wohin es mich zieht. Bis jetzt war ich in Köln.«

Das war ein dummer und folgenreicher Fehler. Er schrieb ahnungslos »abgemeldet nach Köln« in die Einwohnermeldeliste, und ich fuhr ab nach Köln, wieder in mein altes Quartier. Ich ließ mich durch die Wirtin wieder anmelden und ging wieder zu meiner alten Baustelle am Clevischen Ring. Der Bauführer war froh, daß ich wieder da war. Zu meinem neuen Namen Roith sagte er nur: »Wenn das nur gut geht!«

Auch die Arbeitskollegen staunten ein wenig, daß ich jetzt anders hieß, gewöhnten sich aber bald daran, denn ich war bei allen beliebt. Nur bei der Polizei hatte ich Pech. Als die beim Bürgermeister die Einwohnermeldelisten durchsahen, hieß es da, der Roith Sepp, den sie schon so lange suchten, hat sich nach Köln abgemeldet. Da wurde nachgeforscht, und tatsächlich war da in Mühlheim ein Roith Sepp gemeldet.

Eines Tages, so ungefähr drei Wochen nach meiner Rückkehr, kam ich abends von der Arbeit in mein Quartier in der Deutz-Mühlheimer Straße, und meine Zimmerherrin sagte mir, ein paar Herren vom Finanzamt seien hier gewesen und hätten nach mir gefragt. Sie kämen später wieder. Gleich darauf waren die beiden wieder da und wiesen sich als Kriminaler aus. Sie sagten, von der Polizei Eschenlohe werde ich gesucht, weil ich noch acht Monate abzusitzen hätte. Obwohl ich sagte, ich käme ja grad von daheim, nahmen sie mich mit aufs Polizeirevier in der Danzier-Straße, um die Angelegenheit zu klären. Ich sagte, die Strafe vom Volksgericht von 1920 sei schon verjährt, sie haben mich aber nicht mehr losgelassen. Ich wollte auch endlich die Angelegenheit geklärt und hinter mich gebracht haben. Mit dem »Zeiserlwagen«* wurde ich zum Polizeipräsidium am Weidenbach in Köln gebracht und eine Nacht dort behalten.

Bis zum Morgen war schon aus München die Anweisung da, ich sei schon der Richtige, und ich habe auch die acht Monate Gefängnis noch nicht abgebüßt. Ich wurde dann für ein paar Tage in Klingelpütz einquartiert. Zum ersten Mal in meinem Leben war ich in einer engen Zelle von sechs Quadratmetern Grundfläche, und ich wußte nicht wofür, weil ich ja den Widerstand, für den ich verurteilt worden war, gar nicht geleistet hatte. Nur damit ich keine Berufung einlegen konnte und die Jäger keine Entschädigung zahlen mußten, war die Sache vor dem Volksgerichtshof verhandelt worden. Heute, wo ich dies, 76 Jahre alt, aus dem Gedächtnis niederschreibe, schäme ich mich, daß dies in meinem lieben bayerischen Vaterland passieren konnte.

Den ganzen Tag drei Meter vor und zurück und dabei leise geweint. Tagsüber knapp eine Stunde spazieren im dunklen Hof, wo in einer Ecke hinter einem Verschlag die Guillotine aufgebaut war. In den paar Tagen, in denen ich in Klingelpütz eingesperrt war, ist einer um sechs Uhr in der Früh hingerichtet worden. Welch ein erbauendes Gefühl für uns anderen, als für den armen Teufel das Arme-Sünder-Glöckchen ertönte, damit es alle wissen, jetzt kommt einer dran. Auch meine damalige Braut, welche mich besuchen und mir etwas bringen wollte, aber nicht vorgelassen wurde, kann sich noch an die Exekution erinnern.

Die Wärter waren gut und nett zu mir als sie hörten, weswegen ich sitze, und ich bekam sogar einen doppelten Schlag Erbsen mit Speck. Heimlich, still und leise, ohne daß ich mein Mädchen informieren konnte, wurde ich abtransportiert nach Düsseldorf und von dort nach Hagen in Westfalen für etliche Tage. Dort plärrte so ein Depp Tag und Nacht die Internationale – sehr erbauend für uns anderen Häftlinge.

Nach ein paar Tagen führte uns fünf oder sechs Gefangene ein einziger Kriminaler ganz unauffällig, ohne Fesseln, durch die Stadt zum Bahnhof. Kein Passant merkte, daß wir Häftlinge waren. Im Sonderwaggon, der an den Zug angehängt war, transportierte er uns nach Frankfurt für eine Nacht ins Polizeigefängnis. Am nächsten Tag ging´s nach Aschaffenburg, nach Bayern, weil ein Straftäter zur Strafverbüßung immer in das Land gebracht wird, in dem er die Tat begangen hat und abgeurteilt wurde. Dort merkten wir gleich, daß wir in einem anderen Land waren. Unser Wagen wurde auf ein Seitengleis rangiert, und beim Umsteigen in einen bereitstehenden »Zeiserlwagen« wurden wir durch zwei Reihen Polizisten beschützt – was weiß ich, wofür dieses Aufgebot. Aber es kommt noch besser.

Nach einer Nacht im Polizeigefängnis Aschaffenburg ging´s am nächsten Tag nach Würzburg. Aber vorher will ich noch eine lustige Begebenheit von Frankfurt schildern: Ich war im »Zeiserlwagen« durch einen sogenannten Achter mit einem Frankfurter Kellner zusammengeschlossen. (Der Achter ist ein Paar Handschellen!) Der Kellner war ein ehemaliger Fremdenlegionär und hatte ganz schmale Hände. »Paß auf!« sagte er zu mir, »jetzt schmieren wir die Kriminaler aus!«

Dann ist er neben mir hergegangen und mit seiner schmalen Hand herausgeschlüpft. Als der Kriminaler uns nach dem Betreten des Transportwagens aufschließen wollte, war der ganz verblüfft und fragte: »Ja hab ich sie denn gar nicht angeschlossen?« Aber das nur nebenbei.

Als der Transport am Nachmittag in Nürnberg ankam, stand wieder ein Haufen Polizisten bereit. Wir waren ungefähr 18 Personen, auch eine Frau war dabei. Wir wurden zwei und zwei zusammengefesselt und links und rechts von einem guten Dutzend Polizei flankiert wie Schwerverbrecher durch die ganze Stadt geführt, um auf der Burg für eine Nacht Quartier zu nehmen. Am nächsten Tag wieder zurück zum Bahnhof und weiter nach Nürnberg. Da haben sie mich nachts im »Zeiserlwagen« ins Zellengefängnis zu meinem zehnmonatigen Aufenthalt transportiert.

Im Zellengefängnis Nürnberg

Aus ursprünglich acht Monaten wurden nämlich im Laufe des nächsten Monats zehn Monate. Bei der bayerischen Justiz war damals alles möglich, aber davon später. Der Transport von Köln nach Nürnberg hat nicht weniger als neun Tage gedauert. Der Frankfurter Kellner und ich kamen noch in der Nacht in einem Polizeiwagen in das Zellengefängnis. Es ist dies ein Einzelzellen-Gefängnis, damals berüchtigt als strenges Gefängnis zur Abschreckung für Ersttäter mit einer Strafe von vier Monaten bis 15 Jahren.

Also, nachts kamen wir in eine sogenannte Aufnahmezelle und wurden erst am Tag darauf in einzelne Zellen verteilt. Ich kam, weil ich ja »fluchtverdächtig« war, in den Block zwei für Innenarbeit auf Zelle 251.

Das ganze Gefängnis ist sternförmig in fünf Blocks ausgeführt, davon vier für ungefähr 400 Gefangene in Einzelzellen. Erstmals ging's in den Keller. Da war ein großer Raum als Kammer eingerichtet mit einem Aufseher und ein paar Gefangenen als Helfer. Man mußte sich die Zivilklamotten ausziehen, auf einen Haufen am Boden legen und drei Schritte davon wegtreten. Dann wurde man nackt von den Aufsehern gründlich durchsucht. Von den Haaren angefangen über Ohren, Nase, Mund, After, Geschlechtsteile, Finger bis zu den Zehen wurde kein Fleckchen übersehen. Anschließend durfte man, wieder drei Schritte weiter, von einem Haufen die Gefängnisklamotten in Empfang nehmen und anziehen – sie waren jetzt für längere Zeit meine einzigen Kleidungsstücke.

Dann stand ich in meiner Zelle 251 und schaute erst einmal dumm. Schon nach kurzer Zeit kam der Aufseher zu mir in die Zelle und stauchte mich mit den Worten zusammen, ich solle erst mal meinen Saustall aufräumen. Ich getraute mich zu verteidigen, ich habe den Saustall doch gar nicht gemacht, sondern so vorgefunden bei meinem Einzug. Er drauf, ich solle ja nicht frech werden, man habe noch jeden kleingekriegt und werde auch mich kleinkriegen. Er sei schon 23 Jahre hier im Hause. Darauf fragte ich ihn, wieweit er es denn in der Zeit schon gebracht habe, da könne er sich ja was einbilden. Da wurde er ganz wütend und schrie, man werde mir meine Frechheit schon austreiben. Man hat dies aber in den nächsten zehn Monaten nicht fertiggebracht. Ich bin der Meinung, daß sie froh waren, als sie mich danach losgeworden sind.

Ich mußte diese Zeit bis auf den letzten Tag absitzen, obwohl ein Teil davon schon verjährt war und außerdem die Bewährung, die ich 1920 bekommen hatte, zu Unrecht und erst nach der abgelaufenen Bewährungsfrist am 1. Dezember 1924 aufgehoben wurde. Aber dies alles erfuhr ich erst im Laufe der folgenden Monate auf Grund meiner vielen Einsprüche und Beschwerden. Erst nach und nach kam ich als Laie dahinter, mit welchen Schuftereien die bayerische Justiz damals gearbeitet hat, um mir beizubringen, daß ich zu kuschen habe, wenn es um die Autorität der Behörden geht, in deren Maschen ich mich damals als ahnungsloser Bürger verfangen hatte.

Ich habe im Laufe der nächsten Monate alles mögliche angestellt, um in meiner Angelegenheit nochmals vor Gericht zu kommen und den ganzen Justizschwindel aufdecken zu können. Im Laufe der Zeit bekam ich vom Gericht in München zugestellt, daß meine Bewährungsfrist von vier Monaten bis zum 31. Dezember 1924, am 25. März 1925 widerrufen worden war, weil ich mich zur Bestrafung von damals vier Monaten nicht gestellt hatte.

Als Fluchtverdächtiger bin ich von der Außenarbeit ausgeschlossen worden. Ich bekam jeden Morgen einen großen Sack voll mit Papierabfällen aus einer Nürnberger Schokoladenfabrik in die Zelle geschüttet. Den ganzen Tag lang mußte ich die Staniolabfälle von den anderen Papierabfällen aussortieren – und das zwei Monate lang. Dabei wurde ich durch das Guckloch in der Tür auch noch beobachtet, ob ich auch arbeitete. Für diese stumpfsinnige Arbeit gab es am Tag acht Pfennig Entlohnung.

Andere Innenarbeiter mußten alte Tornister aus dem Krieg mit Kalbfell-Rückenteil zertrennen – das war erst eine staubige Arbeit! Andere wiederum mußten den ganzen Tag Blechnäpfe stanzen, wieder andere bekamen einen Sack voll Blechteile aus einer Nürnberger Spielwarenfabrik in die Zelle geschüttet und mußten die halbierten Blechteile zu den bekannten Nürnberger Spielwaren zusammenfügen für acht Pfennig am Tag, also für die Gefängnisverwaltung ein lukratives Geschäft. Bei circa 400 Häftlingen mußte ja doch ein Gewinn für die »Gefängnis-AG« mit seinen 100 Beamten erarbeitet werden, anders kann man die Ausbeuterei wohl nicht nennen.

Von all diesen Dingen erfuhr ich, solange ich in der Zelle arbeiten mußte, wenig, denn in der knappen Stunde Spaziergang jeden Tag im Hof bekam man nichts mit, weil man nicht mit den anderen Häftlingen sprechen, sondern im Abstand von zwei bis drei Meter im Hof rundgehen mußte, natürlich unter Aufsicht von einem oder zwei Wärtern. Auch auf dem Gang von und zu der Zelle durfte nicht gesprochen werden.

Der erste Chef war der Oberregierungsrat Kahl, ein früherer Staatsanwalt, mein besonderer Freund und Gönner im negativen Sinne. Sein Stellvertreter war der Direktor Paulus, ein angenehmer Beamter. Dann war da der Medizinalrat Kurz, mit dem bin ich einmal zusammengerückt, und ein Lehrer, ein patenter Mensch. Dann gab es noch den katholischen Oberpfarrer Kosweier – mein »besonderer Freund«. Schließlich kommt noch der protestantische Oberpfarrer, ich glaube Hoffmann. Ich habe später mal seinen Garten gepflegt, aber darauf komme ich noch. Also, die sechs prominentesten Beamten wohnten in einem separaten Haus außerhalb der Gefängnismauern. Dann waren da noch ein paar Häuser für andere Gefängnisbeamte. Dies alles gehörte zum Komplex des Zellengefängnisses Nürnberg, Zellenstraße 6, an der Straße Nürnberg-Fürth.

Alle Beamten hatten außer ihrem Gehalt noch eine besondere Vergünstigung, wie man bald sehen wird. Das Gefängnisareal war mit einer sechs Meter hohen und mit echtem Wein bewachsenen Mauer mit einem Laufgang umgeben. Darin lag ein Gartengelände mit Blumengarten, Frühbeet-Anlage, Bienenhaus, Erdbeer- und Spargelkulturen, vielen Obstbäumen und Gemüseanlagen. Das ganze Gelände hatte nach meiner Schätzung vier bis fünf Tagwerke innerhalb der Mauern. Außerhalb war da noch ein Komplex von einigen Hektar für Gemüse und etwas Kartoffelanbau mit vielen großen Obstbäumen dazwischen. Das ganze eingezäunt und gegen Sicht von außen mit einer Hecke abgeschirmt. Bis zur Pegnitz, welche da vorbeiläuft, reichte eine Wiese, welche das Futter für die beiden Gefängniskühe lieferte. Dem Kuhstall war ein Saustall mit ungefähr zehn bis zwölf Mastschweinen angegliedert. Auch eine Zuchtsau war vorhanden.

Fast das ganze Gemüse, das für die 400 Häftlinge gebraucht wurde, erntete man täglich im Eigenbau unter Aufsicht von einem Werkführer mit Namen Bickel und ein paar Wachtmeistern. Ich weiß das deshalb so genau, weil ich nach zwei Monaten Innenarbeit, wenn man die beschriebene stumpfsinnige Beschäftigung Arbeit nennen darf, endlich raus durfte. Der Chef wollte mich erst nicht rauslassen, er hielt mir immer meine Flucht von damals unter die Nase und meinte, ich könnte bei Außenarbeiten wieder abhauen. Erst auf meine wiederholten Bittrapporte hin hat er mich den Gärtnern zugeteilt, aber innerhalb der Mauern.

Gelernte Gärtner waren nur ein paar unter den Häftlingen, und die waren im Blumengarten und bei den Frühbeeten eingesetzt. Wir anderen, etwa 20 Mann innerhalb und noch ein paar Dutzend bei den sogenannten Feldarbeiten außerhalb der Mauer, hatten meist die gleiche Beschäftigung: Umgraben oder im Hof für die Küche Gemüse putzen. Es wurden jeden Tag an die zwei Zentner Kartoffeln gebraucht. Die mußte den ganzen Tag lang eine Partie älterer Häftlinge schälen.

Zwei Mann arbeiteten als Stallschweizer und zwei Mann im Schweinestall. Man muß aber nicht denken, daß wir Gefangene von dem Fleisch der Tiere, die geschlachtet wurden, viel gesehen haben. An den Festtagen wie Ostern, Kirchweih und Weihnachten wurden drei Dreizentnersäue geschlachtet. Da bekamen wir Häftlinge ein zweifingerbreites Stück davon zu sehen mit Sauerkraut. Das übrige Fleisch wurde an die Herren Beamten zum Selbstkostenpreis verkauft. Einen Teil hat man geräuchert und verwurstet – auch wieder für die Herren. Wir bekamen höchstens ein bescheidenes Bröckerl zum Abendbrot. Zweimal in der Woche, donnerstags und sonntags, gönnte man uns ein kleines Stückerl Fleischwurst. Sonst gab es Eintopf zu Mittag, am Morgen Suppe, außer am Sonntag, da

gab es Kaffee. Täglich hatte jeder ein Pfund Brot, wir Außenarbeiter hatten noch ein drittel Pfund Zulage. Abends entweder Kartoffelsalat und etwas Wurst oder Käse oder eine Suppe.
Zum Trinken bekamen wir Tee.

Wie gesagt, die guten Sachen waren für die Beamten reser-
viert. Brauchte einer ein Blumenbukett oder ein Möbelstück
oder einen Anzug oder einen Wagen voll gemachtem Brennholz, oder er hatte Lust auf Kirschen, Erdbeeren, Spargel oder
Gurken und so weiter, er brauchte nur am Tor in seinem Korb
einen Zettel hinterlegen, und am Abend, wenn er vom Dienst
heimging, waren die Sachen da.

Was die an Schlachttagen Fleisch, Wurst und Geräuchertes
weggeschleppt haben für billiges Geld! Im Herbst, wenn Sau-
erkraut-Einmachzeit war, hat jeder Aufseher, wenn er Bedarf
hatte, sein Fäßchen oder Kübel mit Zettel am Häuschen am
Tor abgelegt. Darauf stand, wieviel einer brauchte. Wir waren
wochenlang damit beschäftigt, unser eigenes Kraut, das mit
dem gefängniseigenen Lastwagen von einer Außenstelle des
Gefängnisses geholt wurde, zu hobeln und für den Krautkeller
einzustampfen.

Ich hatte die ehrenvolle Aufgabe, das Kraut einzustampfen
und zu salzen, auch das für die Beamten in ihren Behältern.
Ich bekam vom Werkführer Bickel so einen ausrangierten Essenstopf, der zwei Pfund Salz fasste, ausgehändigt und mußte
pro Zentner gehobeltes Kraut ungefähr ein Pfund Salz verwenden. Ich brauchte da nur salzen. Hobeln und einstampfen
besorgten andere. Da ist es schon vorgekommen, daß einem
Aufseher, der sich irgendwie unbeliebt bei den Häftlingen gemacht hatte, sein Kraut versalzen eingestampft wurde. Das
merkte er natürlich erst, wenn er das Kraut essen wollte. Da
ich auch für unsere Küche salzen mußte, habe ich diese Aufgabe sehr gewissenhaft und streng nach Weisung erfüllt. Wenn
nun die zwei Pfund Salz im Topf alle waren, bin ich zum
Werkführer Bickel gegangen, um neues Salz zu holen.

Vielleicht war er da irgendwie schlecht gelaunt, jedenfalls
schnauzte er mich an, ich würde das Kraut versalzen, hauptsächlich das für seine Beamtenkollegen. Wir kamen zum
Streit, wenn man es zwischen Häftling und Oberaufseher so

212

nennen kann. Er warf mir vor seinen Mitarbeitern vor, daß denen das Kraut versalzen worden sei. Ich fühlte mich in meiner Ehre angegriffen und warf ihm vor den anderen Häftlingen den Topf vor die Füße mit den Worten: »Da müssen sie sich halt einen anderen suchen für diesen Vertrauensposten!« Dann ging ich einfach zu einer anderen Arbeitsgruppe im Hof. Vor den anderen Häftlingen war ihm sowas wohl noch nicht passiert. Erst stierte er eine Weile zu Boden, dann muß ihm wohl gedämmert haben, daß er zu weit gegangen war mit mir, jedenfalls führte er mich nicht ab wegen Arbeitsverweigerung.

Trotz dieser Blamage vor den anderen Gefangenen kam er wieder zu mir und sagte, ich solle wieder an meine Arbeit gehen. Da ich ihn als sonst korrekten Beamten gut leiden mochte, habe ich meine Tätigkeit als Salzer wieder aufgenommen und auch keine Beanstandung mehr gehabt, obwohl ich in diesem Herbst weit über 100 Zentner Kraut gesalzen habe. Ich hatte beim Bickel dann eine gute Nummer.

Durch den Bickel kam ich später doch noch zu einem Strafrapport. Einer von den zwei Stallschweizern sollte in den nächsten Tagen entlassen werden. Ich und ein paar Kameraden hatten Briefe vorbereitet, die er mit seinen Kollegen hinausschmuggeln sollte. Zu dem Zweck hat er das kleine Briefbündel mit hinausgenommen auf die Wiese an der Pegnitz, wo die beiden Schweizer unter Aufsicht des Bickel Gras holen sollten für die Kühe. Beim Mähen haben sie die Briefe im Gras versteckt, um sie nach der Entlassung zu holen und bei der Post aufzugeben. Aber beim Verstecken der Briefe hatte sie der Bickel beobachtet und die Briefe an sich genommen. Als die drei vom Grasholen durch die Gefängnistore zurückkamen, saß ich gerade auf einem der Weichselbäume und mußte die Weichseln* pflücken. Zu so einer Arbeit ohne Aufsicht schickte er immer mich alleine, weil er genau wußte, daß ich die wenigsten Kirschen oder Erdbeeren – da konnte er mich getrost unbeaufsichtigt lassen – essen würde.

Kurz und gut, als er unter dem Baum vorbeiging, konnte er es sich nicht verkneifen, zu mir heraufzurufen, ich solle nicht so viele Kirschen essen und auch welche in den Korb tun. Da war ich gleich wieder eingeschnappt und gab ihm eine spitzige Antwort. Er meinte drauf, ich solle nicht so frech sein, ich sei auch bei den Briefeschreibern dabei und zeigte mir dabei das gefundene Packerl Briefe. Ich werde schon sehen, wenn ich deswegen zum Strafrapport käme. Mir war dies Wurscht, aber für den Chef war's ein gefundenes Fressen, mich wieder mal fühlen zu lassen, wer der Herr im Hause ist. Ich hatte natürlich in dem Brief, der an meine Braut in Köln gerichtet war, nichts Gutes über das Gefängnis und seine Methoden geschrieben.

Die Briefe wurden zensiert. Ich durfte an sie nur alle vier Wochen einen Brief schreiben und einen empfangen, weil ich sie beim Antritt der Strafe als nächsten Angehörigen angegeben hatte, mit dem ich Verbindung wünschte.

Dem katholischen Pfarrer hat dies gleich nicht gepaßt. Mit dem hatte ich mich gleich bei der Antrittsvisite überworfen. Ich war da vom Gefängnisausschuß über manches gefragt worden, auch über die Wilderei und auf was ich da am meisten gepirscht hätte. Ich sagte da der Wahrheit gemäß, auf Rehe, Hirsche und Gemsen, da mischte sich der Pfarrer ein, ich solle keine Sprüche machen, in Ohlstadt gäbe es keine Gemsen. Da bin ich gleich aufgegangen, das würde ich wohl besser wissen, weil ich an dem Abend, an dem ich angeschossen wurde beim Heimweg von der Pirsch, auf Gemsen geschossen hatte über der »Feste« und ob er den Platz auch kenne. Ich wurde wütend, weil er mich als Lügner und Aufschneider hinstellte.

Kurz und gut, ich kam wegen des Brieferls vor den Chef zum Strafrapport. Der mochte mich auch nicht gerne wegen mehrerer vorausgegangener Attacken auf ihn und brummte mir sieben Tage Lager, vier Monate Schreibverbot, drei Tage Kostabzug und jeden Tag Ausrücken zur Arbeit auf. Das harte Lager bestand darin, daß mir meine Seegrasmatratze, die Decken und der zweite Anzug weggenommen wurden. Ich bekam eine einfache Bretterpritsche mit Holzkopfteil in die Zelle. Nur den Drillichanzug durfte ich behalten. Drei Tage gaben sie mir nur Wasser und Brot, auch die Brotzulage wurde mir abgezogen. Ich machte mir nicht viel draus, die paar Tage würden bald vorbei sein, und meine Kameraden steckten mir unter der Arbeit eine Kleinigkeit zu.

Am schlimmsten war das Liegen auf den harten Brettern ohne Zudecke, aber auch das ging vorüber. Ich habe auch am vierten Tag nichts zu essen bekommen. Ich hätte mich schon rühren können, als der Aufseher und der Kalfakter* mit dem Essen an meiner Zellentüre vorbeigingen, ohne bei mir das kleine Türl aufzumachen und das Essen durchzureichen. Das war aber für mich ein gefundenes Fressen, um mich zu revanchieren. Am anderen Morgen habe ich mich gleich zum Beschwerderapport gemeldet, weil ich einen Tag zulange nichts zu essen bekommen hatte.

Die wollten das erst nicht glauben, aber es ist nachgeprüft und festgestellt worden. Ich bekam dann am nächsten Tag eine Portion nachgeliefert. Ich, nicht faul, habe diese Portion gleich wieder beim Guggerl* hinausgeworfen und geschimpft: »Einmal gebt´s mir vier Tage nichts, und dann soll ich gleich zwei Portionen fressen! Freßt´s selber!«

Es war Donnerstag, und da hat´s zufällig auch noch Kraut mit Fleisch gegeben. Wegen dem Essen rauswerfen ist vom Aufseher nichts unternommen worden, jedenfalls hat der Chef, als ich bei ihm vorgestellt wurde, nichts gesagt, nur, daß er die Sache prüfen werde. Am nächsten Tag hat mir unser Aufseher, Wachtmeister Ehrlich, bei der Arbeit gesagt: »Gestern haben wir mit unserem Chef bei der routinemäßigen Besprechung einen furchtbaren Krach bekommen, weil das passiert ist mit dem Essen vergessen. Und ausgerechnet bei dem!«

Wenn das noch mal passiert, würde er den betreffenden Beamten fristlos entlassen.

Ein »Liebling« von ihm war ich schon. Einmal hat er sogar mit den Füßen aufgestampft wegen einem Schreiben an das Münchner Justizministerium, in dem ich mich über ihn speziell beschwert habe. Ich hatte geschrieben, daß er aufgeblasen wie ein Pfau durch den Gefängnishof spaziere, und daß die Gefangenen, wenn er untergeschnallt* wie ein Offizier in Zivil an ihnen vorbeistolziere, sich am liebsten auf den Bauch legen sollten, um ihm ihre Reverenz zu erweisen. Er fragte mich: »Was wollen sie mit dem Geschmiere?« Aber abschicken mußte er den Brief doch.

Es war aber wirklich so. Wenn er vorbeiging, mußte man die Arbeit liegen lassen, sich zu ihm umdrehen und die Hände an die Hosennaht legen wie beim Barras. Der Oberverwalter Schabirowsky, der bei diesen Vorstellungen immer zugegen war (wahrscheinlich zu seinem Schutz) ist einmal zu einem Routinebesuch in meine Zelle gekommen, hat mir auf die Schulter geklopft und gesagt: »Die Bayern sind schon recht, aber eine große Schnauze haben sie!«

Ich habe aus dem entnommen, daß er sich gefreut hat, daß ein kleiner Sträfling sich ›erfrecht‹ hat, dem gestrengen Herrn Chef die Meinung zu sagen und an die vorgesetzte Behörde zu schreiben.

Ein andermal ging es um einen Saufraß von Mittagessen. Wir bekamen unser Essen in verzinkten Einheitstöpfen im Laufschritt vom Kalfakter in Begleitung des Aufsehers, der die kleinen Zellentürlein aufsperren mußte. Es war Reis im Topf, und da hatte sich ein unappetitlicher Rand über dem Reis am Topf angesetzt. Ich habe gleich die Außenglocke an der Zelle gedrückt. Der Beamte auf der Zentrale in der Mitte des fünf-strahligen Zellenbaues schickte gleich seinen Vertreter, was da los sei. Ich zeigte ihm den Fraß und verlangte, daß ich sofort zum Chef oder seinem Stellvertreter geführt werde.

Der Aufseher schlug die Türe zu und ging wieder. Es sei jetzt niemand da und Mittag. Ich habe keine Ruhe gegeben, bis ich mit dem Essenstopf beim Direktor war. Ich fragte ihn, ob das menschenwürdig sei, so einen Fraß zu bekommen.

Er schaute in den Topf mit Reis und sagte: »Den haben sie wohl schon drei Tage in der Zelle stehen!« Der Aufseher sagte aber, daß es den Reis heute gegeben habe, und einen Rest in der Zelle lassen gäbe es gar nicht, weil nach dem Essen die Re-ste in die Küche geholt werden und in den Saukübel wandern.

Von den täglichen Abfällen wurden zehn bis zwölf Säue ge-füttert. Es ist auch vorgekommen, daß einer aus unserer Mannschaft, als der Kübel mit dem Saufressen an ihm vor-übergetragen wurde, einen Ranken* Brot, der in der Brühe schwamm, rausgefischt und gegessen hat. Ich wäre lieber ver-hungert, als daß ich mir vor meinen Kameraden eine solche Blöße gegeben hätte, obwohl ich auch Hunger hatte.

Ende August bin ich zum Arzt gegangen wegen Krankenkost. Die bekam man einen Monat lang, wenn außerordentliche Gründe vorlagen. Als ich von ihm gewogen wurde, hat er festgestellt, daß ich einen halben Zentner an Gewicht verloren hatte. Ich wog nackt nur mehr 123 Pfund. Bei der Einlieferung hatte ich 175 Pfund gewogen. So bekam ich einen Monat lang ein gutes bürgerliches Essen jeden Tag. Man kann sich denken, daß die Gefangenen alles versuchten, um an die Krankenkost zu kommen. Besonders die Kalfakter waren froh, wenn auf ihrem Block welche waren mit Krankenkost, denn da fiel meistens für sie auch was ab, denn man konnte die großen Portionen alleine kaum schaffen. Jeden Tag gab es Suppe, Fleisch und Gemüse, wo man sonst nur halb soviel und meistens nur Eintopf bekam.

Mittlerweile stand fest, daß ich anstatt vier, beziehungsweise acht Monaten, nun zehn zu machen hatte. Würde ich alle Schwindeleien, welche mit mir gemacht wurden, aufzählen, so würde das den Rahmen dieses Berichtes sprengen.

Einmal wollte ich vom Chef Papier haben bei einem Bittrapport, um gegen mich selbst Strafanzeige wegen Urkundenfälschung, Flucht und Führens eines falschen Namens zu stellen, damit ich wieder vor das Gericht komme. Ich sagte ihm, daß ich damit den ganzen Schwindel aufdecken wolle. Er sagte mir: »Da kommen´s gar nicht vor Gericht, da kriegen´s glei no ein paar Monate.«
Ein andermal sagte ich, ich wolle ein Wiederaufnahmeverfahren einleiten. Er darauf: »Ham´s a Geld?
Ich antwortete: »So, da krieg´n nur die a Recht, die a Geld ham!«

Die zehn Monate gingen allmählich rum, und es stand fest, daß ich am 10. Januar 1927 entlassen würde. So Mitte Dezember meldete ich mich wieder zum Arzt um Krankenkost, weil ich ja, wenn ich entlassen werde in meinen Beruf als Kanalbauer und Einschaler, wieder bei Kräften sein mußte. Er gab mir ab Mitte Dezember bis zur Entlassung wieder die Krankenkost, konnte sich aber den Zusatz nicht verbeißen: »...wenn er sich gut führt!«
Das hat mich schon wieder gewurmt. Als ich wieder auf dem

Gang stand bei den anderen Patienten, sagte ich zum Aufseher, daß ich wieder hineinwolle.

Er sagte: »Daß er sie wieder hinauswirft!«

Ich drauf: »Des woll'n ma seh'n!«

Ich wieder hinein, blieb an der Türe stehen und sagte meine Nummer, einen Namen gab's da ja nicht. Er schaute sich gar nicht um, ich sagte: »Herr Medizinalrat, sie haben eben gesagt, ich bekäme die Krankenkost zur Entlassung, wenn ich mich „gut führe".«

»Ja, warum?«

»Unter diesen Umständen sage ich ihnen, daß ich drauf verzichte!«

Den hat es förmlich gerissen, denn das ist ihm in seiner Laufbahn im Gefängnis noch nie passiert, daß ihm einer die begehrte Krankenkost vor die Füße wirft.

Er drehte sich um und sagte nichts weiter als: »So!«

Kein Hinauswurf. Ich ging mit den Worten: »Jawohl, Herr Medizinalrat!«

Man kann sich denken, wie meine Kameraden am nächsten Tag schimpften, als ich ihnen das erzählte. Ich sei ein dummes Luder, auf die Krankenkost zu verzichten aus so einem Grund. Ich wußte da schon, daß ich von meiner Braut zu Weihnachten ein Zehn-Pfund-Paket geschickt bekomme mit Lebensmitteln. Da konnte ich mir die Genugtuung schon leisten.

Mittlerweile war ich wegen meiner Goschen amtsbekannt. Einmal bei den Arbeiten in den Beamtengärten, die wir sechs ausgesuchte Gefangene unter Aufsicht vom Wachtmeister Ehrlich ausführen mußten, kam die Frau des Direktors zum Aufseher, ob er keinen Mann habe, der in ihre Wohnung steigen könne, um die Türe von innen zu öffnen. Der Ehrlich kam mit der Frau zu mir, ob ich das machen könne. Ich sagte, selbstverständlich, denn es war ja eine nette, freundliche Frau. Auf dem Weg zum Haus fragte sie mich, ob ich das auch wirklich machen könne, da hinaufzusteigen und durch das offenen Fenster nach innen kraxeln, um die Türe zu öffnen. Ich sagte zu ihr lachend: »Das ist für mich eine Kleinigkeit, ich bin ein Fassadenkletterer und sitze deswegen hier.

Sie sagte darauf: »Na, na! Ich weiß schon, warum sie hier sind.«

Für den kleinen Dienst bekam ich von ihr eine kleine Brotzeit. Auch von der Frau des Pfarrers Hofmann, dessen Garten ich betreuen mußte, bekam ich oft durch sie selbst oder das Dienstmädchen eine kleine Brotzeit gebracht.

Nun noch ein Ereignis, bevor das Kapitel Zellengefängnis abgeschlossen wird, denn ich muß schauen, daß ich mit meinem Lebensbericht fertig werde, bevor ich ganz verkalkt bin und mich nicht mehr erinnern kann an früher. Im Zusammenhang mit der Brieferl-Sache bin ich mit ein paar Kameraden zu den Feldarbeiten so quasi strafversetzt worden. Gleich am ersten Tag mußten wir zu zwei Mann ein langes Gelberübenbeet ausgrasen. Ich war noch nicht weit gekommen, da fand ich, wie ich meinte, so ein rundes kleines Blechstück. Ich sagte nichts zum Aufseher und bat ihn, austreten zu dürfen. Es war da nicht weit weg ein kleines Holzhäuschen für diesen Zweck. Da bin ich gleich rein und habe das Blechstück aus der Tasche gezogen und an der Hose abgeputzt. Es war ziemlich angelaufen, weil es wahrscheinlich schon lange in der Erde gelegen hatte.

Wie ich es einigermaßen blank hatte, staunte ich nicht schlecht, ein Zehnmarkstück vor mir zu haben aus dem Jahre 1874, ich glaube, mit dem Bildnis des König Albert von Sachsen. Es war ein Goldstück. Meine Frau besitzt es heute noch als Anhänger.

Aber bis es erst soweit war, daß es ein Hochzeitsgeschenk wurde, ist noch ein langer interessanter Weg. Ein Häftling in dem berüchtigten Zellengefängnis durfte keinen Privatbesitz haben, ich dachte aber gar nicht daran, dieses wertvolle Fundstück abzuliefern, geschweige denn, es jemandem zu zeigen oder gar davon zu erzählen. Ich ging wieder wie gewohnt zur Arbeit. Das kleine Stückchen Metall fiel bei der Routinekontrolle, welche wir uns viermal am Tag gefallen lassen mußten, nicht auf. In die Taschen schauten sie uns nicht hinein, wir wurden nur außen am Körper abgetastet – das erste Mal morgens beim Ausrücken, mittags beim Einrücken und wieder beim Ausrücken und zum vierten Mal wieder beim Einpassieren in die Zelle. Einigemale kam es auch vor, daß wir uns auf dem Hof splitternackt ausziehen mußten. Da wurden dann unsere Sachen gefilzt. Manchmal wurde auch die Zelle durchsucht. Wenn zum Beispiel einer von uns renitent war, wurden die Zellen nach einem etwa vorhandenen Rasiermesser oder sonstigen Kleinodien abgesucht. Wir durften nichts haben außer Kamm, Spiegel, Seife und Zahnbürste. Alles übrige gehörte dem Haus – Schüssel für den sonntäglichen Kaffee, Messer, Gabel, Löffel, Salz, Tisch, Stuhl, Klappe, in einer Ecke die Kloschüssel, welche von außen geleert wurde, ein kleines Regal für Bücher, Seife und Zahnzeug – das war´s.

Auf die Pritsche durfte man sich am Tag nicht legen, da mußte sie hochgeklappt sein. Wohin nun mit dem Goldstück? In der Hosentasche behalten, ging nicht wegen der gelegentlichen Kontrollen und der Gefahr, es zu verlieren. In der Zelle gab es kein sicheres Versteck, aber Not macht erfinderisch. Im Schränkchen, eher ein Wandbrett, lagen Seife und Zahnzeug. Die Seife hatte ich kurz vorher von meiner Braut geschickt bekommen. Die lag in zwei Hälften auf dem Wandbrett. Unter der Tischplatte hatte ich eine kleine Haarnadel versteckt, denn der arme Häftling kann ja alles brauchen, was er findet, und auch etwas Staniol von meiner früheren Tätigkeit lag noch in der Schublade. Ich kratzte nun, mit dem Rücken zur Türe, damit mich ein heimlicher Beobachter durch das Guckloch nicht bei meiner Beschäftigung sehen konnte, einen kleinen Schlitz in die Seifenhälfte, wickelte das Goldstück, damit es durch die Seife nicht angegriffen werden konnte, in ein Fleckchen Staniol und schob es in den Schlitz. Das ganze schmierte ich mit Seife wieder zu und legte sie wieder auf´s Wandbrett. Ich habe mich auch weiterhin mit der Seife und der anderen Hälfte gewaschen, bis das bewußte Stück nur noch ganz dünn war. Da ließ ich es einfach liegen bis zur Entlassung. Im Laufe der Zeit hatte ich auch eine Zahnpastatube bekommen, da habe ich die Paste herausgedrückt und ein ganz dünnes Papier zusammengerollt in die leere Tube gesteckt. Auf dem Papier hatte ich im Laufe der Zeit so eine Art Tagebuch geführt. Dies alles, Seife und Tube, lagen unauffällig auf dem Wandbrett bis zum 10. Januar 1927.

So um die Mitte Dezember wurde der bekannte Nazi, der Frankenführer Julius Streicher, eingeliefert. Er wurde später von den Amerikanern hingerichtet. Er hatte eine sechsmonatige Gesamtstrafe abzusitzen, hauptsächlich wegen Beleidigung des damaligen Oberbürgermeisters von Nürnberg. Der Streicher kam aber nicht mit uns gewöhnlichen Gefangenen zusammen, sondern er durfte stundenlang im Spitalgarten spazieren gehen. Ich hatte auch einmal in der Nähe von dem Garten zu tun und bin zu ihm hingegangen an den Zaun und habe ihm meine Geschichte erzählt. Er versprach mir, er würde mir helfen, daß ich zu meinem Recht komme. Ich sollte ihn nach meiner Entlassung aufsuchen, was ich nachher auch gemacht habe.

Bei dem Gespräch am Spitalgarten hatte mich damals der Werkführer Bickel erwischt und weggeholt und den Streicher gerügt, er solle die Mithäftlinge in Ruhe lassen.

Bevor ich das Kapitel Zellengefängnis abschließe, sei noch erwähnt, daß jeder Häftling beim Strafantritt eine Art Lebenslauf schreiben und verschiedene schriftliche Fragen beantworten mußte, um den Bildungsstand eines jeden festzustellen. Der Untersuchung entsprechend wurde man in eine der drei Schulklassen eingestuft, welche die Häftlinge unter 30 Jahren noch einmal wöchentlich für ein paar Stunden besuchen mußten. Ich kam in die dritte Klasse und war da, wie ich später erfuhr, der einzige Volksschüler unter lauter Mittel- und höheren Schülern, aber trotzdem unserem Lehrer einer seiner liebsten Schüler. Es waren aber auch interessante Themen, die er mit uns durchnahm.

Ich entsinne mich, einmal wurde das Thema »Was ist der Mensch – ein Pflanzen-, Fleisch- oder Allesfresser?« behandelt«. Man mußte die Antwort auf einen Zettel schreiben. Die meisten tippten auf einen Pflanzen- oder Fleischfresser. Als er meine Antwort »Allesfresser« vorlas, da haben alle gelacht. Ich war gleich wütend und sagte: »Ihr Deppen, was lacht´s denn? Was hat denn der Mensch gefressen, ehe er soweit war, daß er ein anderes Tier töten konnte? Da hat er Würmer, Schnecken, Pflanzentriebe, Eier und anderes gefressen. Und schaut euch doch sein Gebiß an, das ist kein Wiederkäuer und kein Raubtiergebiß!« Ich hatte jedenfalls recht.

Ein andermal war das Thema dran »Wer ist der berühmteste Mann der Vergangenheit, Gegenwart und Zukunft, beziehungsweise was muß der Mensch geleistet haben oder noch leisten, der den Anspruch erfüllt, der berühmteste Mensch seiner Zeit zu sein?« Aus der Vergangenheit tauchten allerhand Namen auf bei den Schülern: Christus, Mohammed, Konfuzius, der oder jener Feldherr, Herrscher oder Erfinder. Bei der Gegenwart gingen die Meinungen auch auseinander. Schwieriger wurde es beim berühmtesten Mann der Zukunft. Was muß der leisten, um es zu werden?

Man mußte seine Meinung auf einen Zettel schreiben, und der Lehrer schaute nach. Er war mit keiner Antwort zufrieden und sagte immer wieder: »Alles nicht so wichtig! Ist denn keiner unter euch, der die richtige Anwort hat?«

Da mußte ich meine Meinung vorlesen. Ich traute mich schon gar nicht, weil die anderen besser gebildeten Herren mich meistens auslachten bei meinen Meinungen. Also gab ich meine Meinung doch bekannt, daß der berühmteste Mensch der sein wird, der das soziale Problem löst. Der Lehrer schoß förmlich auf mich zu und klopfte mir auf die Schulter. Da hat dann von den anderen keiner mehr gelacht.

Ich hatte bei dem Lehrer eine gute Nummer. Er sorgte dafür, daß ich aus der Bibliothek gute Bücher bekam, bis ich mich ein paarmal mit unserem katholischen Oberpfarrer Kosweier überworfen habe. Das zeigt, welchen Einfluß diese Herren hatten und ihn auch ausnutzten. Ich bekam von da an nur noch den gebundenen »Deutscher Hausschatz«, die »Gartenlaube« oder ähnliche alte Hefte von der Bibliothek.

Ich will jetzt mit dem Kapitel Zellengefängnis aufhören und nur noch erwähnen, wie nach meiner Meinung das Goldstück in den Garten gekommen sein kann. Entweder hat es ein Häftling bei der Aufnahme verschluckt, und es ist über Abort und Odelgrube, die ja immer von Gefangenen entleert und in den Garten gefahren wurde, hineingekommen, oder es stammt aus dem Klärschlamm aus der Kläranlage an der Pegnitz, der im Winter von einer langen Gefangenenkolonne mit kleinen

Zweiräder-Karren abgeholt und auf die Gärten und die Felder als organischer Dünger aufgebracht wurde. So oft wird das nicht vorgekommen sein, daß ein Goldstück im Gefängnisgarten gefunden und auch noch herausgebracht wurde. Wie, das will ich jetzt, 45 Jahre danach, schildern:

Also, am 10. Januar 1927 in aller Frühe, kam ich wieder in den Keller, wo die Kammer untergebracht war. Ich mußte meine Gefängnissachen ausziehen, auf einen Haufen legen und drei Meter davon wegtreten. Mit Seife, Zahnpasta und Kamm in der Hand wurde ich vom Verwalter genau wie beim Eintritt vor zehn Monaten untersucht – alle Körperöffnungen. Dabei gab ich ihm meine wenigen Sachen in die Hand. Da fiel ihm ausgerechnet das dünne Stückchen Seife mit dem Goldstück drin aus der Hand auf das Pflaster. Zufällig trat er auch noch aus Versehen drauf, daß es in mehrere kleine Stückchen zerbrach. Er sagte noch bedauernd: »Ha, jetzt habe ich ihnen die Seife zertreten!«

Ich sagte: »Das macht nichts«, und war schon am Boden, um die Seifenscherbchen zusammenzuklauben. Es war nur gut, daß ich das Goldstück in Staniol gewickelt hatte damals, so klingelte es nicht auf dem Pflaster, und es sah genau wie ein Stückchen Seife aus.

Ich nahm ihm den Kamm und die Zahnpasta wieder aus der Hand und sah zu, daß ich zu meinen Zivilsachen hinkam. Die lagen drei Meter weg auf einem Haufen. Ich habe mich schnell angezogen, Geld und Papiere hatte ich schon am Tag davor bekommen.

Morgens um 6 Uhr war ich schon in Freiheit. Es hatte ein wenig geschneit. Ich suchte ein kleines Geschäft auf und kaufte ein Pfund Zucker und noch einige Kleinigkeiten, welche meine Kameraden sich wünschten.

Ein bereits älterer Mitgefangener hatte sich, bevor er im Gefängnis stirbt, gewünscht, noch einmal genug Zucker zu essen. Jedenfalls habe ich die wenigen Sachen gekauft und im Abort in den Beamtengärten versteckt. Die waren in der Dämmerung von außen leicht ungesehen zu betreten. Ob die Kameraden die Sachen bekommen haben, weiß ich nicht, weil eben durch den Neuschnee meine Spuren zu sehen waren.

Bevor ich das Thema Zellengefängnis endgültig verlasse, wären noch viele Schikanen von verschiedenen Aufsehern zu erwähnen, die, mit wenigen Ausnahmen, nichts vom humanen Strafvollzug wissen, sondern an mir ihr Mütchen kühlen wollten nach dem Motto »Bursche, wir werden dich schon kleinkriegen!«

Zum Beispiel wurde ich als Außenarbeiter in eine andere Zelle verlegt. Darin war an der Wand, wenn ich mich auf die Klappe legte, genau vor meinem Gesicht ein circa 20 Zentimeter breiter, ekliger Fleck. Der war von meinem Vorgänger hinterlassen, weil der seine Rotzfladen direkt an die Wand gespien hatte. Mir grauste. Erst auf meine Beschwerde hin wurde der dicke Fleck vom Anstaltsmaurer abgekratzt.

Ein andermal wurde ich vom Wachtmeister Schaffer mit Strafrapport bedroht, weil ich beim Klärschlamm holen vom Weg eine Birne aufgehoben hatte, die sonst sowieso zertreten worden wäre. Aber nun endgültig genug davon, ich war ja wieder in Freiheit.

NOTZEIT
1927 bis 1933

HOCHZEIT UND ZURÜCK IN DIE HEIMAT

Am frühen Morgen nach meiner Entlassung habe ich zuerst meinen Vollbart abschneiden lassen. Dann habe ich wie verabredet in Nürnberg dem Streicher seine Wohnung gesucht. Erstmal habe ich ihn lange nicht gefunden, und dann bestand seine ganze versprochene Hilfe bei Gericht darin, daß er mich mit zwei Mark und einem Stückchen Wurst zwischen Tür und Angel abspeiste. Da war ich gleich vom Nationalsozialismus geheilt – das nur nebenbei.

Ich hatte ja etwas Geld, so fuhr ich mit der Bahn nach Knölling in der Oberpfalz, um meine alten Wirtsleute von meiner ersten Arbeitsstelle als Hans Sauer zu besuchen.

Dort hatte sich nach sieben Jahren allerhand verändert. Ich blieb aber nur zwei Tagen und fuhr dann weiter nach Köln-Mühlheim, um die unterbrochenen Vorbereitungen für die Heirat wieder aufzunehmen. Die nötigen Papiere hatten wir uns ja schon vor der Verhaftung beschafft gehabt.

Am Standesamt Mühlheim haben wir schon am 10. Februar 1927 heiraten können, nachdem wir ein teilmöbliertes Zimmer in der Bachstraße 67 bekommen hatten. Arbeit in meinem Beruf bekam ich erst am 1. März bei der Kanalbaufirma Heinrich Störker. Aber zuerst mal zu unserer großartigen Hochzeit: Trauzeugen waren einmal der Musiker Esser, der uns ja zusammengebracht hatte und einer meiner Kollegen aus meiner Heimat Ohlstadt, der »Steitl Lenz«. Er ist heute noch in Köln-Porz wohnhaft, wo er ein Haus hat.

Zu trinken gab es nicht viel, denn ich hatte ja noch keine Arbeit. Abends um 7 Uhr war das Getränk und das Geld alle. Die beiden Zeugen hatten einigermaßen den Kanal voll und gingen heim, und wir, das junge Paar, gingen einfach an unserem Hochzeitstag ins Kino. Als Hochzeitsgeschenk bekam

meine junge Frau eben das bewußte Goldstück, das ich als Anhänger mit einer dünnen Goldkette hatte umarbeiten lassen.

Sie ging dann auch wieder nach Köln in ihre alte Stelle, wöchentlich ein paarmal als Aushilfe im Haushalt. Das Geld, das
sie dabei verdiente, konnten wir gut brauchen, weil ich die Absicht hatte, wieder in meine Heimat zu fahren. Ich war ja im
Gebirge aufgewachsen, habe viel in den Bergen gearbeitet und
hatte die letzten sieben Jahre zwangsweise die geliebten Berge
vermissen müssen. Diese Sehnsucht wollte ich stillen, obwohl
ich auch heute noch betonen will, daß es mir in Preußen gut
gefallen hat und es mir gut gegangen ist, weil man da meine
Arbeitskraft wirklich nach Leistung bezahlt und anerkannt
hat, was ich von meiner Heimat nicht sagen kann. Heute ist
das anders, da kennt man diese Verdienstunterschiede zwischen Norden und Süden nicht mehr.

Vor meiner Heimkehr bekam ich am 1. März Arbeit bei der
Firma Heinrich Stöcker in Köln-Mühlheim. Die Stadt war
erst vor ein paar Jahren eingemeindet worden und hatte eine
ungenügende Kanalisation. Die Firma baute einen Kanal in
der Düsseldorfer Straße, und meine Erfahrungen im Verbauen
und Einschalen wurden gut bezahlt. In fünfeinhalb Monaten
hatte ich über 500 Mark gespart und konnte es somit wagen,
Ende August in die Heimat zu fahren. Was wir an Möbeln
schon angeschafft hatten, wurde schnell billig verkauft und alles übrige in Kisten und Säcke verpackt, und ab ging´s in das
Werdenfelser Landl.

Erst versuchten wir es in Ohlstadt, aber da gab es keine Ar-
beitsmöglichkeit, dann probierten wir es in meinem jetzigen
Heimatort Oberau, wo meine Mutter herstammte und ich ja
auch schon einige Zeit zur Schule gegangen war. Da wurde es
mit der Arbeitsuche auch nicht viel besser für mich, aber aus
anderen Gründen, wie man bald sehen wird. Mein ältester
Bruder hatte mir nach Köln geschrieben, daß es schon Arbeit
gäbe in Oberau. Das erschien auch möglich, weil es dort ein
größeres und zwei kleinere Sägewerke, eine Pappenfabrik, ein
Gipswerk und eine Flußmeisterstelle gab, also Arbeitsmöglich-
keiten genug, aber eine Wohnung war nicht leicht zu kriegen.

Ich wollte schon wieder zurück nach Köln fahren. Wir hatten noch über 400 Mark Erspartes, und meine Frau wollte nicht mehr zurück, also blieben wir. Eine Notunterkunft bekamen wir in einem einzelnen Haus oberhalb von Oberau bei einem früheren Jäger namens Greil. Er hatte neben seinem Haus ein Holzhäuschen mit zwei Räumen. Dieses haben wir uns eingerichtet und bewohnbar gemacht. Arbeit bekam ich im Gipswerk, das der Münchner Firma »Oberbayerische Gipswerke – Hermann Völker« gehörte. Es wurden da Baugips und Düngegips hergestellt. Neben dem Werkführer waren da zwischen sechs bis acht Mann beschäftigt. Aber wie man sehen wird, verlor ich diese Arbeit bald und landete wieder für vier Monate im Gefängnis. Das ging so zu:

WIEDER BEIM WILDERN ANGESCHOSSEN

Mein ältester Bruder, er arbeitete in dem Sägewerk, machte mich mit einem seiner Arbeitskameraden bekannt. Sie beide verleiteten mich zu einem gemeinsamen Pirschgang am 30. Oktober 1927. Bei der Gelegenheit wollten mein Bruder und ich einen Rucksack voll Eibendaxen* holen für das Grab unserer Mutter. In aller Frühe brachen wir auf. Mein Bruder nahm seinen abgeänderten Karabiner und der andere ein Kleinkalibergewehr mit. Ich hatte kein Schießeisen. Wir pirschten uns den Mühlberg hoch und kamen gegen Nachmittag an das sogenannte Katzental, ein Waldabteil mit gut meterhohen Fichten bepflanzt – ein guter Einstand für das Hirschwild. Ich wußte das freilich nicht, denn das ganze Gelände war mir neu und unbekannt. Ich verließ mich lediglich auf meinen Bruder und seinen, wie sich später herausstellte, verräterischen Arbeitskollegen.

Er war nach meiner Meinung von seinem Arbeitgeber, wo er wie auch mein Bruder wohnte, angestiftet worden, mich auf die Pirsch mitzunehmen und an einem Hochsitz vorbeizuführen, wo schon ein Jäger lauerte, um mich wieder beim Wildern zu erwischen, was ja auch gelungen ist. Wir waren also den ganzen Tag zusammen und warteten an einem sonnigen Platz, daß es Abend wurde, und das Wild zur Äsung auszieht. Mein Bruder benutzte die Gelegenheit, um einen Rucksack voll Eibendaxen zu holen. Als wir beide ihn mit dem vollen Rucksack zurückkommen sahen, sagte der falsche Kumpan zu mir, wobei er ganz käsig wurde: »So, nun geht ihr zwei in die Richtung da! Da kommt immer Wild raus.«

Als er uns die Richtung anzeigte, fing er zu zittern an. Ich sagte ahnungslos: »Was hast du denn? Du bist ja ganz käsig!« Er drauf: »Mich friert´s ein wenig.«

Derweil schien aber noch die Sonne auf unseren Ruheplatz. Ich fragte: »Gehst denn du nicht mit?«

Er antwortete: »Nein, ich geh woanders hin, daß wir uns teilen.«

Ich ging nun mit meinem Bruder in die angegebene Richtung und trug dabei den Rucksack mit den Daxen.

Auf einmal sagte mein Bruder, der vorausging: »Da schau rauf!«

Ich sah dann auch, wie ein Jäger von einem Hochsitz an der Leiter runterkletterte. Wir liefen sofort weg, mein Bruder voraus, ich hinterher.

Da krachte es, und ich spürte an der rechten Kopfseite, daß ich getroffen war und wie mir das Blut im Gesicht runterlief. Wir rannten, was wir konnten, um nach Hause zu kommen. Mein Bruder versteckte sein Gewehr und ich übergab ihm den Rucksack mit den Daxen.

In meiner Wohnung angekommen sagte ich meiner Frau, ich sei gefallen und hätte mir dabei das Gesicht aufgeschlagen, was sie mir aber schon nicht recht glaubte. Ich legte mich sofort ins Bett. Kaum war ich drin, da erschien der Jäger und zwei Gendarme von Ettal und Eschenlohe (in Oberau gab´s damals noch keinen). Man staune – an einem Sonntagnachmittag gleich zwei Gendarme zur Hand und der Jäger. Wenn das kein abgekartetes Spiel war, dann will ich ein Lump sein. Ein Lump war ich in gewissen Kreisen in Oberau ja sowieso, aber darauf komme ich erst später.

Kurz und gut, erst wollten sie wissen, wo ich die Verletzungen im Gesicht herhabe. Es war ein Schrotschuß aus circa 40 Meter Entfernung. Von schräg hinten hatte ich an der rechten

228

Seite drei Schrotkörner abbekommen. Eins hinter dem rechten Ohr, eins an der Schläfe entlang blieb am Auge stecken, und das dritte saß im rechten Kiefergelenk. Alle drei sind heute noch an ihrem Platz. Dann wollten die drei wissen, wo der vollgepackte Rucksack sei. Die meinten, der wäre voll Wildbret. Ich sagte, da seien Eibendaxen drin. Sie wollten wissen, wo der dann sei. Ich mußte notgedrungen sagen, der sei bei meinem Bruder, eine Wilderei leugnete ich aber ab. Sie nahmen mich gleich mit an die Bahn und lieferten mich im Garmischer Gefängnis ab.

Inzwischen suchten der zweite Gendarm und der Jäger meinen Bruder auf, um den vermeintlich mit Wildbret gefüllten Rucksack zu beschlagnahmen. Sie sagten meinem Bruder, daß ich alles gestanden habe, und der war so blöd und sagte den Brüdern auch noch, wo er sein Gewehr versteckt hatte. Sie nahmen ihn auch gleich mit nach Garmisch, aber in eine andere Zelle. Durch Kassiber erfuhr ich dann alles, auch vom Gewehr. Nun hatten sie sogar sein Geständnis und das Gewehr als Beweisstück. Wir bekamen dann bald eine Vorladung ans Amtsgericht Weilheim wegen »erschwerter Jagdwilderei«.

Von dem dritten Mann, dem Feigling, haben wir nichts erwähnt, weil mein Bruder als langjähriger Arbeitskollege immer noch nicht an einen Verrat und an ein abgekartetes Spiel zwischen Jagdherr und Polizei glaubte. Man wollte mich in Oberau nicht seßhaft werden lassen und wieder abschieben, denn ich konnte den Brüdern wegen der Schweinerei von 1920 allerhand Scherereien machen. Das sieht man später ganz eindeutig.

Erst mal meldete ich mich im Garmischer Gefängnis gleich zum Rapport und zum Arzt. Erstens hatte ich wegen der Schußverletzung im Gesicht Schwierigkeiten beim Abbeißen und brauchte ein Messer zum Brot zerkleinern und dann eine zweite Wolldecke wegen meines Rheumas. Der Aufseher redete geschwollen daher und sagte, da hätte ich halt gleich daheim bleiben und nicht wildern sollen. Ich fuhr dem Burschen freilich gleich übers Maul und verlangte, dem Gefängnisvorstand vorgeführt zu werden. Der Herr Amtsgerichtsrat war ein humaner und einsichtiger Mensch. Er gestand mir eine Wolldecke und ein Messer zu und schickte mich zum Arzt. Der überwies mich dann als Untersuchungsgefangener für drei Wochen ins Garmischer Krankenhaus. Da hatte ich es ganz schön, und sogar meine Frau konnte mich besuchen. Nur das Zimmer mit vergittertem Fenster erinnerte mich daran, daß ich wieder ein Häftling war.

Ende Oktober war dann die Verhandlung in Weilheim. Ich wurde wie vorauszusehen als Haupttäter gebrandmarkt. Der dritte Mann wurde von uns wieder nicht erwähnt. Ich bekam als Haupttäter und im Rückfall vier Monate aufgebrummt, welche ich nur mit Rücksicht auf meinen Bruder – er bekam fünf Wochen, und die waren ja schon vorbei – angenommen habe.

Als Kalkbrenner

Am 29. Februar 1928 kam ich wieder heim nach Oberau, aber nun war es ganz aus mit Arbeit. Auch im Gipswerk stellten sie mich nicht mehr ein, da hatten andere Kreise schon vorgesorgt. Beim Sägewerk und in der Pappenfabrik, da wurde ich abgewiesen, als ich nach Arbeit nachsuchte. Verständlich – die beiden Besitzer waren ja auch zugleich die Jagdherren und auch Gemeinderatsmitglieder, hatten also ein gewichtiges Wort mitzureden. Mir blieb nichts anderes übrig, wollte ich nicht wildern oder stehlen, als mich mit Gelegenheitsarbeiten durchzuschlagen.

Auf dem Grundstück des Greil habe ich dann 1928 an der großen Kurve der Ettaler Straße einen provisorischen Kalkofen errichtet und mit Holz Kalk gebrannt. Das Geschäft ließ sich gut an. Mein Kalk wurde überall gerne genommen, und in Oberau wurden etliche Häuser damit gebaut. Das Baugeschäft Ostler bekam einmal eine Lieferung von 100 Metzen* à eine Mark. Besonders zum Weißen der Wohnungen und Häuser wer der holzgebrannte Kalk vorzüglich geeignet. Es war aber doch nur ein Notbehelf, weil das Brennen im Winter nicht möglich war. Da mußte ich mich halt mit Schneeschaufeln an Straße und Bahn aushilfsweise beschäftigen.

Der erste Brand mit meiner Frau

1928 kam ich auch für kurze Zeit beim Flußbauamt unter, aber wegen einem Magenleiden konnte ich diese Arbeit nicht lange machen. In der Zeit, als mit dem Kalkbrennen nichts ging, habe ich einen Weg zum Anwesen des Greil ausgehauen und auch seinen Stall fertig gemacht. Ich mußte mir ja auch das Holz zum Kalkbrennen zum Teil selbst machen und ranschaffen. Den größten Teil habe ich aber vom Forstamt oder von Bauern, die Kalk brauchten, bekommen. Es waren dies zu jedem Brand zwölf bis fünfzehn Ster* Fichtenholz. Beim dreitägigen Brennen löste mich meine Frau ab. Eine Arbeitskraft konnte ich mir bei dem geringen Verdienst nicht leisten.

Im Herbst 1928 trat ich den örtlichen Vereinen – Feuerwehr, Veteranen- und Volkstrachtenverein – und zu guter Letzt auch noch der SPD bei. Mit noch einem Genossen wurde ich prompt in den Gemeinderat gewählt. Nun war ich ja schon einigermaßen seßhaft in Oberau. Der Greil, mein Hausherr, hatte mir versprochen, ich könnte, weil die Kalkbrennerei einigermaßen florierte, auf seinem Grundstück eine Kalkbrennerei errichten und in der Nähe ein Wohnhäuschen bauen. Als die Vorhaben dann im Frühjahr 1929 verwirklicht werden sollten, wollte ich erst mal einen Vertrag mit ihm machen. Er sagte, einen Vertrag unterschreibe er nicht. Wenn ich ihm nicht auch so traue, bleibe es beim alten. Da ich um seine Unzuverlässigkeit wußte, war ich gezwungen, mich um was anderes umzuschauen.

Der damalige »Lippenbauer«, Ludwig Daisenberger, versprach mir, daß ich auf seinem Grundstück einen Kalkofen und ein Häuschen errichten könne, und er machte auch einen diesbezüglichen Vertrag mit mir.

In der Nähe des zu errichtenden Kalkofens war eine Felswand, außerdem lief Wasser den Berg hinunter. Ich schlug von der Wand eine Portion Steine ab, schaffte sie zum Kalkofen an der Ettaler Straße, um zu erproben, ob das am neuen Standort auch die richtigen Kalksteine sind. Der Versuch klappte, es waren auch am neuen Platz gute Kalksteine.

Am 15. Mai 1929 hat es noch einen halben Meter geschneit. Der Greil hatte seine Schafe bereits am Berg, und ich meinen Kalkofen schon am Brennen. Da sollte ich mit dem Greil auf den Berg gehen, um die Schafe aus dem tiefen Schnee zu holen. Ich konnte nicht wegen des brennenden Ofens, weil da alle 10 bis 15 Minuten nachgeschürt werden mußte. Da kam es zum Streit, wobei mir die Frau vom Greil sagte, dann solle ich schauen, daß ich von seinem Grundstück weiterkomme. Da ich dies schon vorausgesehen und mich beim Daisenberger bereits anderweitig umgesehen hatte, fiel es mir nicht schwer, abzuhauen, aber ich hatte immerhin zwei Jahre umsonst gearbeitet und mußte woanders wieder neu anfangen.

HARTE JAHRE

Um all das Pech, das wir hatten, zu erklären, muß ich erwähnen, daß bei unserem Umzug von Köln nach Oberau im Gepäck, das mit der Bahn hierher geschickt wurde, der Spiegel zu Bruch gegangen war, und wenn bei einem Umzug der Spiegel zerbricht, bedeutet das sieben Jahre Unglück in der Familie. Bei uns schien sich dieser Aberglaube zu bewahrheiten. Bis jetzt waren wir vom Pech verfolgt, und wie man sehen wird, dauerte diese Pechsträhne tatsächlich sieben Jahre. Erst 1934, als ich aus dem KZ Dachau entlassen wurde, sollte es endlich wieder aufwärts mit uns gehen.

Also, nach dem Streit mit der Greilin im Mai 1929 habe ich meinen Holzvorrat noch verbrannt im Kalkofen und bin Ende August mit meiner Frau ausgezogen. Wir hatten aber keine Wohnung am neuen Standort des Kalkofens, den ich erst noch errichten mußte. Auch ein Weg zum Ofen mußte noch angelegt werden mit einer Brücke über einen Bach. Das alles gab einen Haufen Arbeit.

Unterkunft fanden wir vorerst im Sägstüberl der »Schullersäge« – sechs Quadratmeter groß – das war unser Wohn- und Schlafraum für das nächste halbe Jahr, bis das Holzhäuschen neben dem Kalkofen fertig war. Dazu mußte erst ein Plan bei der Gemeinde eingereicht werden. Der erste Standort auf dem Grund des »Schullerbauern« über dem Ofen wurde abgelehnt, ebenso der zweite, am sogenannten »Koathaufen«*, weil es ein Holzlagerplatz war. Da ich nun ein Häuschen in der Nähe des schon in Betrieb befindlichen Kalkofens haben mußte, gab mir die Gemeinde ein Stück Grund (16 Dezimale) weit ab vom Dorf aber ganz in der Nähe des Ofens. Ich habe nun schnell vor dem Winter 1929/30 im neuen Kalkofen ein paar Brände gemacht, damit ich etwas Einnahmen hatte und dann Mitte Dezember mit dem Bau des einfachen Holzhäuschens begonnen, denn wir lebten ja immer noch in der winzigen Behelfswohnung.

Damals hat man nicht so großzügig bauen können wie heute im Jahr 1973, da bauten sich auch andere einfache Arbeiter ein Häuschen in ähnlichem Stil wie ich. Mitte Dezember fing ich an, ganz allein mit einfachen Mitteln und ohne Geld. Ende Januar 1930 sind wir dann eingezogen und waren glücklich und zufrieden, ein eigenes Haus zu haben.

Arbeit gab´s mit Schneeräumen und anderem. Damals schneite es viel mehr wie heute. Der Schnee lag meterhoch, heute kaum noch 20 Zentimeter. Ich muß noch erwähnen, daß ich das Holz und die Bretter zum Häuschen durch Zufall vom alten Pöttinger, dem Sägewerksbesitzer, bekam. Arbeit hat er mir keine gegeben, aber er ist mir schon entgegengekommen mit preiswertem Holz für den Kalkofen.

In diesem Winter 1928/29 hat der viele Schnee eine freistehende Bündel-Hütte die aus Rundholz und mit Dachpappe errichtet war, zusammengedrückt. Er führte mich hin und meinte, ob ich das Holz nicht brauchen könne zum Brennen. Ich fragte, was denn der ganze Haufen kosten solle, er sagte 100 Mark, und ich könne ja mit Kalk bezahlen. Er hat mir öfter im Tauschgeschäft Kalk für seine Bauten gegen Holz abgenommen.

Ich habe den Abbruch übernommen, die Bretter von der Dachpappe befreit und die Nägel aus den bis zu 30 Zentimeter starken Rundhölzern gezogen. Die habe ich dann in der »Schullersäge« zu Bauholz für mein Häuschen schneiden lassen, damit ein Fachwerk errichtet und die Balken innen und außen mit Brettern verkleidet. Gegen das Ungeziefer habe ich die Hohlräume dann mit Sägemehl und Kalkstaub ausgefüllt. Als Bodenbretter genügten ungehobelte Zoll-Bretter. Die meisten Möbel und alle Türen habe ich aus Brettern zusammengenagelt, mit Nägeln, die ich mir im Lampenschein gerade geklopft hatte. Sämtliche Fenster mit Läden hatte ich von meinem alten Arbeitgeber Hubert von Eschenlohe um zwei Mark erhalten. Er hatte ein altes Häuschen abgerissen und mir die jahrhundertealten Fenster mit bleigefaßten Butzenscheiben halb geschenkt.

Unser Häuschen war acht mal fünf Meter, hatte drei Räume und ein Dach aus billigen alten »deutschen Platten«. Es war in sechs Wochen ohne fremde Hilfe fertig, und meine liebe Alte und ich waren in den letzten 50 Jahren nie glücklicher als damals. Im Frühjahr habe ich das Häuschen außen mit Rohrmatten versehen, verputzt und geweißt. Jetzt schaute es schon ganz anständig aus.

In der Zeit, als wegen der Kälte mit Kalkbrennen nichts ging, habe ich mehrere Gelegenheitsarbeiten angenommen und auch erst mal um das Häuschen herum Stauden mit den Stöcken gerodet, um Platz für einen Garten mit Frühbeet zu bekommen. Auch ein primitiver Stall mußte her, daß ich mir etliche Kleintiere halten konnte, um die dürftige Haushaltskasse zu schonen.

Angefangen hat es mit Hühnern. Wir liehen uns eine Bruthenne, besorgten uns Eier von einer Bäuerin, welche einen Hahn hatte und legten ihr die befruchteten Eier unter. Es dauerte wohl eine Weile, bis aus den geschlüpften Küken Hühner wurden, die Eier legten. Ähnlich machten wir es mit Ziegen. Gegen einen tüchtigen Eimer Kalk zum Weißen bekamen wir vom Sanktjohanser Karl aus Eschenlohe und vom Zahler Adolf von Oberau je ein Kitz.

Die zog ich groß und ließ sie decken. Nachdem sie ein Kitz geworfen hatten, gab es für uns auch Milch. Dann schafften wir uns erst einmal zwei Stück Angorakaninchen an vom Friseur Friedl in Ettal. Im Laufe der Zeit haben wir es auf 80 Angorakaninchen gebracht. Angora deshalb, weil die nicht nur Fleisch, sondern auch die wertvolle Wolle brachten. Die wurde gut bezahlt. Wir schickten sie nach Leipzig und bekamen für erste Qualität 32 Mark das Kilo. Allerdings kostete es viel Arbeit, um erste Qualität zu erzielen.

Nun hatten wir schon Gemüse aus dem Garten, etwas Milch, Eier und Fleisch aus dem eigenen Stall und dazu noch das Geld für die Wolle. Nun mußten auch noch Obstbäume her. Geld, um welche in der Baumschule zu kaufen, hatten wir nicht. So wurden irgendwo in Wald und Flur ein paar Wildlinge geholt, auf dem eigenen Grund eingepflanzt und nach einem Jahr veredelt. Das hat mir der Straßenaufseher Seiler, er war Obstbaumwart beim Verein, gezeigt, weil ich mich nicht gleich an diese Arbeit traute. Später habe ich es schon selber probiert, und meistens ist es mir auch gelungen, hauptsächlich bei Äpfeln und Birnen. Kirschen und Pflaumen sind etwas empfindlicher zu veredeln. Inzwischen hatte ich, anschließend an den eigenen Grund, ein kleines Stück Gemeindegrund gerodet, um Kartoffeln anzubauen.

Es fehlte nur noch ein Kind, damit man auch weiß, für was und wen man schuftet, aber auch das kam gerade dann, als es uns am allerdreckigsten ging, im Winter 1930/31. Am 1. Januar 1931 kam unser Sohn Karl in unserer ärmlichen, aber eigenen

Hütte zur Welt. Er war sieben Pfund schwer bei der Geburt und gesund. Alles ging gut, aber ich hatte keine feste Arbeit.

ANFEINDUNGEN ALS SOZIALDEMOKRAT

Wie gesagt, war ich ja schon früher dem Veteranen- und Trachtenverein, der Feuerwehr, der Arbeiterwohlfahrt und der SPD beigetreten. Arbeit gab man mir in den zwei großen Betrieben auch jetzt noch keine, da ich mich politisch betätigte bei den Sozis. Ich hatte ja keine ständige Arbeit und war inzwischen Vorsitzender der Oberauer SPD, und so hatte ich Zeit für die Propaganda. Außer Oberau mußten wir auch Eschenlohe betreuen, und gerade in den zwei Orten waren die Nazis sehr stark vertreten. In Oberau allein gab es ein Dutzend Träger des goldenen Parteiabzeichens und eine starke Ortsgruppe mit SA und Motor-SA. Ich hatte da allerhand zu tun, um meine SPD-Politik nach allen Seiten zu verteidigen, denn auch die Anhänger der bürgerlichen Volksparteien waren den Sozis nicht grün.

Es gab damals auch etliche Kommunisten und sogar Deutschnationale in Oberau. Da alle Augenblicke irgend eine Wahl stattfand, gab es für mich Idealisten mit Haus-zu-Haus-Propaganda, Plakatieren und Versammlungen abhalten viel zu tun. Immerhin war ich Vorsitzender des Ortsvereines und außerdem Gemeinderat, bis 1933 der Hitler kam. Die SPD hatte ja vor dem Hitler mit Plakaten und Flugblättern gewarnt.

Einmal, ich entsinne mich, klebte ich in Eschenlohe vor der Schule an der Anschlagtafel zwei Plakate an. Auf dem größeren, einen halben auf einen halben Meter, war Deutschland abgebildet mit lauter Friedhofskreuzen, auf dem kleineren war eine Wüstenlandschaft mit blutigen Fußspuren und der Aufschrift: »Hitlers Weg ist Blut!« Ich habe die Plakate angeschlagen aus innerster Überzeugung, daß das eintreffen wird, wenn das Volk den Hitler wählt.

Hinter mir auf der Straße standen Leute. Ich hörte, wie einer, ein Lehrer der nahen Schule, sagte: »Was ist das für ein Kerl, der gehört ja zusammengeschlagen!«

Es getraute sich aber niemand, seinem Rat zu folgen. Einige werden mich wohl erkannt haben, unter anderen der Höck Wastl. Er sagte lediglich, ich solle meine Plakate da wegnehmen, der Platz gehöre den Nazis von Eschenlohe. Wir holten gemeinsam unsere Messer raus, machten die Reißnägel damit wieder weg und befestigten die Plakate an einer anderen freien Stelle auf der großen Tafel. Weiter gab es zwischen uns keinen Streit. Wir kannten einander von früher, und auch der Hetzer hinter uns hielt sein Maul. Nebenbei gesagt ist auch der Höck Wastl bald ein Gegner der Nazis geworden.

Aber wie recht hatte damals die SPD mit ihrer Gegnerschaft zu Hitler und seinem Anhang! Keiner, der ehrlich ist, kann hinterher sagen, er habe nicht gewußt, was kam. Jeder, der es hören wollte, hat es vorher gewußt. Ich erinnere mich, wie der damalige Staatsanwalt Dr. Wilhelm Högner in einer überfüllten Versammlung im Saal der Gaststätte »Rassen« in Partenkirchen seine Zuhörer eindringlich vorm Hitler und seinen Methoden gewarnt hat, so eindringlich, daß mir und vielen anderen Zuhörern die Tränen kamen – und hinterher hat man dem aufrichtigen Mann vorgeworfen, er sei feige in die Schweiz geflohen.

Ich sagte damals, der wäre ja blöde gewesen. Hätte er das nicht getan, wäre er als einer der ersten von den Nazis abgeschlachtet worden. Mir kleinem SPD-Mann konnte nicht viel passieren, aber ich hatte es den Brüdern schon 1930/31 gesagt, daß ich der erste sein werde, den sie verhaften und einsperren lassen, sobald sie an die Macht kämen.

»Ja freilich«, sagten sie, »da holen wir uns schon andere, größere!«

Na, und wie ist es gekommen? Ich habe mir seinerzeit Hitlers Buch »Mein Kampf« vorgenommen, um zu sehen, ob ich vielleicht auf dem falschen Weg sei und der Hitler vielleicht doch nur Gutes für uns Deutsche wolle.

Daß er den Leuten Arbeit beschaffte, das war ja erst nach meiner Entlassung aus dem KZ Dachau, in das ich als erster Oberauer eingeliefert wurde. Aber ich greife den Dingen ein paar Jahre voraus. Noch fanden ja immer noch die vielen Wahlen statt, weil die Nazis und Kommunisten jede Regierung stürzten, auch wenn Sozis dabei waren. Das war von 1918 bis 1933 nur zweimal der Fall, sonst waren es immer bürgerliche Regierungen. Und trotzdem schob man später die schlechten Zeiten mit der Arbeitslosigkeit ab 1929 den Sozis in die Schuhe.

Was mich anbelangt, arbeitslos im eigentlichen Sinne war ich nie und bekam auch keine Arbeitslosenunterstützung. Wenn ich nicht beim Kalkofen arbeitete, wurde am und ums Haus der Boden kultiviert, außerdem gab es beim Straßen- und Floßbau zu tun, und manchmal konnte ich mir mit Hilfsarbeiten bei der Bahn und auch bei der Gemeinde ein paar Mark verdienen. Eine Arbeit ist mir dabei besonders in Erinnerung, weil sie zeigt, wie so was früher in Handarbeit erledigt wurde und wie man auftretende Probleme gelöst hat.

1930 wurde die alte Loisachbrücke abgerissen und durch die Firma Zimmerei Felber von Farchant neu gebaut. Die Gemeinde Oberau stellte zu der Arbeit 15 bis 20 Hilfsarbeiter ein. Unter denen war auch ich als sogenannter Schlagmeister, welcher das Kommando zum Schlagzeug zu geben hatte, wenn die Jochpfähle für die Brückenjoche geschlagen wurden. Es waren da ungefähr 16 Mann allein am Schlagzeug. Erst hatten wir einen Rammbär von über fünf Zentner. Der erwies sich aber als zu leicht, dann haben wir vom Flußbauamt einen mit neun Zentner Gewicht bekommen. Da waren aber 20 Mann nötig am Schlagzeug, um den Koloß in die Höhe zu bringen. Leute, die etwas Geld dazuverdienen wollten, gab es ja genug in den Gemeinden. Als die neuen Jochpfähle dann geschlagen und die Enzbäume* gelegt waren, mußten die alten Joche entfernt werden.

Diese Arbeit war nicht gerade leicht, weil die einzelnen Jochpfähle sehr tief und fest im Flußbett im Boden steckten. Die meisten wurden mit einer langen dicken Stange als Wippe herausgezogen, aber ein Joch widersetzte sich jedem derartigen Versuch. Gerade dieses Joch mußte heraus, weil es die Floßfahrt in der einzigen Wasserrinne von ein Meter 50 bis zwei Meter Tiefe versperrte. Alle großen Ketten und Drahtseile, die im Ort und bei den größeren Firmen aufzutreiben waren, sind einfach gebrochen. Was tun? Die Wasserrinne mußte frei werden und zwar von Grund auf.

Nun kam mir der Gedanke, die Pfähle am Grund der Wasserrinne einfach abzusprengen, und das sollte schnell geschehen, daß die Arbeiten an der Brücke nicht zu lange aufgehalten würden. Viele sagten, das geht nicht, doch ich war mir meiner Sache sicher, weil ich ja schon bei verschiedenen Firmen mit solchen Arbeiten zu tun gehabt hatte. Außerdem hatte ich von der hiesigen Behörde in Garmisch einen Spreng-Erlaubnisschein zur Gewinnung von Kalksteinen. Da ich nun selber keine wasserdichte Sprengladung hatte und auch im Ort keine aufzutreiben war, beschloß ich, mir die wasserdichten Ladungen selber anzufertigen. Die Fachleute, sowohl der Flußmeister Braun als auch der Werkführer im Gipswerk, Rauhmeier, meinten, das ginge nicht ohne die vorgeschriebenen wasserdichten Sprengladungen, aber die Beschaffung hätte die Arbeit zu sehr verzögert. Hauptsache war der Sprengerlaubnisschein, der war ja da.

Ich füllte mittelgroße Flaschen mit dem Sicherheitssprengstoff Donarit, welchen ich den Patronen entnahm und ihn pulverisiert in die Flaschen füllte. Nun befestigte ich die Sprengkapsel an der wasserdichten Zündschnur, steckte sie in die Flasche, verschloß sie mit einem durchlöcherten Korken und versiegelte das Ganze noch mit Wachs. Die Flasche wurde dann an einer lange Latte 20 Zentimeter vor dem Ende angebunden, und eng an dem herauszusprengenden Jochpfahl befestigt und die Zündschnur knapp über dem Wasser abgeschnitten. Es hatten sich genug Neugierige eingefunden, bei diesem Experiment zuzuschauen. Nachdem alle in Deckung gegangen waren, gelang die Sprengung vollauf. Der Pfahl wurde, wie ich erwartet hatte, am Grund des Wassers abgeschlagen. Die Loisach hat ihn, zusammen mit einem Haufen toter Fische, welche sich in dem tiefen Wasser aufgehalten hatten, fortgeschwemmt. Ich hab´ dann ein paar Burschen darauf aufmerksam gemacht und die haben von den Fischen einen Teil geborgen. Drei Pfähle habe ich auf diese Weise abgesprengt und den Fluß dadurch wieder passierbar gemacht.

In der Zeit wurde von der Gemeinde und vom Verkehrsverein an der Loisach auch ein Schwimmbad errichtet. Es gab also schon etwas Arbeit, auch von der Gemeinde aus. Ich war da quasi als Aufsicht oder als Aufseher bestellt, denn ich war ja zu der Zeit noch Gemeinderat. Mit diesen Arbeiten gingen die Jahre dahin, welche für mich und meine Familie nicht gerade die besten waren.

Im Herbst 1930 traf ich auf dem Gelände des heutigen Schwimmbades, beim Äste sammeln, den alten Herrn Pöttinger. Der Grund gehörte ihm. Er fragte mich, wer mir erlaubt habe, die Äste zu sammeln und ob ich noch zum Wildern ginge. Ich sagte darauf: »Selbstverständlich, wenn ich nichts verdiene und für meine Familie nichts zu essen habe! Gebn´s mir Arbeit!«

Er drauf: »Für sie habe ich keine Arbeit!"

»Warum? Bin ich ihnen zu faul oder zu dumm?"

»Nein, aber sie würden meinen ganzen Betrieb durcheinander bringen. Aber hier habe ich Arbeit für sie!"

Ich sollte die Äste einer frisch geschlagenen Buche, welche verstreut herumlagen, ausmachen. Die könnte ich dann für mich behalten, die Reiser sollte ich auf einen Haufen tun und verbrennen, aber so, daß die frisch gepflanzte Jugend nicht beschädigt wird. Außerdem solle ich die Bächlein, welche durch das Gelände laufen, reinigen. Dafür würde ich bezahlt werden. Ich solle ins Büro kommen, wo ein diesbezüglicher Vertrag gemacht würde. Es war ein günstiges Angebot, und ich hatte Arbeit den ganzen Herbst und Winter 1930/31. Ich bekam dazu noch den Auftrag, in seinem Waldabteil in der Au, wo seine Arbeiter Buchen schlagen mußten, die anfallenden Äste auf Meterstücke abzusägen, damit er sie in seinem Betrieb zur Stromerzeugung verheizen konnte. Zur Mittagspause im Wald draußen im Winter durfte ich mich aber nicht zu seinen Arbeitern setzen, um diese, wie er meinte, nicht aufhetzen zu können.

Er mußte mich schon ganz gewaltig fürchten, denn in seinem Büro hatte ich zuvor schon einen schweren Zusammenstoß mit ihm: Ich ging in den Betrieb zum Werkmeister Holzner und wollte einen Arm voll kleine Latten für meine Hasenställe. Der Holzner schickte mich ins Büro, da wurde ich erst angemeldet.

Der alte Herr kam heraus auf den Flur und faßte mich, nachdem ich mein Anliegen vorgebracht hatte, am Joppenaufschlag mit den Worten: »Sie trau´n sich noch zu uns herein!«

»Warum?«

»Sie wissen doch, was sie bei uns noch alles schuldig sind!«

Ich hatte tatsächlich noch etwas stehen, was ich aber bar oder mit Kalklieferungen abzahlen wollte.

Ich wurde aber so wütend, weil er so mit mir umsprang, daß ich laut wurde: »Ich bei ihnen Schulden? Sie schulden mir mehr wie das Zehnfache!«

Da war er platt. Er ging zurück ins Büro, ich immer hinterher, da sagte er: »Warum sind sie hierher gekommen und nicht in Köln geblieben?«

Ich drauf: »Ihre Schergen haben ja solange nach mir gesucht, bis sie mich aufgestöbert haben, und nun bin ich hier und halte mich an sie, weil ihr Jäger mich damals in Ohlstadt angeschossen hat, obwohl ich nie in ihrem Revier gewildert habe. Vor dem Volksgericht hat er auch noch falsch geschworen, der meineidige Hund!«

»Da kann doch ich nichts dafür!«

»Ihr Jäger steht in ihren Diensten, und was einer ihrer Arbeiter oder Angestellten in ihren Diensten anstellt, dafür sind sie verantwortlich! Und deshalb bin ich hier. Kriege ich nun die Latten?"

Die Diskussion hatte ungefähr eine halbe Stunde gedauert. Sein Sohn, der Prokurist und die Bürohilfe haben alles mit angehört. Sie haben mich nur groß angeschaut, aber nichts dazu gesagt, auch nicht der Sohn, er war in meinem Alter. Der alte Herr sagte nur: »Gehen´s raus und lassen´s ihnen die Latten geben!«

Wie er mir dann später entgegengekommen ist, habe ich ja schon erwähnt. Er bot mir auch durch seinen Sohn ein Darlehen von 500 Mark für meinen Kalkofen an, und der Sohn Theo übernahm eine Bürgschaft von 500 Mark bei der Sparkasse, aber dies war später.

Im Herbst und Winter 1932 und 1933 bekam ich Arbeit beim Flußbauamt am Bauhof. Es kamen mit der Eisenbahn Steine und Faschinen* zur Verbauung der Loisach zwischen Oberau und Eschenlohe. Die Materialien wurden mit einer kleinen Boggerlbahn* an der Loisach entlang an die Baustellen gefahren. Ich mußte mit sechs Mann auf einem Nebengleis der Bahn die Steine auf kleine Loren verladen. Sie wurden darauf an die Baustelle geschafft. Da gab es auf der Baustelle unter den verschiedenen Arbeitern zum Teil heftige politische Diskussionen.

Einer, der als Bremser mit dem Steintransport beschäftigt war, hieß den früheren Reichspräsidenten einen Sattlergesellen, worauf ein Zimmerer beim Bauamt sagte: »Und was ist Hitler? Ein kleiner Anstreicher!«

Darauf ging der andere mit dem Bremsknüppel auf ihn los. Der Zimmerer hob seine große Wiegsäge in die Höhe und drohte: »Geh nur her, dann hau ich dir den Schädel weg!«

Zu solchen Szenen kam es damals oft wegen der Politik. Aber der Hitler machte, als er an der Macht war, bald ein Ende mit solchen Zuständen und ließ seine Gegner einfach einsperren und später durch die Helfershelfer zum Barras schikken.

Auch andere Schikanen mußten wir uns gefallen lassen. Ich meine die Hausdurchsuchungen. Da kamen jeweils ein Gendarm und zwei SA-Männer.

Einmal kamen zwei Eschenloher, der Samm Sepp und der Wörner Hans mit dem Gendarm Serve. Ich sagte zum Samm Sepp, ob er sich nicht schäme, bei einem ehemaligen Schulkameraden wegen der Politik Haussuchung zu machen. Er sagte: »Das haben sie bei mir auch so gemacht.«

Ich drauf: »Das waren aber Schwarze und keine Sozi. Wenn meine Partei von mir verlangen würde, ich solle bei einem anderen Haussuchung machen, würde ich aus der Partei austreten!«

Ich war der einzige, wenn auch kleine, Hausbesitzer in Oberau, der keine Hakenkreuzfahne hatte, um bei gegebenen Anlässen auf Befehl sein Haus damit zu beflaggen. Bei einem Hausbesitzer im Dorf sind die Brüder von Stahlhelm und SA sogar von Eschenlohe gekommen und wollten ihn zwingen, die Fahne rauszuhängen. Zu mir sind sie deswegen nicht gekommen, ich hatte ja gar keine, dafür holten mich am 20. August 1933, am Sonntagmorgen, in der Früh um sechs Uhr, ein Gendarm und zwei Oberauer SA- und Motor-SA-Männer aus dem Bett, um mich in Schutzhaft zu nehmen, wie es damals hieß.

Ein Nachbar von damals hatte mich, wie ich später erfuhr, bei der Kreisleitung hingehängt. Ich hätte seine beiden Söhne, einer bei der SA, der andere bei der HJ, beleidigt und über den Reichskanzler und seine Regierung geschimpft. Jedenfalls wurde ich erst mal nach Garmisch ins Gefängnis gebracht. Es kamen noch so eineinhalb Dutzend Männer aus Garmisch und Umgebung in Schutzhaft. Einige wurden in Garmisch wieder entlassen, wir anderen, etwa 18 Mann, wurden mit einem Postomnibus nach Dachau ins KZ gebracht – ohne vorherige Verhandlung. Es wurde mir lediglich mitgeteilt, wessen mich die Kreisleitung der NSDAP beschuldigte.

KZ-ZEIT IN DACHAU
1933 bis 1934

Schon bei der Einfahrt ins Lager haben wir erlebt, was da für
ein Wind weht. Bei der Fahrt durchs Tor hat der »Spakn Toni«, Anton Trist von Mittenwald, beim Busfenster zu den SS-
Wachmännern hinausgegrinst ohne böse Absicht. Die sind
dann neben dem Bus hergelaufen bis vor die Kommandantur,
wo er anhielt. Sie stürzten auf uns zu mit den Worten: »Wo ist
der Kerl, der das alles lächerlich findet?«

Und schon ist der »Spakn Toni« zu Boden gegangen, weil
ihn die beiden niedergeschlagen haben.

Nachdem wir verlesen und von den höheren SS-Schergen
der Kommandantur genug besichtigt worden waren, trieben
uns etliche SS-Schläger im Laufschritt in den sogenannten
Schlageteraum. Sie waren mit umgehängten Pistolen und
Ochsenziemern bewaffnet. Die Wände dieses Raumes waren
mit Blut bespritzt und mit Kugellöchern gespickt. Ein Dutzend Schläger nahm sich unser an.

Der »Spakn Toni« und ich, wir waren die einzigen mit kurzen Lederhosen bei dem Transport. Wir sollten den Watschen-Tanz* aufführen. Selbstverständlich hauten wir uns dabei nicht ins Gesicht, wie die Brüder wollten. Da nahmen zwei
von ihnen sich unser an und schlugen uns von allen Seiten mit
der Faust ins Gesicht und an den Kopf, bis uns das Blut aus
Maul und Nase lief. Die anderen wurden in ähnlicher Weise
fertiggemacht.

Die ganze Prozedur dauerte eine gute halbe Stunde, dann
wurden wir, wieder von den Schlägern begleitet, im Laufschritt
an der Wache vorbei ins eigentliche Lager getrieben.

Wir kamen in die 9. Kompanie. In jedem der barackenähn-
lichen Bauten war eine Kompanie untergebracht. Sie bestand
aus vier Korporalschaften mit je 54 Häftlingen in einem Raum
mit drei Holzpritschen-Lagern mit Strohsäcken übereinander.

Mit den Kopfteilen zueinander waren an jeder Seite 27 Pritschen angeordnet. Zu den oberen Pritschen ging eine Leiter und ein Laufbrett. Die unteren und mittleren Häftlinge mußten vom Fußende aus in ihre Klappen steigen. Jeweils am Kopfende war ein hölzernes Kästchen angebracht, welches Eßbesteck, Geschirr und manchmal auch Lebensmittel wie Brot und ähnliches enthielt. Am Fußende hing wieder ein kleines Kästchen für Toilettensachen, Schuhe usw. An der Wand waren ein paar Haken für Kleider.

Bei unserer Ankunft in der Baracke wurden uns erst mal von ein paar Häftlingen (gelernte Friseure) die Köpfe kahl geschoren, damit wir im Lager gleich besser als Neulinge auffielen und sich die SS-Männer besser an uns reiben konnten. Uns mußte ja erstmal der Schneid abgekauft werden.

Schon beim Essen holen, versuchten sie uns kleinzumachen. Am Tag mußten wir dreimal kompanieweise antreten. Während die anderen Häftlinge ihre ganzen Portionen erhielten, bekamen wir Geschorenen die ersten sechs Wochen nur die halbe Portion. Da die Essensausgabe schnell vor sich ging und überwacht wurde, konnten die Mithäftlinge, welche die Essensausgabe besorgten, die Kahlgeschorenen nicht bevorzugen. Aber auch diese Zeit ging vorüber.

In den ersten sechs Wochen hatten ein Kamerad aus der Donauwörther Gegend und ich uns für den Zimmerdienst bereitgehalten, um unsere Unterkunft einigermaßen in Ordnung zu halten, denn die täglichen Kontrollen durch die Bewacher waren ziemlich streng, und die meisten in unserer Korporalschaft waren noch nicht beim Barras gewesen, hatten also keine Ahnung von den Aufgaben eines Zimmerdienstes. Es war wie beim Barras, bloß, daß es hier schikanöser zuging. Oder wie soll man das nennen, wenn man mit der eigenen Zahnbürste im gemeinsamen Abort für zwei Korporalschaften die Pissoir-Rinne säubern muß?

Der Wasch- und Abortraum für zwei Korporalschaften mit über 100 Mann lag jeweils zwischen zwei Räumen, die als Aufenthalts- und Schlafraum dienten. In jedem Raum waren außer 54 Klappen mit Strohsäcken noch ein größerer Raum mit Holzrosten auf dem Betonboden, mit einem großen eisernen Ofen und roh gezimmerten Tischen und Bänken als Mobiliar. Das alles sollte, wenn die Häftlinge zur Arbeit eingeteilt waren, vom Korporalschaftsführer, der auch ein Häftling war, und uns beiden Zimmerdiensten einigermaßen saubergehalten werden. Nun zur Beschreibung des Lagers selbst, soweit ich mich nach so langer Zeit noch erinnern kann.

Das KZ Dachau war auf dem etwa 100 Hektar großen Gelände einer ehemaligen Munitionsfabrik aus dem Ersten Weltkrieg errichtet worden, alles mit einer Mauer umgeben. Es waren mehrere große Gebäude – einstige Munitionsfabrikhallen – mit Gleisanschluß vorhanden.

In den Hallen wurden Küche und Speisesaal für die Häftlinge, Schlosserei, Schreinerei, SS-Kaserne mit Speisesaal und Küche sowie die Lagerhalle mit Bahnanschluß eingerichtet. In diesem Komplex befand sich auch die Kommandantur, von SS-Oberführer Eicke und mehreren SS-Führern geleitet, und das sogenannte Tor mit dem jeweiligen Wachpersonal. Das gesondert gesicherte Häftlingslager selbst befand sich in ehemaligen Munitionslagerschuppen, durch welche noch die im Boden einbetonierten Kleinbahngeleise führten. Ein Dutzend von diesen Schuppen an beiden Seiten der Lagerstraße, so um die 15 bis 20, war mit je vier Korporalschaften belegt, wie schon erwähnt.

Es befanden sich zu meiner Zeit etwa 2500 Häftlinge, nicht nur politische, sondern auch kriminelle, im Lager. Also, der Komplex mit den Lagerbaracken war extra stark gesichert, dazu gehörte auch der große Appellplatz und die äußerst gefürchtete sogenannte Kiesgrube, ein flaches Becken von ungefähr zweieinhalb Meter Tiefe. Die Grube war angefüllt mit Grundwasser, denn es wurde laufend Kies entnommen, der im Lager gebraucht wurde, um zu mauern oder zu betonieren oder um Wege und Plätze damit aufzufüllen. Der Kies wurde als gefürchtetes Strafkommando von Häftlingen mittels Rollwagen und Tragbahren meist im Laufschritt herausbefördert, begleitet von SS-Peinigern, die mit Karabinern und Ochsenziemern bewaffnet waren. Wahrscheinlich war es auch für die Begleiter ein Strafposten, denn die mußten ja auch mit den geschundenen Opfern mitlaufen, um sie auf Trab zu halten.

Ich habe so im Vorbeigehen gesehen (stehenbleiben durfte man nicht, um sich dies anzusehen), wie 16 Mann mit Seilen eine große Straßenwalze auf einem großen Platz hin und her zogen, auf beiden Seiten von SS-Schergen mit Ochsenziemern zu schnellerem Tempo angetrieben. Normalerweise wurde früher bei Straßenbauten eine solch große Walze von sechs bis acht Pferden gezogen, und dasselbe mußten hier 16 Mann leisten.

Nun zur Sicherung des Lagers für Häftlinge und der Barakken: Auf dem Appellplatz durfte auch Fußball gespielt werden, aber wehe, wenn ein Ball in die drei Meter breite, neutrale, immer umgegrabene Zone fiel. Sie durfte von keinem betreten werden, sonst wurde unweigerlich auf einen geschossen, auch bei Tag. Man mußte dann zum nächsten Wachposten laufen und ihn durch Strammstehen um Erlaubnis bitten, daß man den Ball herausholen dürfe.

Außerhalb der neutralen Zone war ein zweieinhalb Meter hoher Zaun, der oben mit Stacheldraht gesichert war. Hinter dem Zaun lief ein Weg entlang, auf dem die Wachposten patrouillierten, außerdem waren alle 80 bis 100 Meter ein Wachturm mit MG und Scheinwerfern für die Nacht bestückt. Es ist vorgekommen, daß in der Mittagspause zwischen den Baracken ein paar Häftlinge aus Spaß gerangelt haben. Der junge SS-Mann, der dies außerhalb des Zaunes beobachtete, hat gleich geschossen und ein paar Häftlinge schwer verletzt.

Auf dem großen Platz fand jeden Mittag der Appell statt, wobei alles Wichtige bekannt gegeben wurde, zum Beispiel, daß der und jener in die Kiesgrube müsse. Es wurden Namen verlesen, wer ans Tor mußte. Man wußte aber nicht, ob zur Entlassung, zur Versetzung, zur Überstellung ans Gericht oder zu einer Bestrafung. Die ging dann hinter der Wache vor sich und zwar so:

Ein SS-Mann sitzt auf einem Stuhl mit einer alten Wolldecke auf den Knien. Der Delinquent kniet davor mit dem

Gesicht auf der Wolldecke. Ein paar SS-Männer mit Ochsenziemern hauen von links und rechts auf das Opfer ein, je nachdem so 20 bis 50 Hiebe. Die anderen SS-Schergen schauen zu und auch die Häftlinge, die dann der Reihe nach noch drankommen.

Mit der Wolldecke hat man die Schreie erstickt. Dann wurden alle Delinquenten im Laufschritt wieder ins Lager gejagt. Sie durften in der Baracke nicht mal laut jammern und schimpfen, weil man eventuelle Spitzel befürchten mußte. Ich hatte Glück, daß ich diese Prozedur an mir selbst nicht erlebte, aber mein Kumpel, der andere Zimmerdienst, der hatte gleich zum Einstand 25 solcher Hiebe bekommen, nur weil er in seiner Heimat aus Übermut eine Hakenkreuzfahne verbrannt hatte. Mit dieser Tortur wollte man Geständnisse erzwingen oder erreichen, daß Kumpel von außerhalb des Lagers verraten wurden.

In den ersten Wochen als Zimmerdienst hatte ich einen armen Teufel in unserer Baracke. Seine SS-Peiniger behandelten ihn am Wasserloch der Kiesgrube. Er wurde ins kalte Wasser gejagt, um seine Jacke zu holen, die sie hineingeworfen hatten. Als er an der Böschung wieder hochgekrochen kam, haben sie ihm auf die Hände getreten und ins Gesicht, mit Ochsenziemern auf den völlig durchnäßten armen Teufel eingeschlagen, die Jacke wieder hineingeworfen ins Wasser, und so ging es stundenlang weiter. Als er dann völlig erschöpft und ausgepumpt war, haben sie ihn in die Baracke gejagt, wo wir Zimmerdienste schon warteten, um ihn auszuziehen und trockene Sachen anzulegen. Mir sind die Tränen gekommen, wie ich den zerschlagenen Körper ansehen mußte. Und dies alles, weil er als Kommunist seine Kumpel verraten sollte. Diese Prozedur ging noch ein paar Tage weiter, man glaubt gar nicht, was ein Mensch alles aushalten kann, wenn er muß.

Eine andere beliebte Quälerei war das Ausreißen der Fingernägel. Ich habe oft Häftlinge herumlaufen sehen, welche alle Finger verbunden hatten. Ich konnte erst noch nicht wissen, was denen passiert war. Sowas erfuhr man hintenrum, auch daß es einen Dunkelarrest gab, der so klein war, daß man nur stehen oder sitzen, aber nicht liegen konnte. Außerhalb des eigenen Lagers sah ich, als wir Zimmerdienste Holz oder Kohlen holen mußten oder zum Strohsäcke füllen in die Halle mit Gleisanschluß geführt wurden, kleine Betonhäuschen von vielleicht zwei Meter Durchmesser mit einem seitlichen verdeckten Eingang, einer Art Blende, herumstehen. Erst später, gegen Ende der Haftzeit, erfuhr ich durch Zufall, was es mit diesen Häuschen für eine Bewandtnis habe, denn niemand im Lager wußte über diese komischen Häuschen Bescheid. Aber davon später, weil ich es erst kurz vor meiner Entlassung erfuhr.

Nachdem ich gute sechs Wochen als Zimmerdienst fungiert hatte, kam ich durch den Oberammergauer Heinz Bierling, ich kannte ihn von Garmisch her, und er war einige Tage vor mir nach Dachau gekommen, in die Küche zum Kartoffel schälen und Gemüse putzen. Es waren da um die 16 bis 20 Mann. Ein paar von unserem Transport waren schon anderweitig in der Küche beschäftigt. Da waren 20 eingemauerte Kessel in zwei Reihen aufgestellt, und an jedem Kessel standen unter SS-Aufsicht zwei Häftlinge zum Bedienen und Essen ausgeben. Dreimal am Tag wurden die über 2000 Häftlinge in Viererreihen kompanieweise in die Küche geführt, je zwei Reihen links und rechts an den Kesseln vorbei, um das Essen zu fassen.

Man konnte im Speisesaal essen oder sich außerhalb in Viererreihen aufstellen und wurde wieder an der Wache vorbei ins Lager geführt. Das Ganze dauerte eine gute halbe Stunde. Auf einer Seite war auf dem Turm ein SS-Posten mit Maschinengewehr und auf der anderen Seite auch ein Doppelposten mit MG, also ging alles in Ruhe ab. Wir Helfer in der Küche bekamen unser Essen im Topf mitgebracht und konnten im Speisesaal oder im Lager essen. Wenn wir dablieben, hatten wir die Möglichkeit zum Nachfassen, wenn was übrig war. Auch die anderen, die im Speisesaal aßen, bekamen nachgefaßt.

Manchmal, wenn viel Arbeit war, mußten auch einige von uns Gemüseputzern dableiben und an der Arbeitsstelle essen.

Ich war da meistens dabei, weil ich beim Capo, auch ein Häftling, eine gute Nummer hatte. Er hatte schnell raus, wer fleißig und gewissenhaft arbeitete. Einmal war auch ein prominenter Häftling unter den Essenfassern. Er wurde herausgefischt und mußte, während die über 2000 Häftlinge an ihm vorbeizogen, in die Hocke gehen, seinen leeren Eßnapf in die Hände nehmen und sich die ganze Zeit von einem SS-Schergen anpöbeln lassen.

Er war ein Freiherr von Aretin. Ich sehe ihn noch an der Mauer hocken, eine gute halbe Stunde. Er wurde dann auch ins Lager gebracht, in welche Kompanie weiß ich nicht.

Ein jeder hatte mit sich zu tun und mußte ständig aufpassen, daß er nicht auffiel. Ständig lungerten etliche von den Brüdern herum und starrten die Marschkolonne an. Wehe, wenn sich da einer von uns ein bißchen auffällig benahm, sei es durch Blicke oder mißverständliche Gesten, er wurde erfaßt, aus der Marschkolonne geholt, zusammengeschlagen und ab auf die Wache. Passierte es gar, daß sich ein Häftling an Brot oder Kartoffeln seiner Kameraden vergriff, und er wurde erwischt, so ging es ihm schlecht. Während des ganzen Essenfassens mußte er mit einem Kabel oder einem Strick um den Hals und einem Schild vor der Brust mit der Aufschrift »Ich bin der Dieb der ... Kompanie!« auf einem hohen sogenannten Fleischstock, auf dem die Metzger das Fleisch zerhacken, stehen.

War das Essenfassen vorbei, nahmen sich ein paar SS-Schergen seiner an. Er wurde heruntergeholt und mußte mit dem Kabel oder dem Strick um den Hals ein paarmal durch die von den Schuhen der 2000 Mann dreckige Küche robben. Dann stand an der Tür ein großer Wasserkessel mit einem großen Hahn. Das Wasser verwendete man zum Bodenreinigen in der Küche. Er mußte unter den Hahn robben, und der ganze Wasserguß ging eine Zeitlang über ihn. So durchnäßt ließ man ihn weiterrobben.

Ich stand zufällig mit einem Mithäftling an einem großen Fleischwolf, um Wirsing durchzudrehen, und als der arme Hund direkt hinter mir vorbeirobbte, sind mir wahrhaftig die

Tränen gekommen. Ich durfte aber die SS-Schergen nichts davon merken lassen. Wer weiß, was die mit mir angefangen hätten.

Es sei noch erwähnt, daß ich, seit ich in der Küche tätig war, in die 4. Kompanie verlegt wurde. Der Kompanieführer Schöttl, ein einfacher SS-Mann, war nicht ohne, einige andere dagegen waren richtige Rabauken. Wenn die nachts von einer Sauferei nach Hause kamen in ihr Quartier, kamen sie erst ins Lager und stürmten besoffen durch die Baracken. Alle Häftlinge mußten dann schnellstens aus den Klappen und im Hemd strammstehen. Wehe, wenn einer nicht schnell genug heraus war! Die hatten immer außer der Pistole den Ochsenziemer dabei.

Das war unser Tagesablauf: Um halb sechs Uhr antreten und mit großen Kannen den Kaffee holen. Dann alles antreten zum Arbeiten, nachdem die einzelnen Kommandos geschlossen im Lager verteilt waren. Zwölf Uhr geschlossen in die Unterkunft, gleich wieder antreten zum Mittagessen, um ein Uhr nachmittags antreten und geschlossen kompanieweise auf dem Appellplatz aufstellen. Hier Bekanntgabe verschiedener Anordnungen, insbesondere der einzelnen Strafkommandos wie zum Beispiel der Kiesgrube. Nachmittags Abmarsch der Arbeitskommandos, abends Aufstellung zum Essenfassen. Nach dem Essen um halb acht Uhr wiederum zwischen den Baracken zum Zählappell antreten. Hernach um halb neun Uhr ging das Licht aus, und alles mußte ruhig in der Klappe liegen. Wehe, wenn die SS-Wachmänner durch die Baracken stürmten, und es war einer noch nicht in der Falle!

Im Lager gab es für die Häftlinge auch eine Kantine. Wer Geld hatte, konnte sich zusätzlich zu essen kaufen oder sonstige Gebrauchsartikel, aber keinen Alkohol. Man wurde von ein paar Häftlingen unter Aufsicht eines SS-Mannes, welcher kassierte, bedient. Ich konnte selbstverständlich nicht viel kaufen, meine Frau zu Hause bekam in der Woche sieben Mark fünfzig Unterstützung, und davon schickte sie mir alle zwei bis drei Wochen fünf Mark. Zu essen gab es ja einigermaßen, und Kartoffelschäler konnten auch hie und da nachfassen.

Zu Weihnachten 1933 gab es Pellkartoffel und einen Salzhering. Ich konnte aber nichts essen, weil ich eine eitrige Mandelentzündung hatte. Erst traute ich mich nicht, das beim Arzt zu melden, dann ging ich aber doch und kam ins Revier. Der SS-Arzt, ein netter, freundlicher junger Mann, schimpfte mich aus, warum ich nicht früher gekommen wäre. Ich sagte wahrheitsgemäß: »Weil ich mich nicht getraut habe.«

Ich kam ins Revier in separate Behandlung mit anderen, welche auch ansteckende Krankheiten hatten.

Es waren auch ein paar ältere Juden darunter, die wurden aber vom Arzt bei der Visite jedesmal freundlich behandelt. Ich war weniger erbaut von den beiden Brüdern. Die lagen neben mir in den Betten und unterhielten sich den ganzen Tag miteinander. Dabei lüftete der eine neben mir, wenn er einen inneren Drang hatte, seine Decke und ließ mich seiner Knoblauchdüfte teilhaftig werden. Seitdem bin ich auf diese Brüder nicht gut zu sprechen, obwohl sie mir insgesamt leid taten, denn sie wurden allgemein im Dritten Reich nicht gerade menschlich behandelt.

In der Zeit bekam ich auch noch eine Vorladung ans Amtsgericht Garmisch. Meine liebe Nachbarin, welche auch mitschuldig war an meiner Verhaftung, hatte mich angezeigt wegen Tierquälerei. Ich sollte meinen Ziegen Schilder um den Hals gehängt haben mit den Aufschriften: »Das ist der Göring!« »Das ist der Göbbels!« Dann hatte ich den Ziegen angeblich eine Strafrede gehalten und sie hinterher geschlagen. So ein Blödsinn, aber der wurde geglaubt, und die einschlägigen Paragraphen waren damals streng. Jedenfalls, ich wurde nach Garmisch gebracht und zu drei Wochen Gefängnis verurteilt wegen Tierquälerei.

Zum Glück konnte ich die Strafe im Gefängnis Dachau während meiner Haftzeit absitzen. Wir waren da mehrere in einer Gemeinschaftszelle, wurden gut behandelt und verpflegt, und da erfuhr ich, was es mit den ominösen Betonhäuschen außerhalb unseres Lagers auf sich hatte. Eines Abends, als es ruhig im Bau war, erzählte uns ein junger Mithäftling nach langem Zögern, was er erlebt hatte und für was die Häuschen da sind. Er hatte sich erst nicht getraut und uns das Versprechen abgenommen, nichts davon zu erzählen.

Weil er einen SS-Mann im Lager tätlich angegriffen habe, hatte er in so einem Häuschen eineinhalb Wochen mit ausgebreiteten Armen an Ringen befestigt und an den Füßen angehängt stehen müssen – Tag und Nacht, ohne zur Notdurft oder zum Essen abgelassen zu werden. Er erzählte uns auch, warum.

Mit 18 Jahren war er ins Lager gekommen (weswegen weiß ich nicht) und in der Kommandantur mit Reinemachen beschäftigt. Beim Stiefelputzen für die SS-Schergen hat ihn ein junger SS-Mann, der sein Schulkamerad gewesen war, gefragt:

»Was, das soll Stiefelputzen sein? Komm, laß dir´s mal zeigen!«

Der junge Häftling gab ihm einen kleinen Rempler mit den Worten: »Da brauch ich dich doch nicht dafür!«

Das hat ein SS-Scherge gesehen, und der junge Bursche wurde wegen tätlichen Angriffs auf einen SS-Mann in dieser Weise bestraft, allerdings seiner Jugend und der besonderen Umstände entsprechend, sonst hätte er wohl Schlimmeres oder sein Leben riskiert.

Während meiner Haft im Dachauer Gefängnis habe ich durch einen anderen Häftling erfahren, daß ich am 19. März beim Appell zur Entlassung aus dem KZ aufgerufen worden bin. War ich froh, dies zu hören! Ich war ja grad im Gefängnis, und so verschob sich meine Entlassung noch eine Woche bis zum 26. März 1934.

Ich hatte vorher mal erwähnt, daß wir Häftlinge alle Angst vor der Kiesgrube hatten. Man sah es ja vor Augen, wie man da geschunden wurde. Einer aus unserer 4. Kompanie wurde bei einem Mittagsappell wegen irgendeiner Kleinigkeit zur Kiesgrube verdonnert, und während der Mittagspause hat er sich auf dem Klo an der Türklinke deswegen erhängt. Wir merkten es erst, als einer hineinwollte. Zum Glück konnte man von oben hineinkraxeln.

Es kam auch hie und da prominenter Besuch ins Lager, um es zu besichtigen. Es wurde uns auch gesagt, man könne Wünsche oder Klagen dabei vorbringen. Einmal kam der Frankenführer Streicher mit Gefolge ins Lager. Ich kannte ihn ja noch vom Zellengefängnis Nürnberg her. Ich überlegte schon, ob ich ihn absprechen sollte, aber dann hatte ich doch nicht den Schneid dazu. Vielleicht war´s besser so. Die Prominenz wurde dann immer in die 4. Kompanie geführt, da war extra eine Häftlings-Korporalschaft hergerichtet. Die hatten sogar einen Kleiderschrank. Es sollte halt den Anschein haben, als ob die Häftlinge gut untergebracht wären.

Im Dezember 1933 fanden die Wahlen zum Reichstag und ein Votum für Hitler statt. An dem Tag war frei für alle. Man bekam ein besseres Essen, und das ganze Lager wurde aus dem großen Lautsprecher mit Musik und Naziparolen berieselt. Ein Staatssekretär kam und hielt eine große Rede im Speisesaal, wo wir dichtgedrängt und von der SS scharf bewacht standen. Erst fing er an: »Kameraden des großen Krieges!« Wir waren ganz erstaunt, solche Töne zu hören, aber dann kam es anders. Zum Schuß steigerte er sich in gemeine Ausdrücke wie »Vaterlandsverräter«, »Volksschädlinge« und ähnliche Hetze. Zu guter Letzt wurde dann auch noch das Deutschland- und Horst-Wessel-Lied gespielt, und wir alle mußten mitsingen. Das war vielleicht ein Anblick! Vor und hinter uns die Wärter mit aufgepflanztem Gewehr und wir zwangsweise Nazilieder singend!

Ich war schon gespannt auf die Wahl am nächsten Tag. Wir bekamen erst mal zu Mittag ein besseres Essen und wurden kompanieweise zum Wahllokal geführt. Als ich in der Reihe drankam und mir zuvor schon die Wahlurne angeschaut hatte, wußte ich gleich, was ich zu wählen hatte. Man wurde in einer Liste abgehakt, den Wahlzettel hatte jeder schon vorher ausgefüllt. Der wurde im Umschlag in einen Schlitz gesteckt und rutschte langsam in die Wahlurne – ein Umschlag nach dem anderen. So konnten sie später feststellen, wie einer gewählt hatte. Ein halbes Dutzend Männer sind in der nächsten Zeit verschwunden, ohne daß man wußte, wohin.

Viele andere, die gegen Hitler gestimmt hatten, wurden in

den nächsten Wochen auf alle möglichen Weisen schikaniert. Ich dachte mir: Nur nicht auffallen, wenn du da wieder lebend rauskommen willst!

Um den Lagerbestand aufzufüllen, sind im Spätherbst 1933 so circa 180 Mann aus dem Arbeitshaus Rebdorf ins Lager gekommen. Auch andere Kriminelle wurden eingeliefert, um den Bestand an Arbeitskräften zu erhalten für die vielen angefangenen Vorhaben. Eine Kaserne wurde gebaut für die zahlreichen jungen Österreicher, die zu uns gekommen waren und bei der SS ausgebildet wurden. Es hatte ihnen beim »Dollfuß-Regime« in Österreich nicht mehr gefallen. Aber ich will von den Rebdorfern berichten. Die waren alle gut eingekleidet, weil sie in Rebdorf für die Arbeit, wenn auch gering, bezahlt wurden. Die sind vielleicht ein paar Tage auf dem Appellplatz geschliffen worden! Mit ihren guten Anzügen auf dem Platz rumrobben, bis sie dann endlich irgendwie zur Arbeit eingeteilt wurden und einigermaßen Ruhe hatten.

Wie ich von der Verhandlung in Garmisch wieder ins Lager zurückkam, wurde ich auch wieder dem Lagerkommandanten vorgestellt. Ich bekam nun eine höhere Nummer. Früher hatte ich 3232, jetzt schon über 4000. Es ging nach der Eingangszahl. Mit mir stand noch einer vor dem Chef, dem SS-Oberführer Eicke. Der wurde aber schon zum zweiten Mal in das Lager eingeliefert, weil er seiner Frau gegenüber erzählt hatte, was er im Lager erlebt hatte. Als er dieses dem Chef sagte, meinte der: »Wie können sie so dumm sein und das, was sie sehen und hören, draußen erzählen! Sie wissen doch, wie es hier zugeht. Ob sie ein zweites Mal wieder so gut davonkommen, werden sie ja sehen.«

Ich stand daneben und habe daraus meine Lehre gezogen. Nach der Entlassung hat nicht mal meine Frau davon erfahren, wie es da zugeht. Ich bin doch nicht lebensmüde, und außerdem hatte ich Verantwortung der Familie gegenüber.

Ich denke doch, daß nun die sieben Jahre Pech wegen des zerbrochenen Spiegels beim Umzug 1927 von Köln nach Oberau damit vorüber waren, und es ist auch tatsächlich mit uns besser gegangen nach meiner Entlassung aus dem KZ Dachau am 26. März 1934.

AUFBAUZEIT
1934 bis 1938

Ich bin dann gleich nach München gefahren und habe mir in
der Bahnhofsmission etwas Verpflegung, Geld und eine Fahrkarte nach Oberau geholt. Als ich endlich wieder zu Hause bei
meiner Familie ankam, wurde mir erst mal die Unterstützung
für meine Familie gestrichen, und man eröffnete mir, daß ich
mich von nun ab in der Gemeinde dreimal wöchentlich polizeilich zu melden hätte, später dann zweimal in der Woche.
Erst ein dreiviertel Jahr später wurde die Meldepflicht ganz
aufgehoben durch den damaligen Bürgermeister Dr. Kurt
Geissler. Er war auch zugleich Leiter der Pappenfabrik.

Ich hatte vorläufig zu Hause in Stall und Garten Arbeit genug, und dann ging es mit dem Kalkofen wieder auf, damit
endlich wieder etwas Geld ins Haus kam.

Im Sommer bekam ich dann feste Arbeit beim Flußbauamt
Oberau. Es wurden in Eschenlohe an der Urlaine verschiedene
Sperren eingebaut, um das alljährliche Hochwasser im Früh-
jahr etwas abzuhalten und vor allem das Kiesgeschiebe abzu-
fangen. Ich mußte da täglich in der Früh mit dem Rad nach
Eschenlohe fahren, aber was ist das schon, wenn man endlich
nach so vielen Jahren wieder eine feste Arbeit hat und jede
Woche regelmäßig Geld ins Haus kommt.

Ende Oktober 1934 kam meine Schwester Marie zu mir, von
Dr. Geissler geschickt, ich könne in der Pappenfabrik anfangen. Also ging ich erst mal raus und meldete mich bei Dr.
Geissler. Er sagte mir, es würden mehrere Leute eingestellt,
und ich könne sofort anfangen, müßte aber erst zum Chef.

Da sagte ich: »Zu dem gehe ich nicht!«

Er wollte wissen, warum, ich drauf: »Als ich 1927 herkam,
war ich auch anfragen wegen Arbeit, da bin ich gar nicht vorgelassen worden. Das gleiche war 1928 und später. Alles in allem bin ich mindestens ein halbes Dutzend mal wegen Arbeit

vorstellig und niemals beim Chef vorgelassen worden. Immer hieß es: Wir haben keine Arbeit! Und ich gehe weiter zum Flußbauamt nach Eschenlohe zur Arbeit!«

Nach drei Wochen kam meine Schwester Marie wieder (sie arbeitete damals auch in der Fabrik), ich solle zum Geissler kommen. In Anbetracht dessen, daß der Winter vor der Tür stand und eine Arbeit im Ort und noch dazu unter Dach besser war, obwohl ich gerne im Freien arbeitete, ging ich doch zum Dr. Geissler. Er redete mir gut zu, wie schwer doch die Arbeit beim Flußbauamt sei und daß es da Wechselschichten gäbe und ich somit Freizeit für meine Arbeit daheim habe. Da entschloß ich mich, doch in der Pappenfabrik anzufangen, aber nur, wenn ich nicht zum Chef müßte. Er sagte, das brauche ich nicht, und ich sei erst mal auf ein halbes Jahr auf Probe eingestellt – eine für mich beleidigende Bedingung.

In Köln hatte ich Vertrauensstellen als Verbauer und Einschaler im Kanalbau gehabt und hatte vorher als Schachtmeister 30 bis 50 Mann zu beaufsichtigen, und hier in der Heimat wird mir endlich nach sieben Jahren eine Arbeit auf Probe angeboten. Ich nahm aber das Angebot an – 20 Mark Vorschuß und 23 Mark am Zahltag.

Ich kam in den sogenannten Naßbetrieb als Pappenabnehmer an der Pappenmaschine in der alten Fabrik. Es war dies eine sehr nasse Arbeit, man hatte dauernd zu tun, den im Wasser aufgelösten Stoff, der an der Maschine hinten zufloß, zu regulieren. Der Stoff lief über einen endlosen Filz, über eine Siebtrommel und mehrere Walzen auf die große Trommel, welche mit ein paar Rillen versehen war in der Breite der gewünschten Stoffbahnen. Wenn der Brei in der gewünschten Dicke abgelaufen war, schellte eine kleine Glocke an der Maschine, man mußte dann schnell an der rotierenden Trommel den aufgelaufenen Stoff mit einem Holzmesser abschneiden und abnehmen. Bei jeder Umdrehung der Walze hatte man dann zwei Pappen der gewünschten Stärke und Größe. Die wurden auf einen eisernen kleinen Rollwagen geschichtet und dann unter die Presse gefahren. Da wurde das Wasser hydraulisch herausgepreßt, und die Pappen kamen zur Weiterverarbeitung in verschiedene Arbeitsgänge.

Da ich immer im ungeheizten Fabrikraum in der Nässe arbeitete, blieb es nicht aus, daß ich bald mit eitriger Mandelentzündung zu tun hatte. Ich meldete mich aber nicht krank, um diese Arbeit nicht zu verlieren.

Nach einem guten Jahr im Naßbetrieb kam auch ein Rückfall des Ischias, das seinerzeit 1921 in Mitteldeutschland völlig ausgeheilt schien. Durch die nasse Arbeit kam die Krankheit wieder zum Ausbruch. Ich mußte nach Garmisch ins Krankenhaus, wo mich ein Arzt Dr. Friedrich in Behandlung nahm. Nach zehn Tagen entließ er mich wieder, weil er nichts fand an mir, was einen Krankenhausaufenthalt gerechtfertigt hätte. Er sagte, er fände nichts, und ich solle mich zu Hause acht Tage schonen und zum Beispiel Holz abschneiden und den Schmerz nicht über mich Herr werden lassen. Also blieb ich eine Woche daheim und versuchte, Holz zu sägen, bis ich am Sägebock zusammenbrach, weil ich nicht mehr stehen konnte.

Es war Sommer. Ich habe mich auf einer Decke auf die Erde gelegt und die Sonne auf den entblößten rechten Schenkel scheinen lassen, solange, bis die Stelle aufgebrannt war. Besser stehen konnte ich immer noch nicht, und die Hüftschmerzen waren auch noch da. So fuhr ich mit einem Gärtner, der mit dem Pferdewagen Gemüse nach Garmisch brachte, mit und ging zum damaligen Vertrauensarzt der Krankenkasse, Dr. Dorsch. Der untersuchte mich nur kurz und schickte mich sofort ins Krankenhaus Partenkirchen. Ich kam da in die Station von Dr. Gazert, ein alter Arzt für Inneres, in Behandlung. Abgesehen davon, daß er mich jeden Tag aufs Neue fragte, was mir fehlt, wollte er meinem Ischias mit Spritzen beikommen. Er hatte halt schon ein schlechtes Gedächnis. Ich bekam nun jeden Tag Spritzen, solange, bis mir auf den Schultern zentimeterdicke und handtellergroße Blasen auffuhren. Da hörte er sofort mit den Spritzen auf. Ich wurde nach ein paar Wochen entlassen und durfte auf Veranlassung des Vertrauensarztes nicht mehr im Naßbetrieb arbeiten.

So kam ich als Holzeinleger am großen Schleifer in die damals neue Fabrik. Es mußte da über dem großen Schleifstein das vorgedämpfte Fichten- und Föhrenrundholz in einen

Schacht geschlichtet werden. Dort wurde es durch die an den Seiten des Schachtes befindlichen Ketten unter großem Druck auf den Schleifstein gepreßt und unter starkem Wasserzusatz zu dem vorgenannten Stoff geschliffen. Von da wurde der Brei zu den verschiedenen Maschinen gepumpt.

Pro Schicht benötigte man circa acht bis zehn Ster Holz. Der größte Teil davon mußte an Ort und Stelle entrindet werden. Die Meterprügel hatten 10 bis 25 Zentimeter im Durchmesser, und je mehr dünne Prügel angefahren wurden, umso mehr mußte man sich tummeln, daß man mitkam mit dem Einschichten. Das Holz wurde vorher gedämpft, daß der Schliff braun wurde wie Pappe. Es stiegen schlechte Dämpfe davon auf, und am Arbeitsplatz staubte es stark, weil man immer auf der abgeschälten Rinde herumtrampelte – also ein höchst ungesunder Arbeitsplatz für mich.

Es dauerte kein Jahr, dann bekam ich ein Magenleiden und konnte vom Arzt aus auch diese Arbeit nicht mehr machen. Dr. Geissler, der mich inzwischen als einen guten und gewissenhaften Arbeiter kennengelernt hatte, stellte mich an einen sogenannten Kalender – eine leichte, fast staubfreie Arbeit. Das war eine Maschine mit zwei rotierenden, mit Dampf erhitzten Walzen, mit denen unter großem Druck die fast fertigen, getrockneten Pappen geglättet wurden. Danach kamen sie in die Kartonage-Abteilung, wo man sie weiterverarbeitet hat.

Es dauerte aber nicht lange, da kam Dr. Geissler zu mir und sagte, er müsse mich von dieser Arbeit wegnehmen, weil sich Betriebsangehörige beschwert hätten, ich sei erst zweieinhalb Jahre im Betrieb und erhalte eine so günstige Arbeit. Eine andere leichte Arbeit habe er leider nicht, somit müsse ich entlassen werden. Ich sagte damals zum Werkführer, der mir antrug, Schichtführer zu machen, weil bei der Betriebsleitung bekannt war, daß ich eine gewissenhafte, saubere Arbeit mache: »Ich will bei dem Betrieb nicht vorwärts kommen, weil es unter den Angestellten einige Neidhammel gibt, die schon zehn bis zwanzig Jahre im Betrieb arbeiten, aber zum Schichtführer nicht geeignet sind. Die würden mir die Hölle heiß machen, wenn ich den Posten annehme.«

Für die war ich halt immer noch der Sozi und Nazifeind. Bei einer groß aufgezogenen Betriebsversammlung meinte einmal der Chef selber, wir 34 damals neu eingestellten Arbeiter müßten das dem Führer danken, daß wir jetzt Arbeit bekommen haben. Bei einer anderen großen Betriebsversammlung waren auch meine Nachbarn anwesend, obwohl sie mit ihrem Sägewerk selbständig waren, um sich bei der Betriebsleitung (Dr. Geissler war ja zugleich Bürgermeister von Oberau) einzuschmeicheln. Sie hatten damals die Absicht, von der Gemeinde Grund für Holz- und Bretterlager zu kaufen. Diese beiden wurden nach meiner Entlassung für ein Jahr meine nächsten Arbeitgeber, von Ende 1937 bis Ende 1938. Auch meine Frau hat bei ihnen gearbeitet und im Akkord Bündel gemacht für eine Mark fünfzig das Stück. Als ich aber rausbekam, daß sie mir bei der Gemeinde den Grund um mein Häuschen, den ich kultiviert hatte, wegkaufen wollten, da haben wir beide sofort aufgehört.

Ich bin dann zum anderen Nachbarn ins Gipswerk arbeiten gegangen, und hier muß ich noch erwähnen, daß ich es nur

1937 mit Frau, Sohn und Geißen vor unserem kleinen, aber eigenen Häusl

Dr. Geissler zu verdanken hatte, daß die Brüder meinen selber kultivierten Grund vor meinem Häuschen nicht bekamen. Bis heute spreche ich nicht mehr mit denen, obwohl ich eigentlich nichts mehr damit zu tun habe, denn unser einziger Sohn ist nun Besitzer von unserem schwer erarbeiteten Anwesen. Ich möchte hier aber noch einfügen, daß nicht sie es waren, die mich 1933 ins KZ brachten. Es gilt für mich das Sprichwort »Liebe deinen Nachbarn, aber reiße den Zaun nicht ein!«

Daran habe ich mich all die Jahre gehalten.

Kriegszeit
1938 bis 1945

Einmarsch im Sudetenland

Wie ich nun grade im Gipswerk angefangen hatte, erhielt ich auch gleich eine Einberufung zum Barras. Es hieß, auf sechs Wochen zur Herbstübung zur Gebirgsartillerie in Garmisch. Eine schöne Herbstübung, auf der man Erkennungsmarke, Gasmaske und scharfe Munition fassen mußte!

Es ging um den Einmarsch im Sudetenland, und wenn der Tscheche damals nicht zurückgegangen wäre, dann hätte es schon im Herbst 1938 gekracht. Da kamen ja bereits die wahren Absichten vom Hitler und seinen Hintermännern zu Tage. Daladier und Chamberlain hätten mit dem Burschen in München nicht lange verhandeln sollen, dann wäre uns und der Welt viel erspart geblieben.

Also wir Alten aus dem Ersten Weltkrieg wurden auch eingezogen, zum Teil mit Pferden, wer welche hatte, und bildeten den Troß der Gebirgsartillerie 79. In Garmisch wurden wir verladen, in Passau ausgeladen und per Achse in Richtung Moldaukunie über Waldkirchen, Böhmisch Röhm, Sallnau, Oberplan bis Andreasberg im Böhmischen Wald geschickt. Da hat uns die Feuerwehr in Uniform mit Musikkapelle bei größtem Schneegestöber empfangen. Wir mit den Gespannen wurden bei sudetendeutschen Bauern einquartiert und mußten denen auch Gespanndienste leisten.

Die wenigen, die Pferde besaßen, hatten diese ans tschechische Heer abgeben müssen, und die Kuhbauern, welche ihre Kühe und Ochsen einspannten, waren auch froh, wenn sie von uns Gespanndienste bekommen konnten, denn im Herbst 1938 mußten auch da die Ernten eingebracht und die Felder wieder bestellt werden.

Es dauerte nicht lange, und wir kamen wieder in die Heimat zurück, aber nicht ohne unseren Angehörigen billige Sachen mitzubringen: Stoffe für Dirndlkleider und Schürzen, für jeden von meiner Familie ein Paar Holzpantinen, das Paar zu fünfzig Pfennig, 100 Eier, das Stück fünf Pfennige, einen riesigen Laib Bauernbrot für eine Mark oder zehn tschechische Kronen.

Wir waren nur in deutschfreundlichen Dörfern eingesetzt. Dazwischen lagen wieder Dörfer mit tschechischen Bewohnern, da waren wir wohl geduldet, aber nicht gerne gesehen. Ich will das Kapitel Sudeten-Einmarsch abschließen. Es wäre noch viel darüber zu schreiben. Die Leute, die deutschstämmigen, waren nett und freundlich zu uns, aber man sah doch, daß sich die nicht so plagten, um aus dem Boden mehr rauszuholen, wie es bei uns der Fall war. Auch zwei Garmischer, der Pächter des Kainzenbades mit seinen Pferden und der Fuhrmann Eichberger von der Kohlenhandlung Thome kehrten mit mir wieder zurück in die Heimat.

Gips kochen und Maul halten

Nun, ich kam wieder nach Hause zur Familie und hatte, ganz in der Nachbarschaft, eine ständige, wenn auch dreckige Arbeit. In der Gipsfabrik war es staubig wie noch nie, aber wer hat schon alles, wie er es will? Hauptsache war, ich war in der Wechselschicht und konnte so auch zu Hause noch was tun.

Der gemahlene Gips wurde in drei Schichten gekocht, nicht gebrannt, wie es beim Kalkofen der Fall ist. Im Kessel, der mit Koks geheizt wird, laufen rundum Röhren, welche mit einem bestimmten Öl gefüllt sind. Dieses erhitzte Öl wird nach oben in einen anderen Kessel gedrückt und in diesen durch den Elevator wieder der sandförmig zerkleinerte Gips eingefüllt und durch ein rotierendes Rührwerk aufgelockert, bis er die nötigen Hitzegrade von 220 ° C. erreicht hat. Dann wird der kochende Gips abgelassen und wieder durch einen Elevator in den Silo befördert, von wo er über zwei vertikale Mühlsteine gemahlen wird, um dann abgesackt zum Versand zu kommen. In drei Schichten, also 24 Stunden, wurden so 220 bis 240 Sack zu je 80 Pfund fertiggemacht und mit dem Lastwagen dann zur Bahn abtransportiert. Das ganze ist ein schwefelsau-

Mit meinen Kollegen bei der Drecksarbeit im Oberauer Gipsbruch 1939

rer Kalk und wird als Baugips oder ungebrannt von den Bauern als Düngegips verwendet.

Die Firma hatte ihren Sitz in München und wurde in Oberau von einem alten Werkführer geleitet, einem störrischen, rückständigen Mann von bald 80 Jahren, der schon seit 40 Jahren bei der Firma war.

Die Bezahlung in der Gipsfabrik war nicht gerade gut mit 60 Pfennig Stundenlohn. Eine Lohnabrechnung nach Stunden gab es nicht, auch keine Lohntüten, die wurden erst auf meinen Protest hin eingeführt. Weil die meisten anderen Werksangehörigen, mit dem Werkführer mindestens sechs Mann, alle in werkseigenen Wohnungen und Ledigen-Unterkünften umsonst wohnten (sie brauchten auch nichts für Wohnung, Heizung und Licht zu bezahlen), haben sie zu den veralteten und eigenmächtigen Zuständen dem Werkführer gegenüber das Maul gehalten. Ich habe beim Schwiegersohn des Firmeninhabers Hermann Völker solange gekämpft und gestritten und mit Aufhören gedroht, bis wir alle erst mal eine sogenannte Schmutzzulage für den Dreck im Steinbruch und Staub im Werk von wöchentlich drei Mark erhielten und ich extra noch eine Wohngeld-Entschädigung von drei Mark wöchentlich bekam, weil die anderen Arbeitskollegen ja damit keine Kosten hatten. Selbst das nötige Brennholz konnten sie im Gelände des Steinbruches schlagen. Es waren auch Pferde da, welche die Steine vom Bruch ins Werk und den fertigen Gips zum Verladen fuhren. Auch der Fuhrmann wohnte in der Ledigen-Unterkunft. Später wurde ein alter Bulldog angeschafft und aus dem Pferdestall eine Garage gemacht.

Inzwischen kam der Zweite Weltkrieg, und zwei Kollegen wurden eingezogen. Nun waren zum Brennen nur noch der alte Mann und ich da, die übrigen arbeiteten im Bruch und um Steine aufzubereiten. Wir zwei mußten nun 24 Stunden am Tag brennen. Er jammerte, er könne nur am Tag zwölf Stunden machen, weil er den Schlaf in der Nacht brauche. So blieb mir nichts anderes übrig, als zwölf Stunden ununterbrochen, solange der Ofen brannte, Nachtschicht zu machen und dies wochenlang und noch dazu zum normalen Stundenlohn.

Ich war gezwungen, zu schweigen, denn wir hatten ja immer noch das Dritte Reich und dazu Krieg. Der alte Werkführer, Raumeier Andreas, und auch der Vorarbeiter im Bruch, der sogenannte Bruchmeister, der unabkömmlich gemeldet und verheiratet war und auch im Werk wohnte, hatten mich schon mehrmals ermahnt, wenn ich nicht das Maul halte, käme ich woanders hin. Ich wußte ja, was damit gemeint war, also war ich gezwungen, öfter als mir lieb war, auf die Zunge zu beißen, schon der Familie wegen.

EINBERUFUNG UND ENTLASSUNG

Es kam das Kriegsjahr 1940 und damit auch für mich die Einberufung. Wegen meiner früheren Eignung beim Umgang mit Pferden wurde ich als bedingt kriegsverwendungsfähig zu einer Baukolonne nach Freising geschickt. Die Kolonne hatte beim Baubataillon 100 Gespanndienste zu leisten. Nach ein paar Wochen in Freising ging es erstmal ins Wintergelände in die Eifel – der Krieg mit Frankreich stand wieder bevor. Ich

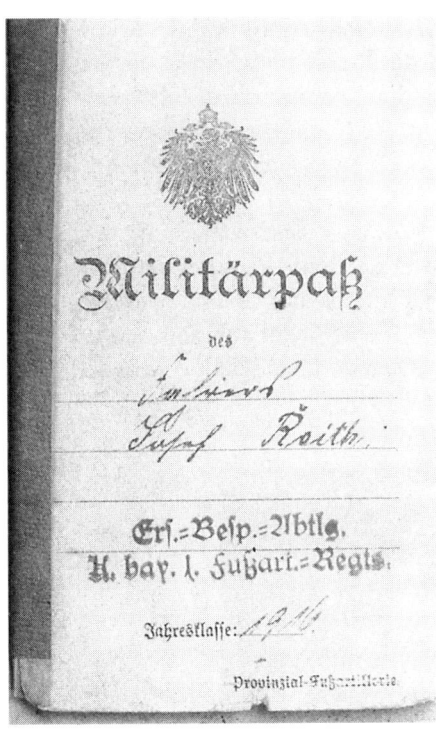
Mein Wehrpaß aus den Ersten Weltkrieg

war mit dem Voraus-kommando als Quartiermeister für die Gespanne mitgeschickt worden.

Wir waren im Kreis Mayen einquartiert. Eines Tages wurde ich auf die Kanzlei beordert, wo man mich fragte, ob ich nachweisen könne, wie lange ich im Ersten Weltkrieg gedient habe. Ich hatte zufällig meinen alten Wehrpaß dabei und gab ihn in der Schreibstube ab. Nach ein paar Tagen wurde ich zum Kolonnenführer, einem Oberleutnant, gerufen und von ihm gefragt, ob ich nach Hause wolle. Es sei für mich ein Gesuch da vom Gipswerk, um mich unabkömmlich zu stellen. Ich sagte, heim wolle ich schon, aber nicht in diese Dreck- und Staubbude. Darauf sagte er, ich müsse mich entscheiden, was ich wolle. Ich sagte: »Wissen sie was, Herr Oberleutnant? Ich überlasse Ihnen die Entscheidung!«

Damit war ich aber noch nicht fertig.

Ein paar Tage später wurde ich wieder zum Spieß gerufen. Inzwischen war mein alter Militärpaß geprüft worden, und daraus war ersichtlich, daß ich mindestens zwei Jahre an der Front war und gut zwei Dutzend Schlachten und Gefechte mitgemacht hatte. Es wurde mir gesagt, auf Grund eines Ministerialerlasses soundso müsse ein Mann, wenn er zwei Jahre Frontdienst hat und ein Unabkömmlichkeits-Gesuch vorliege,

267

entlassen werden. Man hatte mich schon für das Vorkommando als Quartiermacher für die Pferde vorgemerkt, als ich am 8. Mai 1940, zwei Tage vor dem Abmarsch der Truppen nach Westen, heimgeschickt wurde. Gerade noch rechtzeitig kam ich in die Heimat. Und ich Depp wollte erst gar nicht! Nachher war ich freilich froh.

Erst kam ich nach Freising zum Ersatzbataillon zurück. Es war kurz vor Pfingsten und die Kleiderkammer war schon geschlossen. Somit konnte ich erst später meine Zivilklamotten rausfassen und das restliche Geld wieder abholen. Ich war nun endgültig wieder Zivilist, mußte aber wieder zurück in die

Paßbild von Josef Roith, aus dem Soldbuch vom 29.9.1944

Bruchbude von Gipswerk. Meine Kolonne war inzwischen durch Belgien nach Frankreich gekommen und ist später, wie mir ein Kamerad schrieb, in Norwegen eingesetzt worden. Sie hatten bis dahin auch schon Verluste gehabt. Was später daraus wurde, weiß ich nicht, wahrscheinlich sind die meisten in Rußland geblieben.

Bevor ich das Kapitel Barras für diesmal abschließe, sei noch erwähnt, daß ich am 20. April 1941, am Geburtstag Hitlers, zum Gefreiten befördert wurde – welche Ehre für mich, den Nazigegner! Ich muß außerdem noch erwähnen, daß meine Familie, solange ich beim Barras war, das gilt auch für 1938, monatlich 78 Mark Unterhalt bekam, also brauchten wir direkt keine Not leiden, da ja Garten und Stall auch noch etwas abgeworfen und zum Lebensunterhalt beigetragen haben.

KRIEGSJAHRE IN DER HEIMAT

Wir hatten außer Hühner, Ziegen und Hasen auch Schafe angeschafft. Ein halbes Jahr später kamen auch noch Bienen dazu. Da wir weiterhin gemeindliches Ödland kultiviert und so nebenbei auch ab und zu einen Ofen voll Kalk gebrannt haben, hatten wir Arbeit genug. Mit dem Kalk ging wegen des Krieges allerdings fast nichts mehr, weil kein Mensch mehr bauen wollte oder konnte. Nur das, was die Leute fürs Reparieren und zum Weißeln brauchten, konnten wir noch verkaufen, denn dafür war ja der holzgebrannte Kalk ausgezeichnet geeignet, und einen anderen gab es sowieso nimmer.

Damit ging auch das Jahr 1941 vorüber. Auch mit Gips ging nicht mehr viel, und so wurden von unserem Betrieb ein paar Mann an das kleine Sägewerk meines lieben Nachbarn ausgeliehen. Ich ging mit einem Oberauer Bauernsohn zum Holzen in den Wald seines Bruders. Der hatte eine größere Abteilung Buchen stehend an einen Holzhändler verkauft, und sein Bruder hatte die Arbeit übernommen, die Buchen zu fällen und aufzuarbeiten auf Meterscheite und vom Berg hinunter an die Straße zu schaffen zum Abtransport. Es sollten so ungefähr 1100 Ster sein.

Anfangs hieß es, wir seien vier bis fünf Mann mit einer Motorsäge, aber es ist bei uns Zweien geblieben – ohne Motorsäge. Es war dies eine harte und schwierige Arbeit am Hang, mit der Wiagsog* die vielen Buchen von über drei Viertel Meter Durchmesser zu machen.

Eineinhalb Jahre, zwei Sommer und einen Winter, sind wir zur Arbeitsstelle gestapft. Um die 1100 Ster in Form von vielen tausend Meterscheiten an die Straße hinunter zu schaffen, mußten wir eine sogenannte Streifrinne bauen. Die war einen guten halben Kilometer lang, und dann war noch der steile Felshang direkt an der Straße und der Bahn zu überwinden. Es ist aber ohne größeren Unfall gelungen. Am Ende der Rutschbahn war allerdings ein Posten aufgestellt für den Fall, daß ein Stamm auf die Straße oder die Bahnanlage fällt. Es war nur gut, daß damals kein großer Verkehr herrschte. Wenn allerdings wieder Gips gebrannt wurde, hat man mich wieder für eine Woche ins Werk beordert. Durch den Krieg mußte aber die ganze Nacht verdunkelt werden und Fenster und Türen geschlossen bleiben. Da staubte es des Nachts noch mehr im Betrieb, und ich spürte es an Herz und Lunge.

Ich ging halt wieder zum Arzt. Ein Professor untersuchte mich und stellte fest, ich hätte einen Herz- und Lungenfehler und müßte die Arbeit aufgeben. Das habe ich auch getan, und sie konnten mich auch nicht wieder einrücken lassen mit meinem ärztlichen Attest.

So wurde ich Gemeindearbeiter, hatte die Straßen, Spazierwege und Bänke sauber zu halten, mußte Botengänge machen und war auch der Totengräber. Als fünftes Rad am Wagen mußte ich alles tun – die beiden vorherigen Gemeindearbeiter waren auch eingezogen. Während meiner Arbeiten bekam ich Schwierigkeiten mit dem Hitlergruß. Ich konnte mich halt gar nicht zu diesem Gruß durchringen, weil von einem Menschen wie dem Hitler nach meiner Meinung kein Heil kommen konnte. Sogar eine enge Verwandte hat mich deshalb gemieden und sich für mich geschämt. Ihr ist der Hitlergruß auf der Straße oder im Geschäft leichter von den Lippen gekommen wie mir.

Als ich wie jeden Tag ins Büro kam, weil ich auch anfallende schriftliche Sachen austragen mußte, da wurde ich von der Frau Schübel belehrt: »Bei uns grüßt man mit »Heil Hitler!«

Ich sagte daraufhin bloß: »Is scho recht!«

Da war der Bürgermeister Dr. Geissler anders. Wenn der mich irgendwo auf der Straße antraf oder ich in sein Büro kam, enthob er mich des für mich peinlichen Grußes mit den Worten: »Na, Roith, was gibt´s Neues?« oder einer anderen Redensart. Er kannte mich ja schon von der Fabrik her. Ich muß schon sagen, ich habe Respekt vor dieser Einstellung eines Mannes, der Träger des goldenen Parteiabzeichens war.

Es gab in Oberau noch ein Dutzend alter Kämpfer, die mir gegenüber aber nicht alle so tolerant eingestellt waren. So sagte zum Beispiel der Bräu Jackl, der zweite Bürgermeister, der mir als Gemeindearbeiter ja auch was zu sagen hatte, auf meinen Gruß »Guten Morgen, Bräu!« »Heil Hitler, Sepp!«, und wir diskutierten dann über anstehende gemeindliche Probleme und Arbeiten.

Ich war Mitglied des Obstbauvereines geworden, den auch der Bürgermeister förderte. Er schickte mich auf Gemeindekosten auf einen dreiwöchigen Kurs für Obstwarte nach Weilheim, den der bekannte Oberinspektor Auer aus Weilheim abhielt. Es war zwar ein älterer Straßenaufseher da, welcher bisher den Baumwart gemacht hatte, aber ich wurde nach dem Kurs sein Nachfolger. Es gab in der Gemeinde viel zu tun, weil jeder Arbeiter, welcher von der Gemeinde billig Grund bekam, sich ein Häusl und auch einen Garten mit Obstbäumen anlegte.

Es war damals nicht so wie heute. Wer heute noch bauen kann, legt sich keinen Obst- oder Gemüsegarten, sondern einen Ziergarten an, denn was man an Obst und Gemüse braucht, bekommt man ja billig aus dem Ausland. Bei den Löhnen heute im Jahr 1973 eine Kleinigkeit, aber damals mußte man in den Kriegs- und Nachkriegszeiten mit dem Pfennig rechnen, ganz abgesehen davon, daß man diese Sachen nicht einmal um Geld bekam. Also versorgte man sich, wenn es ging, selbst.

Aber warum schreibe ich das heute? Weil sonst die schlechten Zeiten, die man hatte, in Vergessenheit geraten und sich viele schon zu sehr an die guten Zeiten von heute gewöhnt haben und doch nicht zufrieden sind.

Um diese Zeit, 1942, ließen wir uns endlich das elektrische Licht einrichten, denn bisher hatten wir noch in unserer Wohnung eine alte Petroleum-Zuglampe. Um das Geld für die elektrische Installation zu verdienen, mußten wir alle drei im Auftrag der Gemeinde den Kies aus dem sogenannten Triftkanal ausschaufeln. Meinem Sohn machte ich seiner Größe entsprechend eine kleine Schaufel. Früher hat man den Kanal gebraucht, um die Stämme für den Floßbau an die Loisach zu schaffen, dann diente er bei Hochwasser zur Entlastung des Gießenbaches. Der damalige Flußmeister legte Menge und Preis für den Kubikmeter Kies fest. Wir hatten eine Mark fünfzig pro Kubikmeter. Im Ganzen machte es an die 200 Mark aus, was wir für die Arbeit bekamen.

Da nun die nächste Anzapfstelle für das Elektrische mehrere 100 Meter hinterm Gipswerk lag, mußten die Ständer auf den Dächern des Gipswerkes, ein Masten und die lange Leitung dazu alles von uns bezahlt werden. Vom Mast aus wurde die Leitung mit Ständer auf das Dach des Stalles gelegt und von da zum kleinen Ständer auf unserem Häuschen. Die Einrichtung im Haus kostete so 80 Mark und der Anschluß ans E-Werk so 120 Mark, alles in allem so gute 200 Mark, und die haben wir uns mit Kies schaufeln verdient.

Vom alten Zoglmeier hatte ich einen Teil von einem Bienenhaus und etliche überzählige Kästen mit alten Waben drin bekommen. Ich hatte ihm geholfen, ein Bienenhaus hinterm E-Werk abzubrechen und zu verkleinern und im Garten von seinem neuen Haus, dem Café Zoglmeier, wieder aufzustellen. Nun lag das Zeug überm Stall auf dem Heuboden. Eines Tages bemerkte ich, daß Bienen rumsummten um die alten Kästen. Ich schaute endlich mal in einen der Kästen und sah, daß sich darin ein Bienenschwarm eingenistet hatte. Nun wollte ich es auch mit Bienen versuchen, aber ich verstand nichts davon. So ging ich zum Lichtenstern, er war damals Vorstand vom Obstbauverein und hatte auch Bienen. Ich kannte ihn gut. Er kam abends zu mir, und beim Kerzenschein haben wir einen der alten Kästen gesäubert und zurechtgemacht. Er gab mir auch frische Mittelbretter, und schon hatten die zugeflogenen Bienen eine neue Wohnung.

Ein Jahr später, im Mai 1943, kam die Nachricht, daß an der Straße zum Oberwald in der Nähe von Buchwies an einer Staude ein Schwarm hängt. Der Schmidbauer benachrichtigte mich als Bienen-Anfänger, ich solle mir das Volk holen. Ich fuhr mit dem Radl hinüber und holte mir den Schwarm. Inzwischen hatte ich für die Bienen schon eine Unterkunft errichtet mit dem Zoglmeier seinem kleinen Bienenhaus auf einem inzwischen von uns kultivierten Platz. Arbeit gab es nun genug für uns, weil wir die Kalkbrennerei auch nicht ganz aufgaben. Ich mußte außer unseren eigenen Obstbäumen, die wir dauernd pflanzten und veredelten, noch die Obstbäume der anderen Oberauer pflegen und hatte ja auch den Dienst bei der Gemeinde zu verrichten.

EPISODEN EINES VOLKSSCHÄDLINGS

Unsere Truppen waren gerade in Rußland einmarschiert und hatten die Ukraine erobert – da ging der SA-Sturmführer Illing mit mehreren SA-Männern an mir und meiner Frau vorbei. Wir waren gerade am Stauden ausroden, dort, wo heute der Markewitsch wohnt. Sie waren beim Kleinkaliberschießen am Schießstand gewesen. Da wir uns gut kannten, weil er mit einem Gendarm schon im Jahre 1933 bei mir Haussuchung gemacht hatte, blieb er mit seinen Leuten bei mir stehen und sagte: »Was machst denn da?«
»Das siehst du ja! Deutschland braucht Raum, ich tu Boden kultivieren.«
»Das laß doch steh´n! Da gehst lieber in die Ukraine, da kann man solche Leute wie dich brauchen, um neues Land zu machen!«
»Das kannst dir denken! Da kannst selber hingehen, denn die, wo jetzt da sind, die werden wie der Napoleon vor 100 Jahren

wieder rausg´haut! Und die, wo vor 150 Jahren hineingezogen sind, um Land zu kultivieren, die werden auch rausg´haut!«

»Das kannst dir denken! Da, wo ein Deutscher mal sitzt, kommt kein anderer mehr hin. Das wirst schon sehen!«

Und wie ist es gekommen? Die Vorfahren vom Markewitsch sind vor 150 Jahren nach Bessarabien geholt worden von den Zaren, um Land zu kultivieren, und nun sitzt er gerade auf dem Grundstück, das ich damals zu kultivieren angefangen habe – welch ein Zufall!

Meiner Meinung nach war diese Unterhaltung sicher ein Anlaß dafür, mich 1944 wieder zum Barras zu holen. Wie ich später selber einmal nachlesen konnte, bin ich in der Oberauer Ortschronik in der damaligen Zeit unter »Volksschädling« geführt worden.

Eine andere Episode spielte sich etwas früher, nach dem Frankreichfeldzug, ab. Wir waren im Gipsbruch beschäftigt und mußten, weil da eine größere Sprengung stattfand, auf die Straße hinausgehen und die Sprengung abwarten. Da gingen ein paar Fronturlauber, der Hornsteiner Heini und der Bayer Pius, der später gefallen ist, an mir vorbei. Wir kamen ins Gespräch, und der Heini sagte: »Nächste Woche sind wir in England.«

»Du kommst nie als deutscher Soldat nach England, höchstens als Kriegsgefangener!«

»Du spinnst ja! Wir sind schon seit Wochen auf Schiffen und Flößen bereit, nach England zu fahren. Was weißt denn du schon, wie es heute an der Front ausschaut? Ihr Alten habt ja den ersten Krieg verloren. Das geht heut anders, da wirst schau´n!«

»Da wirst schon du schauen!«

Ich weiß nicht, ob er heute nach über 30 Jahren noch daran denkt. Wir sind gut befreundet, und ich müßte ihn mal fragen, ob er sich noch erinnern kann, aber man will es nicht tun.

Kam man mal in die Wirtschaft, da wurde man auch wieder mit Redensarten herausgefordert. Man sagte dann was Unrechtes darauf, weil man das Bier spürte, und schon lebte man wieder in Angst, daß man verhaftet wird. Aber es gab auch eine andere Methode, unliebsame Schwätzer wie mich mundtot zu machen, eben den Barras.

UNTER MORDVERDACHT

Ich wurde in der Zeit auch verdächtigt, ich hätte jemanden umgebracht. Das kam so: Ich arbeitete damals, 1942, in Graswang für ein paar Tage als Holzer und hatte mit einem Kollegen Stangen zu machen. Ich kam gerade abends mit dem Radl von der Arbeit heim, da packte mich einer am Ärmel und sagte: »Kriminalpolizei, kommen sie mit!«

Ich sollte mitgehen zu einem Auto, das beim Nachbarn im Hof stand. Ich riß mich los und sagte: »Erst will ich mal heim in die Wohnung!«

»Aha! Widerstand!«

»Ich geb´ ihnen gleich Widerstand! Was wollen sie überhaupt von mir?«

Inzwischen in der Wohnung angekommen, kamen auch zwei andere, welche erst beim Auto gestanden hatten, hinzu und stellten sich als Kriminalinspektoren aus München und Köln vor.

Der andere Grobian, ein Hüne, war ein Münchner Kriminalkommissar. Ich fragte sie, was sie überhaupt wollten. Sie sagten, ich solle mitkommen nach Eschenlohe aufs Polizeirevier zur Vernehmung. Ich wollte wissen, weswegen, da meinten sie, sie dürften das jetzt nicht sagen. Darauf der aggressive Kommissar: »Ja, den nehmen wir einfach mit!«

»Wenn ihr mir nicht sagt, warum«, und dabei stellte ich mich an die Wand, »bringt ihr mich hier nicht lebend raus, weil ich mich nimmer nach Dachau bringen lasse!«

Der Kölner war der Vernünftigste von den dreien. Er sagte, nach Dachau käme ich nicht. Ich drauf, was es denn sei, ich sei mir nichts bewußt, was eine Verhaftung rechtfertigen würde. Er schlug dann vor, ich solle mich am anderen Morgen um acht Uhr auf dem Polizeirevier Eschenlohe einfinden. Ich versprach, das zu tun, und sie fuhren mit ihrem Mercedes ab.

Ich ging schnell zum Bürgermeister Dr. Geissler in die Wohnung, es war ja schon Abend, und fragte ihn auf Ehr und Gewissen, ob gegen mich politisch etwas vorläge. Er sagte bestimmt, er wisse nichts, und sicherheitshalber ist er mit zum in der Nähe wohnenden Gemeindesekretär Wolfstetter. Auch der wußte nichts, so bedankte ich mich und ging nach Hause.

Die folgende Nacht konnten wir kaum schlafen, weil wir uns Gedanken machten, warum das alles passieren sollte, wenn es nicht politisch sei. Am nächsten Morgen, ich richtete mich schon zur Fahrt nach Eschenlohe, da kamen sie schon wieder mit ihrem Mercedes und holten mich selber ab. Vielleicht dachten sie, daß ich mich verdrücken würde, aber das hätte ja doch keinen Zweck gehabt, und im übrigen war ich mir keiner Schuld bewußt.

In Eschenlohe angekommen, nahmen sie mich zwei Stunden ins Kreuzverhör, und da stellte sich heraus, daß es sich um einen im Jahre 1919 erschossenen Eschenloher Jäger handelte, den Geisenberger Ludwig. Da konnte ich doch gar nicht beteiligt gewesen sein, da ich zu der Zeit, Anfang Januar 1919, noch gar nicht vom Barras entlassen gewesen war. Ich hatte wohl von dem Mord gehört, die Sache war für mich aber nicht wichtig.

Trotzdem wurde ich da in Eschenlohe richtig in die Mangel genommen, ob ich denn nichts davon wüßte, und wer dabei gewesen sei. Ich war ja damals nach meiner Verwundung 1920 in die Oberpfalz und von da nach Bitterfeld in Sachsen und von dort mit meinen beiden Kameraden aus Ohlstadt weiter nach Köln gezogen.

Die zwei Ohlstädter waren neben den Burschen aus Sandersdorf, die auch mitgekommen waren nach Köln, beide bei mir in der Kolonne tätig gewesen, und da soll ein Kamerad aus Ohlstadt einem anderen bei Gelegenheit erzählt haben, der Seitz Kari und ich hätten mitsammen gewildert und dabei einen Jäger erschossen. Alles Angabe und leere Sprüche!

Ich bin mit dem Seitz Kari nie beim Wildern gewesen, weil der nur auf Weiber gegangen ist. Aber da wir damals durch Zufall miteinander abgehauen sind, blieben wir auch noch ein paar Jahre zusammen, bis er sich von uns abgesondert hat. Er ist dann später mit den Kollegen aus Sandersdorf in Streit geraten, wahrscheinlich wegen Weibergeschichten, und da hat ihn dann der andere angezeigt, und so wurde auch ich mit hineingezogen.

Dies alles erfuhr ich im Laufe der Vernehmung vom Kölner Inspektor. Ich fragte ihn, was sie nun mit dem Lügenbeutel und Sprüchemacher tun würden und sagte ihm, sie sollten den Burschen, der ja auch festgenommen worden war, eine richtige Abreibung verpassen für all die Lügen. Er versprach, es zu besorgen und entschuldigte sich bei mir und gab mir fünf Mark für den halben Tag Verdienstausfall.

Sie haben mich auch wieder nach Oberau zurückgefahren. Also diese Affäre von 1943 war nun abgeschlossen, und ich hatte wirklich meine Ruhe. Auch als ein Jahr später der Jäger Laber in Ohlstadt erschossen aufgefunden wurde, hat man mich nicht belästigt, obwohl es naheliegend gewesen wäre, mich für den Mörder zu halten. Der Laber und der Frühholz hatten mich ja seinerzeit beim Nachhauseweg von der Pirsch auf drei Meter Entfernung schwer angeschossen und dann beim Volksgericht falsch geschworen, was zu meiner Verurteilung von zehn Monaten führte. Also hätte man diesmal leicht einen Racheakt annehmen können. Aber nichts dergleichen geschah. Das ist nun schon wieder 30 Jahre her und von mir vergessen, aber nicht das Unrecht, das mir vor über 50 Jahren geschah.

SCHLEIFEREI BEI DEN LANDESSCHÜTZEN

Es kam schließlich so, wie es kommen mußte: Obwohl ich in der Gemeinde zur Arbeit gebraucht wurde, wollten mich wohl einige nicht mehr daheim sehen. So heimliche falsche Brüder gab es damals genug, die nachher keine Nazifreunde gewesen sein wollten. Kurz und gut, ich kam im Frühjahr 1944 nach Ingolstadt als bedingt kriegsverwendungsfähig zu den Landesschützen.

Da wurde ich erst mal als Rekrut behandelt und drei Monate lang zum vollständigen Infanteristen ausgebildet, und das im Gelände. Um Ingolstadt herum lag im November schon Schnee. Eine Schande war das, daß da alte und zum Teil schon gebrechliche Leute eingezogen wurden. Wir, das Landesschützenbataillon 7, waren im sogenannten Triva-Turm im alten Festungsgelände untergebracht – ein altes, verwanztes Gebäude mit dicken Mauern und saukalt! Wenn wir singend vom Gelände, sprich vom Schleifen, heimkamen, waren wir mit Holzbündeln bepackt, um uns dann mit dem mitgebrachten Holz notdürftig aufzuwärmen.

Es war kein Brennmaterial da, um die Unterkünfte einigermaßen warm zu halten, und so sind wir eben in den Exerzierpausen auf die umstehenden Bäume gekraxelt und haben die Äste zum Mitnehmen gesammelt. Einmal hat uns der Major gesehen, wie wir singend, jeder zweite mit einem Holzbündel unter dem Arm, in den Kasernenhof einmarschiert sind. Daraufhin ist das untersagt worden, und wir haben etwas mehr Brennmaterial, wenn auch nur grünes Holz und Torf, zugeteilt bekommen, um wenigstens unsere nassen Sachen trocknen zu können.

Wenn es mit dem Singen beim Marschieren nicht klappte, hieß es gleich »Tieflieger von links!« Was das heißt, weiß jeder Landser, nämlich irgendwie im Dreck und Schnee in Deckung gehen. Auch beim Exerzieren hieß es einfach: »Hinlegen!« Ob in den Dreck, war diesen jungen Burschen als Ausbilder egal, Hauptsache, die hielten die Stellung zu Hause und brauchten, weil sie tüchtige Ausbilder waren, nicht an die Front.

Es steigt mir heute noch die Galle hoch, wenn ich daran denke, wie die mit uns umgesprungen sind. Wenn wir vor so einem Rotzlöffel im Dreck lagen und wir starrten ihn giftig an, dann sagte der: »Am liebsten würde ich mit euren Köpfen Fußball spielen!«

Das ist wohl deutlich genug! Er würde uns, die wir vor ihm im Dreck lagen, mit den Stiefeln ins Gesicht treten, und sowas mit uns 40- bis 50jährigen Männern! Wir haben uns diese entwürdigende Behandlung gefallen lassen, denn es gab ja immer noch das KZ, das man fürchten mußte, besonders ich, der es kannte.

Aber die drei Monate Schleiferei gingen auch vorüber. Ich frage mich nur, wofür diese Schleiferei gut sein sollte, die machte den verhaßten Barras doch nur noch schlimmer, ganz abgesehen davon, daß von uns eh nur die wenigsten an die Front kamen, weil die meisten dafür untauglich waren.

Ich hatte Glück, denn es gab auch da noch gute Ärzte, die Verstand hatten. Ich war als bedingt kriegsverwendungsfähig (KV II) nach Ingolstadt gekommen. Dort fand eine kommissarische Untersuchung statt, und bei mir wurden zwei L-Fehler und ein U-Fehler festgestellt: U-49 war Herz, L-48 war Lunge, und L-62 war das rechte Knie. Bei drei U-Fehlern wäre man entlassen worden. Ich hatte nur einen U-Fehler und zwei L-Fehler, so wurde ich AVH, das heißt arbeitsverwendungsfähig in der Heimat geschrieben.

Ich kam dann zu einer Gefangenen-Bewachungs-Kompanie in der Nähe meiner Heimat nach Weilheim. Aber erst mußte ich noch eine gefährliche Hürde nehmen. Nach der kommissarischen Untersuchung wurde ich einer Kommission vorgestellt. Es war auch ein Major dabei, und der brauchte einen Pferdeburschen. An und für sich ein netter Posten, aber nicht für mich. Der hatte aus meinen Papieren aus dem Ersten Weltkrieg und dem Sudeten-Einmarsch herausgelesen, daß ich als Fahrer vom Sattel ausgebildet war und gut mit Pferden umgehen konnte. Er fragte mich, ob ich bei ihm nicht Pferdebursche machen möchte. Das paßte mir nun gar nicht, weil ich doch lieber in die Heimat wollte. Ich sagte ihm, ich könne wegen eines Lungenfehlers den Ammoniak, der im Pferdemist enthalten ist, nicht vertragen. Er fragte den Stabsarzt, ob dies stimme. Der sagte zu meinen Gunsten, dies sei wahr.

Somit hatte ich diese Hürde genommen und bin anstatt an die Front (mein Jahrgang 1897 wäre noch drangewesen) in die Heimat geschickt worden. Es sind auf Veranlassung der Ärzte einige entlassen worden, weil sie in Folge der kalten und nassen Schleiferei zu Bettnässern geworden waren. Ich habe es auch versucht, ist mir aber nicht gelungen, doch es klappte dank der vernünftigen Ärzte bei den kommissarischen Untersuchungen auch so.

Wie ich im Frühherbst 1944 nochmal eingezogen wurde mit 47 Jahren, hat meine liebe Alte natürlich geheult, denn ich wurde ihr im Laufe der Jahre schon wiederholt weggenommen, sei es ins Gefängnis, KZ, zum Barras oder ins Krankenhaus. Ich sagte damals: »Alte, plärr nur nicht, Weihnachten bin ich wieder da.«

Ich wußte ja selber nicht, wie das gehen sollte, aber ich mußte sie doch beruhigen. Ich war aber tatsächlich an Weihnachten 1944 wieder zu Hause, obwohl ich noch beim Barras war. Ich muß nun schildern, wie das zustande kam.

Ich kam, arbeitsverwendungsfähig geschrieben, zu einem Bewachungsbataillon in die 3. Kompanie mit Sitz in Weilheim. Sie war im Gasthaus Gattinger stationiert. Es gab da außer ein paar kleinen Marschübungen fast nichts zu tun. Eines Tages suchte der Spieß einen Mann, der ein paar Reitpferde nach Garmisch bringen sollte. Es meldete sich keiner, da die meisten Landser mit Pferden nichts zu tun haben wollten. So meldete schließlich ich mich für den Auftrag. Der Spieß war richtig froh darüber. Ich mußte in der Reitschule an der Bahn in der Nähe der Firma Leichtmetall Zarges die paar Pferde holen. Ich bekam einen Reitsattel und stellte mich beim Spieß mit den Pferden vor. Ich erhielt die Order, die Pferde am ersten Tag bis Murnau zu bringen, sie da beim Pantl-Bräu einzustellen und am nächsten Tag weiter in die Artilleriekaserne nach Garmisch zu fahren. Dann hatte ich einen Tag Urlaub zu Hause in Oberau.

Ich ritt die Pferde bis Murnau und stellte sie beim Bräu ein, da wurde mir gesagt, die Gäule würden schon versorgt, ich brauchte mich heute nicht mehr darum zu kümmern. Ich fuhr mit der Bahn kurzerhand heim zur Familie. Die staunte nicht schlecht, weil ich mein Versprechen wahrmachen konnte, vor Weihnachten zu Hause zu sein. Aber so weit war es noch nicht.

Erst einmal war ich für eine Nacht daheim. Am nächsten Tag fuhr ich wieder nach Murnau. Die Gäule waren gut versorgt worden, und ich ritt als stolzer Reiter am Tag durch Oberau, um in Garmisch in der Artilleriekaserne meine Pferde abzuliefern. Mein Auftrag war damit erfüllt, und ein Tag Urlaub daheim stand auch noch bevor. Wieder bei der Kompanie in Weilheim eingetroffen hatte ich beim Spieß schon einen Stein im Brett, was sich gleich ein paar Tage später günstig für mich auswirkte. In Oberau sollten gefangene Amerikaner in der Pappenfabrik zur Arbeit eingesetzt werden. Als ich das erfuhr, dachte ich gleich: »Sepp, das ist deine Chance, heimzukommen!«

ALS GEFANGENENAUFSEHER IN OBERAU

Ich meldete mich beim Spieß für das Kommando nach Oberau. Er hatte erst Bedenken, weil ich noch nie bei einem Gefangenenkommando eingesetzt war, aber er stellte mich doch dem Kompanieführer vor, welcher aber die gleichen Bedenken hatte. Ich wandte schließlich ein, ich sei ja nicht allein in dem Kommando, es sei ja schließlich auch ein Kommandoführer da. Der war schon von ihnen bestimmt und mit mir befreundet. Es war der Obergefreite Steigenberger, ein schlauer Bursche.

Ich wurde also dem Oberauer Kommando zugeteilt und in meinen Heimatort versetzt – und das eine Woche vor Weihnachten. Glück muß halt der Mensch haben! Die gefangenen 20 Amerikaner hat man inzwischen schon vom Lager Moosburg geholt und in der Fabrik untergebracht. Wir drei Mann vom Bewachungskommando wurden im Wachlokal neben der Schreinerei untergebracht und über uns die 20 Amis. Bei denen war auch ein Mann dabei, der gut Deutsch konnte, so gelang die Verständigung und die Einweisung an den verschiedenen Arbeitsplätzen in der Fabrik gut.

Essen bekamen sie aus der Werkküche. Es wurde von ein paar Mann in Begleitung eines Postens in den Unterkunftsraum gebracht und von ihnen selbst verteilt. Einer von uns hatte dabei Aufsicht. Diese Essensverteilung der Amerikaner mußte man gesehen haben, davon könnten sich unsere Landser ein Radl abschneiden, so korrekt und kameradschaftlich ging das bei denen zu. Jede Woche war ein anderer dran zum Essen verteilen. Die stellten sich der Reihe nach an, jeder bekam erst mal seinen Teil in den Napf, den jeder hatte, dann wurde der Reihe nach nachgefüllt, solange was da war. Da gab es kein Drängeln und keine Bevorzugung. Das Essen war verhältnismäßig gut und wurde in der Betriebsküche und Kantine zubereitet.

Ein einziges Mal in den fünf Monaten waren sie mit dem Essen nicht zufrieden. Als ich sie um ein Uhr in ihrer Unterkunft zur Arbeit abholen wollte, kamen sie mit dem Kessel voll Essen die Treppe herab mir entgegen und meuterten, das Essen wäre nichts. Sie wollten nicht zum Arbeiten ausrücken.

Ich habe sie alle erst mal mit dem Essen in ihre Unterkunft geschickt und ihnen richtig die Leviten gelesen. Was sie sich überhaupt einbildeten, sie seien erstmal noch Kriegsgefangene, und ob sie glaubten, daß unsere Arbeiter in der Fabrik (viele aßen da auch zu Mittag) ein besseres Essen bekämen. Sie sollten gefälligst schauen, daß sie mit dem Essen fertig werden, daß wir wieder an die Arbeit kämen, bevor es einen größeren Stunk gäbe.

Es waren ja nur ein paar Hetzer unter ihnen, die öfters nörgelten. Der Deutschsprachige hat ihnen meine Leviten ausgedeutscht, und sie haben ihr Mittagessen verdrückt. Das war ja inzwischen nicht kalt geworden, da sie einen Herd und einen großen Ofen in ihrer Unterkunft stehen hatten. Frieren brauchte also keiner. Ich bin dann allerdings etwas verspätet mit ihnen in den Betrieb gekommen, und die Angelegenheit war friedlich beigelegt.

Ich war bei allen als guter Posten angeschrieben, also durfte ich mir schon mal erlauben, den Stärkeren unter ihnen Paroli zu bieten. Sie bekamen anfangs ja auch noch ihre Care-Pakete zugeteilt, da gab es dann allerhand gute Sachen zusätzlich für sie. Die Pakete wurden in einem Raum neben unserem Wachlokal aufbewahrt. Es gab zwei Schlüssel zu dem Raum. Einen hatten wir und einen der Dolmetscher, wir mußten also gemeinsam aufschließen, und jeder der Gefangenen holte sich aus seinem Paket, was er gerade brauchte oder wollte. Also konnte kein X-beliebiger an die Pakete.

In der Woche zweimal gingen ein paar Gefangene mit einem Posten von uns ins Dorf, um bei den beiden Bäckern abwechselnd Brot zu holen. Da nahmen sie als Tauschobjekte seltene Dinge wie Kaffee, Zigaretten, Schokolade und so weiter mit, um sich zusätzliches Brot einzutauschen. Das war eigentlich verboten, wurde aber von uns geduldet. Auch wir Posten bekamen hie und da eine Kleinigkeit von diesen raren Dingen ab, obwohl es uns nicht schlecht ging. Ich erhielt von der Gemeinde die üblichen Lebensmittelmarken und sonstigen Zuteilungen.

Von der Kompanie in Weilheim gab es auch mal ab und zu eine Zuteilung. Mit Essen mußten wir uns selbst versorgen, denn wir konnten ja je nach Diensteinteilung auch zu Hause essen und schlafen. Manchmal aß ich auch in der Kantine, dann blieben die Marken für die Familie geschont. Da ich die Kantinenwirtin schon von meiner Betriebsangehörigkeit her kannte, ging es bei uns beiden nicht so genau.

Übrigens arbeitete ihr Mann als Schmied im Betrieb, und der war ein ziemlich rauher Bursche, auch als SA-Mann. Ich hatte einmal einen schweren Krach mit ihm, weil er zwei der Gefangenen, die in seiner Werkstatt arbeiteten, ein bißchen grob anfaßte. Die erzählten mir das, und ich nahm ihn mir vor. Ob er glaube, er habe Russen vor sich, denn es arbeitete auch eine ziemliche Anzahl Zivil-Ukrainer, Männer und Frauen, in dem Betrieb. Er solle sich in Acht nehmen, sonst kriege er es mit mir zu tun. Ich hörte auch daraufhin keine Beschwerden mehr.

Es war noch einer im Betrieb, der glaubte, er könne sich mit den ihm zugeteilten Amerikanern Frechheiten erlauben. Auch den knöpfte ich mir vor, denn auf den hatte ich schon von früher her einen Gift. Auch da hörte ich dann keine Beschwerden mehr. Wir waren ja in solchen Fällen gedeckt, denn wir hatten von oben den Auftrag, mit den gefangenen Amis human umzugehen.

Ich hatte die Aufgabe, die Gefangenen an der Uhr abzugeben; dort wurden sie von den jeweiligen Aufsehern und Schichtführern abgeholt und an die Arbeitsstellen gebracht. Wir hatten nur das Recht und die Pflicht, sie in den zwei Schichten 6 bis 14 Uhr und 14 bis 22 Uhr an diesen Arbeitsstellen zu kontrollieren. Nachtschicht durften sie keine machen. Es kam vor, daß ein Zivil-Ukrainer und ein Ami zusammen an einer Maschine arbeiteten, und zwar auch mit Frauen, denn die hatten ja auch bis 22 Uhr Schicht.

Für die Ukrainermädchen und -burschen gab es extra einen Aufseher. Das war kein Wachposten in unserem Sinne, denn die Ukrainer waren ja Zivil-Internierte, keine Kriegsgefangenen. Sie waren in regelrechten Unterkünften, getrennt nach Geschlecht, untergebracht. Ihr Aufseher, er wohnte in Farchant, kam nun eines Tages zu mir mit der Bitte, ich solle nachts bei meinem Rundgang die Ukrainermädchen kontrollieren, ob keiner von den Burschen bei ihnen schliefe. Er hatte den Mädchen schon Angst gemacht, daß ich, der Posten, nun jede Nacht käme, um sie zu kontrollieren.

Wenn ich dann durch den Betrieb ging und auch an die Arbeitsstellen der Mädchen kam, sah das ihr Chef gar nicht gerne, wenn ich mich mit ihnen unterhielt. Sie konnten alle deutsch, weil sie es in der Schule gelernt hatten, wie sie sagten. Da fragten sie mich natürlich, ob ich jetzt immer in der Nacht kommen würde, um sie zu kontrollieren. Ich beruhigte sie aber und sagte ihnen dasselbe, was ich auch ihrem Aufseher sagte, daß ich gar nicht daran denken würde, aufzupassen, wer nun bei den Mädchen schlafe.

Ich kann ruhig sagen, daß ich bei den Amis und bei den Russen wegen meiner toleranten Haltung gleichermaßen geachtet und beliebt war. Auch die Firma war froh, daß ausgerechnet ich als Bewacher eingeteilt war, da ich den ganzen Betrieb und fast alle Maschinen kannte und den Gefangenen somit bei der Einweisung an der Arbeitsstelle eine wertvolle Hilfestellung geben konnte. Das trug viel zu einem guten Betriebsklima bei, denn die Amis meinten ja, es bei uns schlecht zu haben, während die deutschen Kriegsgefangenen bei ihnen in Amerika ein herrliches Leben führen könnten. Da hörte man später aber was anderes, hauptsächlich von denen, die in französischen Gewahrsam kamen. Die hatten allerhand auszustehen. Jedenfalls, die Zwangsarbeiter konnten sich bei uns, was Behandlung, Unterkunft und Verpflegung anbelangte, nicht beklagen. Sie liefen im Fabrikgelände fast frei herum.

Einmal kamen ein paar Amis vor ihren Kameraden, die sie ablösten, an die Uhr, wo die Verteilung stattfand. Ich kam mit den restlichen hinterher und hörte, wie der Aufseher Hohenauer rumschimpfte, weil die Gefangenen da so frei herumliefen. Ich packte ihn zusammen und fragte ihn, was ihn das anginge, und er solle sich um seine Russen kümmern. Die gefangenen Amerikaner gingen ihn einen Dreck an. Ich bin da ziemlich laut geworden, weil ich mich über diese Einmischung ärgerte. Das war für ihn sehr peinlich, weil da gerade mehrere Angestellte aus dem Betrieb an der Uhr zum Stempeln eintrafen. Das hat er mir später auch gesagt.

Wir Posten waren im Betrieb immer unbewaffnet, und es sind nie Übergriffe vorgekommen. Lediglich sonntags, wenn ich mit den Gefangenen spazierenging in der Umgebung von Oberau, da hatte ich das französische Gewehr dabei, aber auch nur prestigehalber. Wir gingen selten auf der Straße, sondern meistens im Gelände herum. Die suchten sich dann im Frühjahr Weinbergschnecken zum Essen und verschiedene Gräser als Salat oder für den Tee, den sie sich dann in der Unterkunft zubereiteten.

Im Frühjahr 1945 kamen die Care-Pakete nicht mehr so regelmäßig an wie zuvor. Woran das lag, wußten wir nicht, es hieß, die Bombenangriffe auf Eisenbahnen und Lager seien daran schuld, jedenfalls wurde die Verpflegung nicht nur für die Gefangenen, sondern auch für uns gegen Schluß des Krieges immer karger.

Da sei auch noch an die schweren Bombenangriffe im Juli 1944 auf München erinnert. Drei Tage lang waren die Feuerwehren im Umkreis von 80 bis 100 Kilometer von München im Einsatz, auch die Oberauer Wehr. Ich war damals bei diesem Einsatz auch dabei. Ich hatte schon früher immer gesagt, der Krieg dauert so lange, bis die anderen das Zehnfache an Panzern und Flugzeugen haben wie wir, und dann bringen sie uns erst nieder, wenn so viele Flugzeuge kommen, daß die Sonne bald nimmer durchscheint. Selbstverständlich wurde ich damals als Hetzer und Fantast abgetan und nimmer ernst genommen, aber bei den großen Bombenangriffen im Sommer 1944 habe ich ein paar Mal 600 bis 1000 Bomber am hellen Tag über Oberau gezählt.

Ich habe auch immer gesagt, die werfen über Oberau keine Bombe ab. Die Werke, die da sind, geben für die Amis doch keine Objekte für Bombenangriffe ab! In der Nähe der Unterkunft der Gefangenen war auch ein Bombengraben mit Schutzlöchern hergerichtet, damit, wenn mal ein Angriff wäre, die Gefangenen etwas Schutz hätten, aber wir brauchten die Gräben nie aufsuchen. Höchstens für die Liebespaare aus dem Ukrainerlager waren die Gräben, weil sie abgelegen waren, wie geschaffen.

Ehe ich dieses Kapitel abschieße, sei noch erwähnt, daß noch im März 1945 ein paar Gefangene während der Arbeitszeit abgehauen sind. An der Arbeitsstelle waren die Posten nicht für die Bewachung zuständig, das hatten die Aufseher oder Schichtführer zu tun. Also kurz nach Mittag liefen drei Gefangene aus dem Fabrikgelände weg. Sie wurden zwar gesehen, aber bis man uns alarmierte, war es ihnen gelungen, im nahen Bergwald unterzutauchen.

Ich lief in die angegebene Richtung und konnte die Spur von einem am Weg zum sogenannten Rabenkopf verfolgen, aber als der Weg aufhörte, verlor ich die Spur und wendete mich in eine andere Richtung. Bald darauf machte ich im Schnee eine Spur aus, die in ein kleines Jungwäldchen führte. Ich umging das Wäldchen, und die Spur führte nicht heraus. Das Wäldchen hatte einen Durchmesser von 80 bis 100 Meter. Außerdem trug mir der Wind den eigenartigen Geruch nach Rasierwasser zu, wie er im Lager der Amis vorherrschte, er war also noch drinnen.

Wenn ich nun in das Wäldchen eingedrungen wäre, um den Burschen zu suchen, wäre er mir sicher auf der anderen Seite wieder hinaus, weil ja die Sicht durch das Jungholz versperrt war. Ich wollte auch nicht in die Lage kommen, von meinem

Gewehr Gebrauch machen zu müssen beim Einfangen, also ging ich zurück ins Lager und sagte, ich habe die Spur auf dem lehmigen Waldweg verfolgt, aber sonst nichts gesehen. Hätte ich ihn weiter verfolgt und gar auf ihn schießen müssen, wäre mir das später übel ausgelegt worden.

Nicht nur von den Amerikanern als Besatzer, sondern auch aus der Bevölkerung hätte es sicher einige gegeben, die mich angeschwärzt hätten. Das war mir so kurz vor Kriegsende nicht recht. Auch ein paar andere, die sich an der Suche beteiligt hatten, sind unverrichteter Dinge wieder heimgekommen.

Einige Wochen darauf ist einer von den drei Ausreißern wieder eingeliefert worden. Er bekam drei Tage Arrest, und die Sache hatte sich.

KRIEGSENDE

Im Büro lag ein Brief mit einem Geheimauftrag für uns auf, der beim Kennwort »Schill« zu öffnen war. Wie sich später herausstellte, sollten wir bei Durchgabe des Kennwortes den Brief öffnen und den Auftrag erhalten, die Gefangenen zum Abmarsch bereitzuhalten. Dieser Abmarsch sollte dann beim Kennwort »York« erfolgen. Das haben wir später aber nicht getan, denn als es soweit war, überschlugen sich die Ereignisse.

Ich hatte von den Kennwörtern »Schill« und »York« schon früher gewußt. Schon Monate zuvor hatte mich Herr Pöttinger gewarnt, daß in einer Besprechung der Naziprominenz in der »Post« vom Kreisleiter Schiede der Geheimauftrag erteilt worden war, bei Kennwort »Schill« seien einige Oberauer, welche wahrscheinlich beim Einmarsch mit dem Feind gemeinsame Sache machen würden, festzunehmen und zu beseitigen. Unter den fünf war auch ich benannt. Er meinte, ich solle mich vorsehen und die anderen benachrichtigen.

Heute lebt von den anderen vier keiner mehr. Ich hab zum Pöttinger gesagt: »Erstens trauen sich die Nazis da nimmer, und die sollen nur kommen, wir sind ja auch bewaffnet.«

Als es dann soweit war, ist alles so schnell abgelaufen. Aber in Penzberg haben doch noch einige Bürger, darunter der Bürgermeister Rummer, daran glauben müssen, als der »Freiheitssender Bayern« zur »Fasanenjagd« aufrief.

Bei uns in der Fabrik hat mich der Köhrer, er war im Büro, von dem Aufruf informiert, aber ich winkte ab und sagte: »Abwarten!«

Die Gefangenen konnten das Kriegsende ebensowenig abwarten wie ich – war es doch auch für mich das Ende des Dritten Reiches und damit einer Schreckenszeit.

Ein paar Tage vor Schluß, man hörte schon die Nachrichten, wurde ich ins Büro gerufen. Ich war stellvertretender Kommandoführer, und weil der erste nicht da war, wurde mir ein Brief bei Kennwort »Schill« übergeben. Da stand drin, daß wir uns mit den Gefangenen marschbereit halten sollten, um beim Kennwort »York« am Estergebirge entlang nach Farchant, Partenkirchen und zum Luttensee abmarschieren zu können. Was weiß ich, was die mit den Gefangenen vorhatten. Aber wie gesagt, soweit kam es nicht, weil wir den Befehl, uns abmarschbereit zu machen, einfach ignoriert haben. Auch von den örtlichen Nazis tat sich nichts.

Wenige Tage später, am 29. April, kamen die ersten Panzer vom Ettaler Berg runter. Unsere Truppen waren schon abgezogen in Richtung Garmisch, einige Unentwegte haben sich am Rabenkopf eingenistet und einige MG-Salven über das Tal und Fabrikgelände auf die Panzer am Ettaler Berg rübergejagt. Die Panzer schossen einige Salven zurück. Ich stand am Fenster der Unterkunft der Gefangenen und schaute mir das Schauspiel an.

Die Gefangenen hatten sich alle in Deckung gebracht. Sie lagen teilweise an der Wand am Boden und drängten mich, ich solle da mit der Landser-Uniform vom Fenster weggehen. Ich tat es dann schließlich auch, aber nicht aus Angst. Sie umringten mich und versprachen, mir aus Amerika zu schreiben und etwas zu schicken. Ich lachte sie aus und sagte: "Wenn ihr zu Hause seid, vergeßt ihr doch den armen Teufel von Posten und das ganze Lager in der Fabrik!«

Sie haben mir alle ihre Adressen gegeben. Ich habe sie heute noch.

Inzwischen sind die CIC-Leute*, welche für den Rücktransport der Gefangenen zuständig waren, aus der Marschkolonne ausgeschert und in die Fabrik gekommen, um die Kameraden abzuholen. Ich bin als einziger von den Posten in Uniform im Lager geblieben. Als die Amis kamen, wurden sie gleich umringt, und ein Geschnatter ging los. Mich, ich saß am Tisch, brauchte niemand, bis ich aufstand und fragte, was nun mit mir los sei, ob ich mit müsse in Gefangenschaft.

Einige der Soldaten konnten deutsch, sie meinten, die Gefangenen hätten gesagt, ich sei ein guter Posten. Ich sagte drauf, daß ich das selber wisse, und fragte, ob ich nun auch mitmüsse. Einer sagte: »Nein, du können gehen nach Hause!«

Bevor ich heimging, gab ich ihnen noch unsere französischen Gewehre und die Munition. Die Gewehre haben sie vor aller Augen zerschlagen, und die Gefangenen nahmen noch alle Abschied von mir und versprachen, zu schreiben. Und ab ging die Post. Ich ging in Uniform an den Amis, die auf dem Marsch durch Oberau waren, vorbei nach Hause, und kein Mensch belästigte mich.

Daheim angekommen, riß ich mir meine Uniform runter, schlüpfte in Zivilsachen, nahm meinen Zweiräderkarren und fuhr zurück in die Fabrik ins verlassene Lager. Es gab da für mich noch allerhand Brauchbares zu holen – Wolldecken, einige Paar Schuhe und Lebensmittel. Auch da hinderte mich niemand, denn die anderen Posten hatten sich schon am Tag vorher abgesetzt. Ich muß noch erwähnen, daß ein paar Herren der Fabrikleitung auch anwesend waren. Einige Sachen, die ich mir vorher zurechtgelegt hatte, hatten in meiner Abwesenheit schon andere Liebhaber gefunden.

FRIEDENSZEIT
1945 bis 1973

SELBER IN GEFANGENSCHAFT

Für mich war der Krieg nun endgültig vorbei und die Zeit des Soldatenspielens auch. Nun ging es dran, mir wieder Arbeit zu suchen, denn die Gemeinde hatte ihre vorher fehlenden Arbeiter zum Teil wieder. Erst einmal waren seit dem 29. April 1945 auch wir wieder frei, und es ging das zivile Leben los.

Überall in den besseren Häusern waren Amis einquartiert, und die Hauseigentümer mußten sich anderweitig Unterschlupf suchen. Wir in unserer alten Hütte wurden nicht belästigt, wohl aber wurden bei uns allerhand Sachen untergestellt. In der Nähe vom Sportplatz waren die farbigen Kampftruppen in Zelten untergebracht, während sich ihre weißen Kameraden in den Häusern breit machten.

Eines Tages kam auch zu uns ein Farbiger und verlangte »Tschicken! Tschicken!«

Wir verstanden nicht, was er wollte, da lief aus dem nahen Stall eine Henne. Wir hatten nur ein paar davon, er deutete darauf und gab zu erkennen, daß er die wolle. Was sollte ich machen? Wenn ich sie ihm nicht gab, nahm er sich die Henne höchstens mit Gewalt, er hatte ja sein Gewehr dabei. Also gaben wir ihm die Henne. Er wollte für sie bezahlen, weil er offensichtlich sah, daß wir arme Teufel waren. Ich wollte kein Geld, sondern Zigaretten. Er hatte keine bei sich und nahm die Henne und ging. Aber nach kurzer Zeit kam er wieder und brachte zwei Zwanziger-Packungen Zigaretten, also war die Henne reichlich bezahlt, wenn man den Wert der Ami-Zigaretten damals bedenkt.

Im Hotel Post war die Ortskommandantur untergebracht. Unser kommissarischer Bürgermeister mit Namen Maciola, ein falscher Bruder, ließ uns heimgekehrte Landser auf die Ge-

290

meinde holen und eröffnete uns, daß wir uns zwecks Entlassung auf der Kommandantur einfinden sollten zu einem festgesetzten Zeitpunkt. Ich traute dem Frieden nicht recht, obwohl ich ihn gefragt hatte, was wir mitzunehmen hätten. Er sagte, daß wir nichts bräuchten, da wir nur aus dem Heeresdienst entlassen würden. Trotzdem nahm ich Kamm, Seife und Handtuch mit. Da standen wir nun zu mehreren auf der Straße zwischen Hotel Post und Forsthaus und warteten auf unsere Entlassung.

Einen Dreck! Auf einmal kam ein Amifahrzeug. Wir mußten alle einsteigen, und ab ging`s nach Garmisch ins Eisstadion. Da kamen deutsche Landser haufenweise zusammen, die überall aufgestöbert wurden. Wir Oberauer waren erstmal allein mitten auf der Betonfläche im Eisstadion. Wir hatten ja nichts dabei, außer das, was wir anhatten, weil unser schurkischer Bürgermeister uns so angelogen hatte. Zu essen bekamen wir erst mal nichts, aber es kamen immer mehr Landser an, teilweise mit ganzem Gepäck. Dies mußten sie auf einen Haufen werfen und sich zu uns auf die Betonfläche setzen. Wenigstens hatten die ihre Decken dabei, die durften sie behalten, auch Brotbeutel und Feldflasche. Wenn wir uns unbewacht glaubten, stiegen wir nun auf diesen Haufen und suchten uns schnell aus, was wir brauchen konnten, zum Beispiel Decken, Mäntel oder Lebensmittel. Dann stürzten sich wieder die farbigen Bewacher auf uns und trieben uns mit Gummiknüppeln auseinander.

So lagen wir über eine Woche da drin. Inzwischen sind so viele Landser gekommen, daß das Eisstadion zu klein wurde. Es hieß dann, es werden welche entlassen. Eines Tages in der Frühe, wir waren in Viererreihen angetreten bei der Latrine, wurden einige rausgeholt und nach Wertsachen durchsucht. Vor allem Uhren und Messer wurden ihnen abgenommen. Zu essen bekamen wir erst nach ein paar Tagen pro Mann eine kleine Dose zugeteilt.

Bei so einem Anstehen zur Latrine wurden über 60 Mann abgezählt, auf Jeeps verladen und auf den Rathausplatz in Partenkirchen verladen. Ich war zufällig auch dabei. Da war das große Proviant-Verteilungs-Lager der Amis. Wir mußten da den ganzen Tag ausladen und umladen. Mittags gab´s eine Pause und für jeden eine Konservendose. Eines Tages fuhren viele Dreiachser der Amis vorbei mit Landsern. Die Oberauer Kameraden waren auch dabei. Sie winkten uns und schrien: »Jetzt geht´s nach Hause!«

Aber Pfeifendeckel! Als wir abends zurück ins Stadion kamen, war es fast leer. Alle anderen außer etlichen Verwundeten und Kranken waren wegtransportiert worden, aber nicht heim, wie sie gemeint hatten, sondern ins große Sammellager Ludwigsburg. Wir erfuhren das erst später. Einer von den Oberauern ist, als es langsam den Ettaler Berg hinaufging, abgesprungen und hat sich wochenlang versteckt gehalten aus Furcht, nochmal gefangen zu werden.

Als ich damals von der Arbeit ins Stadion zurückkam, hab ich einen Posten gefragt, ob nicht von den Oberauer Kameraden ein großer Fliegerrucksack abgegeben worden sei, denn den durften sie ja nicht mitnehmen, wohl aber haben sie meinen Brotbeutel mit Lebensmitteln und meiner Uhr mitgenommen. Ich habe sie auch nicht wiederbekommen.

Hauptsache war, ich hatte meinen Fliegerrucksack, denn der war vollgepackt mit seltenen und für uns wertvollen Sachen, Mehl, Reis, neue Decken, Hemden und Unterhosen, Geräuchertes und so weiter. Die Amis kümmerten sich nicht um den Inhalt und wo ich die Sachen her hatte. Ich war ja wie alle Oberauer mit nichts ins Stadion gekommen und hatte mir aus dem großen Haufen der inzwischen abtransportierten Landser alles rausgesucht.

Wir lagen noch einige Tage im Stadion, da kam der Garmischer Bürgermeister Schütte das Stadion besichtigen, um die Werdenfelser, wie es schon lange hieß, für die Entlassung vorzuschlagen.

Aber die Amis werden von der Absicht Wind bekommen haben und sind ihm mit dem Abtransport nach Ludwigsburg zuvorgekommen. Jedenfalls, als er mit seinem Anhang ins Stadion kam und mich auf der Tribüne sitzen sah, sagte er: »Was machst denn du da?«

Ich sagte: »Des sigst ja, schau bloß, daß'd mi rausbringst, sonst werd ich auch noch verschickt!«

Er sagte, ich solle ein wenig warten.

Seine Tochter war auch als Dolmetscherin dabei, die schrieb mir auf Anweisung der Lagerleitung einen Passierschein aus, und ich wurde sofort entlassen.

Wie ich nun mit meinem wohlgefüllten Fliegerrucksack zum Ausgang gehen wollte, brachten die Amis etliche Zivilisten herein, darunter einige Oberauer, unter ihnen der Pöttinger und der Illing, die Prominenz der Oberauer SA. Im Vorbeigehen drückte mir der Pöttinger einen Brief in die Hand und flüsterte mir zu, ich solle ihn seiner Frau geben. Das Schreiben war an Kardinal Faulhaber adressiert. Ich hatte schon Angst, der farbige Posten könnte es gesehen haben, wie ich den Brief entgegennahm und mich deshalb dabehalten, er kümmerte sich aber nicht darum, und ich konnte ungehindert abhauen.

Da nur bis 19 Uhr Ausgangszeit war, konnte ich an dem Tag nicht mehr bis Oberau zu Fuß kommen, so ging ich kurzerhand nach Partenkirchen und bat meinen SPD-Kameraden David Frischmann um ein Nachtlager. Am anderen Tag machte ich mich mit meinem schweren Rucksack auf den Marsch nach Oberau.

In Farchant bei der Loisachbrücke war eine Panzerbesatzung als Kontrolle. Ich habe meinen Passierschein »Going to work« vorgewiesen und konnte anstandslos passieren.

Das war freilich eine Freude, daß sich keiner um meinen Rucksack kümmerte!

Zu Hause erfuhr ich, daß der Achatz Willi auch mit einem gepackten Rucksack und sogar einem Fahrrad angekommen war und meine Ankunft schon angekündigt hatte. Auch einige andere Oberauer Landser, die, weil leicht verwundet, nicht nach Ludwigsburg abtransportiert worden waren, sind nach Hause gekommen. Aber offiziell vom Barras entlassen war ich immer noch nicht. Die meisten anderen hatten schon ihre Entlassung von den Einheiten bekommen.

Ich mußte etliche Wochen später noch einmal nach Habach zu einer großen Entlassungsaktion. Ich brauchte nachts nicht im

Zelt kampieren, weil ich bei einem befreundeten Bauern im Heu schlafen konnte. Es dauerte noch etliche Tage, bis ich endlich nach vielfältiger, auch ärztlicher Untersuchung mein Entlassungspapier in Händen hielt.

Ich konnte nachweisen, daß ich im KZ gesessen hatte, und so ging die politische Überprüfung ganz schnell vonstatten. Dagegen wurden einige, welche bei der SS gewesen waren, gleich wieder in ein Lager gebracht.

NEUANFANG

Ich war nun endlich frei vom Barras und von der Angst vorm KZ und konnte darangehen, unseren lang gehegten Wunsch nach einem massiven Häuschen zu verwirklichen. Die Materialien, die man zum Bau brauchte, hatte ich schon lange Jahre zusammengetragen und hergerichtet, denn damals bekam man nichts Derartiges zu kaufen. Bauholz und Bretter waren schon lange gelagert. Bereits 1942 hatte ich beim Holzen so nebenbei einige Bäume erworben, im Winter danach auf die Säge gefahren und schneiden lassen. Da und dort hatte ich auch von irgendeinem Abbruch Ziegelsteine geputzt und heimgefahren. Stangen fürs Gerüst waren auch schon gemacht, als mein Holzerkollege und ich 1943 einige Tage in Graswang große und kleine Stangen hacken mußten.

Ich hatte also die Materialien größtenteils beisammen. Einen jungen Maurermeister aus Huglfing fand ich auch, er wollte sich selbständig machen. Seinen Vater kannte ich schon von früher. Der Sohn sagte, er baue mir das Häusl schon, aber ich müsse die Materialien selber beibringen.

Der Keller war schon ausgehoben, das haben mein Sohn, er war ja inzwischen schon 14, und ich besorgt. Da lauter schöner Kies dabei war, brauchten wir auch keinen Kies zum Betonieren heranschaffen. Es haperte allerdings mit Zement, aber zur Kellerdecke bekamen wir etwas Zement zugewiesen, den übrigen habe ich mir anderweitig organisiert, da ich ja immer noch Kalk aus eigenem Brand als Tauschobjekt hatte. Wenigstens hatten wir den guten holzgebrannten Kalk und genügend Sand zum Mauern.

Als Sonderzulage gab es dann für die Maurer und Handlanger aus Stall und Garten auch mal eine Mahlzeit oder Brotzeit, da haben die Leute dann schon wieder lieber gearbeitet. Ein hiesiger Zimmerer hat uns noch vor dem Winter 1945/46 den Dachstuhl aufgesetzt, und so ist das Haus noch rechtzeitig fertiggeworden.

Ein paar alte Öfen stammten aus einem abgerissenen Arbeitsdienst-Lager bei Zell, von wo ich mir auch 2000 Ziegeln organisiert hatte. Das neue Häuschen hatte eine Grundfläche von 60 Quadratmetern und war halb unterkellert. Weil kein Wasseranschluß in der Nähe war, mußte erst mal ein Pumpbrunnen geschlagen werden. Ich schlug den Brunnen sechs Meter tief, so hatten wir sehr gutes Trinkwasser. Bis wir 1951 Leitungswasser bekamen, mußte ich noch zwei Brunnen schlagen, davon einen für den Stall.

So nebenbei bemerkt haben wir Sozis im Spätherbst 1945 unseren Ortsverein wieder neu aufgebaut. Wir waren wieder über 30 Mitglieder. 1946 bei den Gemeindewahlen kam ich mit noch einem wieder in den Gemeinderat. Der »Lippenbauer«, Ludwig Daisenberger, war wieder Bürgermeister.

Im Herbst 1946 mußte die Gemeinde eine Wohnung für den Bahnvorstand Pauli suchen, welcher pensioniert wurde. Der Bürgermeister fragte mich in einer Sitzung, ob ich keinen Platz in meinem neuen Haus habe.

»Ja«, sagte ich, »ich muß es aber erst oben ausbauen, dazu brauche ich Geld.«

Der Pauli hätte genug gehabt, aber auf den Gedanken, mir Geld zu leihen, kam er auch nicht. Dafür lieh er es an andere und bekam dann bei der Währungsreform 48 einen Dreck dafür. Ich hab mir anderweitig Geld beschafft, um dem Pauli die Wohnung ausbauen zu können. Ich bekam damals ein Darlehen von der Kreissparkasse von 3000 Reichsmark. Bei der Währungsreform wurden diese Schulden auf 300 DM abgewertet. Also hatte auch ich mal Glück mit Geldsachen. Wenn ich gewußt hätte, was für ein Geizhals der Pauli geworden ist, hätte ich mich nicht so bemüht.

Ich habe bei der Gemeinde ein Gewerbe angemeldet als Kalkbrenner und Obstbaumwart und bin selbständig geworden.
Arbeit hatte ich genug, aber als Geschäftsmann taugte ich
nicht, weil ich erstens für den Kalk und zweitens für das Obst-
baumrichten von den Kleinhäuslern schon aus sozialen Gründen zu wenig verlangte. Wer sollte schon sozial denken, wenn
nicht ich als ein Sozi und, noch dazu Gemeinderat.

1945 bin ich auch beim Nachbarn, der zum Lebensmittel-
transport für den Bezirk eingesetzt war, auf seinem Vomag-
Holzvergaser als Beifahrer mitgefahren. Wir fuhren nach Regensburg um Sirup und Zucker, nach Aichach und Landshut
um Mehl oder ins Schwäbische, um Käse zu holen. Dies waren
damals rare Dinge, die man viel zu wenig auf Marken bekam.

Einmal hatte ich nach Aichach drei Literflaschen voll Honig
aus meiner Bienenhaltung mitgenommen zum Tausch für
Mehl. Ich bekam für einen Liter Honig 10 Pfund Mehl,
brachte also 30 Pfund nach Hause, ein andermal 100 Liter Sirup und einen halben Zentner Zucker aus Regensburg. Da
konnte ich wieder meine Bienen für den Winter einfüttern.
Einmal habe ich von meinen zwei Dutzend Bienenvölker
sieben Zentner Honig geerntet in einer Sommersaison. Das
war ein gutes Geschäft, man bekam für das Pfund drei Mark
fünfzig bis vier Mark. Der übliche Preis für Gebirgsschleuder-
honig war vier Mark das Pfund, allerdings gibt es jetzt in den
Geschäften Honig für zwei DM fünfzig das Pfund. Aber das
ist meistens Schmelzhonig aus dem Ausland, der wird durch
Einschmelzen der Waben gewonnen und dabei über 40 Grad
erhitzt.
Damit wird er als Medizin für Herz- und Kreislauf fast
wertlos, auch werden dadurch die kostbaren Vitamine, welche
im Honig enthalten sind, teilweise zerstört. Drum kostet der
gedeckelte, also kalt geschleuderte Honig auch mehr. Ich erinnere mich, daß ich einmal von einem Volk 75 Pfund geerntet
habe.
Ein andermal habe ich im Allgäu fast einen viertel Zentner
Emmentaler organisiert, aber da fehlte zu Hause wieder das

Brot zum Käse, also mußte man ihn ohne verzehren. Das waren vielleicht verworrene Zeiten, aber auch die gehen vorüber.

Als unser Sohn Karl 14 Jahre alt war, haben wir ihn zu einem Bauern nach Graswang getan. Er glaubte, da gäbe es ein besseres und reichlicheres Essen als daheim. Erstmal verlangte aber die Bäuerin seine Lebensmittelmarken, dann hat ihm im Frühjahr eine Kuh beim Austreiben den Fuß am Knöchel abgequetscht. Er mußte nach Ammergau ins Krankenhaus. Nachher habe ich ihn wieder heimgeholt. Er hatte eingesehen, daß es zu Hause auch nicht schlechter ist mit der Ernährung.

Im Winter 1945/46 kamen auch ein paar Care-Pakete aus Amerika. Die amerikanischen Gefangenen hatten mich armen Posten doch nicht ganz vergessen. Einmal kam sogar ein Paket mit Stoff für meinen Sohn zu einem Anzug. Sowas gab es doch damals noch nicht, man konnte sich höchstens einen Barras-Mantel umändern oder einen Ami-Mantel färben und umschneidern lassen.

In der Zeit fand auch die »Entnazifizierung« statt. Verschiedene prominente Nazis und andere wandten sich an mich. Ich sollte ihnen ein Gutachten ausstellen an die Spruchkammer in Garmisch.

Einem guten halben Dutzend solcher Ansuchen bin ich nachgekommen. Ich fühlte mich als Christ und Sozialdemokrat verpflichtet, meinen Mitmenschen aus der Klemme zu helfen. Wegen dieser meiner Haltung bin ich von vielen meiner Sozi-Genossen mißbilligend angeredet worden. Es gab welche, die meinten, ich solle Gleiches mit Gleichem vergelten und die alle, die mich damals verfolgt und geschädigt hatten, jetzt hineintauchen. Ich sagte: »Wenn ich das jetzt mache, bin ich auch nicht besser als die Nazis und Schwarzen, welche mich damals angepöbelt und geschädigt haben, weil ich als Sozi ein Gegner der Bayerischen Volkspartei und der Nazis war!«

Ich war übrigens auch ein Gegner der Kommunisten damals, denn deren Methoden habe ich auf der Baustelle in Köln kennengelernt. Aus allen diesen drei Kategorien hatte ich aber auch gute Arbeitskameraden. Jedenfalls habe ich einem guten halben Dutzend Nazis positive Gutachten ausgestellt. Der prominenteste von Ihnen, der Dr. Geissler, ist bei Nacht und Nebel mit seiner Frau zu mir gekommen, als ich gerade nachts um halb elf mit meinem Sohn im Keller gearbeitet habe. Er hat sich bei mir bedankt für mein Verhalten. Er hatte mich ja auch als Direktor in der Fabrik und als Bürgermeister gut und freundschaftlich behandelt. Und diese Freundschaft, wenn es solche überhaupt gibt zwischen einem armen Teufel und einem gut situierten Herren, besteht heute noch.

Im Jahre 1946 kamen aus dem Sudetenland viele Vertriebene nach Oberau. Die Arbeiter hatten sich fast alle ein Häuschen gebaut und vermieteten diese, um zusätzlich Geld einzunehmen. Da dachten die Behörden, die Oberauer haben ja Platz. Es ging ja in anderen Gemeinden nicht anders. Die vielen Flüchtlinge mußten schnell untergebracht werden. Die Schuld an diesem Verhalten der umliegenden Völker Europas hatten wir schließlich als Deutsche selbst, denn wir hatten es ihnen ja vorgemacht, wie man mit unliebsamen Nachbarn umgeht. In unserem vom Hitler eingetrichterten Größenwahn wollten wir ja alle anderen Völker unterjochen und ausbeuten. Dieses Verhalten unter den Schlagwörtern »nordische Herrenmenschen« und »Deutschland braucht Raum« mußte sich für uns rächen, und wir mußten als Volk dafür büßen.

Die Industrie und die Städte waren zerbombt – aber wofür schreibe ich das, das paßt ja in diesen Rahmen gar nicht hinein. Ich will ja nur meine Erlebnisse in 75 Jahren niederschreiben. Vielleicht kann einer einen kleinen Nutzen daraus ziehen. Wir müssen uns halt anstrengen, daß wir gemeinsam aus dem Dreck, in welchen wir teilweise unschuldig hineingekommen sind, wieder herauskommen.

Nachdem ich nun, wenn auch nicht viel, aber doch eigenen Grund mit einem kleinen Häuschen darauf hatte, machte ich weiter. Wir rodeten neben der Kalkbrennerei und der Obstbaumpflege immer noch nebenbei öden Gemeindegrund. Um uns herum gab es genug davon. Sogar ein Flüchtling aus dem

Sudetenland und mein Schwager, der SA-Sturmführer, der über ein Jahr im Lager Ludwigsburg zugebracht hatte, arbeiteten fast ein Jahr bei mir als Kalkbrenner und beim Kulitivieren, bis die beiden was Besseres fanden.

Der Flüchtling sagte einmal zu mir, das, was er da mache, sei Sklavenarbeit. Ich drauf: »Aber immer noch besser, als andere Länder zu überfallen, um zu mehr Land zu kommen!«

Wir sind aber gut miteinander ausgekommen. Er war in meinem Alter und ein gelernter Metzger. Er ist dann bei den Amerikanern in Garmisch untergekommen, und mein Schwager ist zu einem Bauern in Oberau und dann wieder zur Bahn gegangen. Ein anderer Flüchtling hat bei mir kurze Zeit gearbeitet als mein Angestellter. Er wurde regelgerecht angemeldet und bezahlt.

Im Sommer mußten wir auch das Heu für die vielen Tiere, die Ziegen, Schafe und Kaninchen, beschaffen. Dafür hatten wir vom Straßenbauamt Straßengräben und andere Flächen gepachtet. Es gab da immer ein Gerangel, weil sich andere auch Kleintiere anschafften und Futter dafür brauchten. Ich mußte zum Mähen der Straßengräben sogar bis Weghaus unterhalb von Eschenlohe. Da mußte ich das Heu gute sechs Kilometer mit dem gummibereiften Zweiräderkarren nach Hause ziehen. Erst hatten wir sogar nur einen eisenbereiften von einem alten Einspänner – das war vielleicht eine Schinderei im Sommer auf der weichen Teerstraße! Heute fiele es doch keinem Menschen mehr ein, sich so zu schinden.

AUFBAUJAHRE

Im Spätherbst 1948 haben wir unser altes, 1930 gebautes Holzhäuschen abgebrochen und ein neues, stabileres an der Stelle errichtet. Wie mein Sohn und ich das Dach schon abgerissen hatten und so auf dem Gerüst standen, kam auf dem Steg, der damals über den Bach ging, ein Mann daher. Wie er später sagte, fiel ihm das Herz in die Hose, als er sah, daß wir das Häuschen abrissen. Wir kamen ins Gespräch, und er erzählte, daß er ein Wäldler von hinter Passau sei und ein

Schneidergeselle. Er arbeite bei einem hiesigen Meister und habe ein Mädchen geschwängert. Sie wollten nun heiraten und suchten eine Wohnung. Er hätte in das Häuschen einziehen wollen, das nun abgerissen wurde. Ich sagte, das Häuschen würde wieder aufgebaut, allerdings für unsere eigenen Zwecke. Es käme ein Kleintierstall mit Heuboden, eine Werkstatt und eine Waschküche für die Wohnungen im Nebenhaus hinein.

Der Nusser Max, der arme Teufel, machte ein so zerknirschtes Gesicht, daß mein Herz weich wurde – ich war ja auch ein geborener Wäldler. Ich kannte das Mädchen und sagte ihm, daß er die zwei Räume, die als Werkstatt und Waschküche gedacht waren, als Küche und Schlafzimmer haben könne. Da war er freilich froh fürs erste.

Für 1947 sei noch nachzutragen, daß meine Schwägerin, sieben Jahre älter als meine Frau, beim Einmarsch der Russen aus Westpreußen über die Ostsee nach Brunsbüttel-Koog an der Elbe geflohen war. Von da schrieb sie öfter so verlorene Briefe an uns, daß wir uns sagten, wir lassen sie zu uns kommen, daß die arme Haut wieder eine Heimat bekommt. Ich war ja früher in Briefverbindung mit ihr gestanden und hatte ihr schon angedeutet, sie solle zu uns kommen. Ich traute mir aber nicht zu schreiben, daß sie raus müßte, wenn der Russe käme, weil der Pole das Land will. Sie hätte mir doch nicht geglaubt, und ich hätte auch mein Leben riskiert mit solchen Aussagen.

Sie hatte Geld gespart, das wir zu meinem Bauvorhaben gut hätten gebrauchen können, aber auf der Flucht hat sie ihr Geld, ihre Papiere und alles bei einem Fliegerangriff auf Küstrin verloren. Völlig mittellos ist sie 1947 bei uns angekommen, und wir hatten noch nicht einmal den Zuzug für sie erwirkt. Es hieß, erst müßten die Flüchtlinge aus dem Sudetenland untergebracht werden. Auch ohne Bewilligung der Behörden hatten wir für sie Platz in unserem Häuschen, wenn auch knapp. Wir konnten zur Arbeit, die nun immer mehr wurde, eine Hilfe gut gebrauchen. Sie half im Garten, im Stall, und die gute Tante Berta, wie sie allgemein genannt wurde, hatte wieder eine Aufgabe. Bloß von ihrer Heimat durfte nicht gesprochen werden.

Da war meine Frau ganz anders, aber die war ja schon früh, 1922, aus ihrer Heimat weg zu einer anderen Schwester nach Köln. Sie war mit dem vielen Bauen gar nicht einverstanden. Sie wollte lieber in Miete wohnen und daß wir beide in die Arbeit gehen und ein ruhiges Leben führen. Aber gegen den Steinbock wie mich kam sie halt nicht auf, und als gute Haut gab sie nach. Ein bißchen Liebe wird wohl auch dabei gewesen sein, und die hat angehalten bis heute, 1973. So muß es wohl sein, sonst könnte man nicht alles ertragen, was über einen kommt, aber ich schweife ab.

Die gute Tante Berta haben wir vor eineinhalb Jahren zur letzten Ruhe gebettet.

Aber es geht 1948 weiter mit Abreißen und neu Bauen. Der schon erwähnte abgewertete Kredit von 3000 Mark kam uns da zu Hilfe und war eine Entschädigung für des Geld, das meiner Schwägerin bei der Austreibung weg kam. Auch das elterliche Haus, das sie mit einer anderen Schwester bewohnt hatte, ging verloren. Sie bekam dann später vom Ausgleichsamt eine kleine Unterhaltshilfe bis zu ihrem Tod.

Den Neubau haben mein Sohn und ich fast alleine erstellt. Nur ein Zimmerer half bei der Dachstuhlvermantelung und dem Balkon. Dieser war zwar im Bauplan nicht vorgesehen, aber wo kein Kläger, da kein Richter. Der Stall neben der Wohnung war allerdings schon eine unangenehme Geruchs- und Lärmbelästigung für den Schneider Nusser Max. Er hatte es aber vorher gewußt und beschwerte sich auch nicht. Übrigens haben sie vor Weihnachten geheiratet.

Die Feier war bei der Mutter des Mädchens. Meine Frau hatte für die paar Gäste das Kochen übernommen, aber zur Brautnacht im neuen Heim bei uns, welches inzwischen mit neuen Möbeln ausgestattet war, ist es nicht gekommen, weil die junge Braut ins Krankenhaus nach Garmisch kam, wo sie eine Fehlgeburt hatte – und das gerade in der Hochzeitsnacht!

Wir hatten ja nun immer noch keine Waschküche, weil ich den vorgesehenen Platz vermietet hatte. An eine Werkstatt war nicht zu denken, aber eine Waschküche brauchten wir. Also wieder Plan machen lassen und zur Genehmigung einreichen und was da sonst noch alles dranhängt. Die Waschküche baute ich am Haus von 1945 dran und zog das Dach einfach tiefer. So, nun hatten wir eine Waschküche, aber wieder kam alles ganz anders. Der Schneider Nusser hatte inzwischen die Meisterprüfung und sich selbständig gemacht. Er hatte auch schon einen Lehrling und keinen Platz in seiner Wohnung.

So, nun brauchte er eine Werkstatt, und mir blieb nichts anderes übrig, als ihm die geplante Waschküche als Werkstatt zu überlassen, aber auch dabei blieb es nicht. Ich baute also notgezwungen noch zwei Räume an die Schneiderwerkstatt an, um endlich eine Waschküche zu bekommen. Der Nusser war aber ein guter Schneider, und sein Geschäft vergrößerte sich um einen zweiten Gesellen. Da kam er wieder an, er brauche neben der Werkstatt einen Anprobierraum für seine Kunden, weil die Werkstatt, in der sie zu viert arbeiteten, zu klein war.

Die Miete war nicht gerade übermäßig aber doch für mich eine Nebeneinnahme, und ich konnte ohne Mühe den Kredit abzahlen.

Weil meine Frau auch für die Angestellten vom Nusser kochte und diese bei uns schliefen und Miete zahlten, hatte sie damals die Möglichkeit, die fehlenden Versicherungsbeiträge nachzuzahlen. Sie war früher in einigen Haushalten tätig gewesen und konnte nun freiwillig weiterversichert werden, bis sie ihre mindestens 180 Monatsbeiträge beisammen und damit ab 65 Rentenansprüche hatte. Sie schimpfte zwar und meinte, sie werde doch keine 65, und das Geld sei zum Fenster hinausgeworfen, außerdem könne man das Geld anderweitig nötiger gebrauchen, aber ab 1964 schimpfte sie nicht mehr.

Ich habe mich, als ich 1945/46 das Gewerbe anmeldete, auch freiwillig weiterversichert, aber wegen des schlechten Verdienstes so niedrig wie möglich. Also bekam ich auch, als ich 1956 mit 59 Jahren wegen Krankheit vorzeitig um die Invalidenrente eingab, anfangs sehr wenig Rente – 80 Mark. So waren wir dann froh über die zusätzliche Rente meiner Frau. Im Laufe der Jahre ist auch meine Rente erhöht worden, weil die zwei Jahre, die ich als Sauer Hans im Bergbau gearbeitet hatte, inzwischen doch anerkannt wurden. Auch für meine frühere Tätigkeit in der Landwirtschaft und als Remontenwärter – fast zehn Jahre lang – gab es später eine Nachzahlung. Heute, 1973, habe ich eine Altersrente von 381 Mark und meine Frau erhält 111 Mark, also nicht so viel. Wir wohnen aber mietfrei und haben auch ein wenig Mieteinnahmen, weil wir an Sommergäste Zimmer vermieten.

Die Kalkbrennerei mußte ich aufgeben, aber da war sowieso nicht viel aufgesteckt, weil ich den Kalk zu billig hergab. Sogar bis aus Grainau und Ohlstadt kamen die Leute um meinen Kalk, obwohl es dort auch Brennereien gab. Fragte ich sie: »Warum holt ihr nicht da euren Kalk?« so hieß es: »Ja, da müssen wir was bringen!« während bei mir der Metzen um zwei Mark fünfzig kostete.

Meine Brennerei war im Umkreis die kleinste mit 300 Metzen. Die Ohlstädter hatte 500 Metzen, und die Kalköfen in Wallgau und auch in Oberammergau brachten sogar 1200 Metzen. Als aber erstmal wieder die großen Kalkwerke in Betrieb waren, hörten die kleinen Holzbrennereien alle auf, obwohl der holzgebrannte Kalk viel besser war als der Fabrikkalk, besonders für Malerarbeiten, weil er halt nicht abblätterte. Wenn er gar ein oder zwei Jahre eingesumpft war, wurde er von Freskomalern gebraucht und gut bezahlt, aber wer kann als kleiner Mann schon seinen Kalk zwei Jahr lagern. Da mußte man auch eingerichtet sein dazu, ganz abgesehen davon, daß er am Anfang sowieso reißend wegging.

In den ersten Nachkriegsjahren hat man die Kasernen in Garmisch für die Amis renoviert. Da wurde bei mir der Kalk mit Amifahrzeugen von den deutschen Fahrern fuhrenweise geholt. Ich hatte da immer Angst dabei, weil sich die Fahrer für sich aus den Fahrzeugen Benzin abzapften und in meiner abgelegenen Brennerei versteckten, um es später für ihre Zwecke abzuholen. Das waren nicht bloß ein paar Liter, sondern gleich ganze Kanister voll. Einer der Fahrer bei den Amis war der Markewitsch, dem ich später das kultivierte und mit 50 Obstbäumen bestückte Grundstück verkauft habe.

Meine Frau hat außer für mich oft für andere gekocht, sei es für die Arbeitskollegen in Köln oder im Gipswerk Oberau oder die Schneidergesellen oder für Sommergäste.

Nebenbei mußten wir auch im Berg billiges Holz machen für den Kalkofen. Den hatte ich etwas vergrößert, daß er nun 300 Metzen faßte. Dafür brauchte er aber auch mehr Holz, so 22 bis 24 Ster pro Brand.

Seit die zwei Männer halfen, und auch mein Sohn wuchs ja heran, war es für meine Frau nicht mehr so schwer. Sie hatte ja auch zu Hause genug zu tun, da ich bis 1949 auch noch Gemeinderat war. Nachher ließ ich mich auf unserer Liste nicht mehr vorne aufstellen. Es sollten meiner Meinung nach die Jungen allmählich ran, damit sie nicht sagen können, die Alten machten keinen Platz und klebten an ihren Posten. Im Bienenhaus gab es auch immer mehr Arbeit, weil ich es auf 25 Völker bringen wollte.

Zu guter Letzt erwischte es mich, und ich mußte wegen Magen- und Darmbeschwerden ins Krankenhaus. Wie schon 1937 wegen der selben Beschwerden kam ich ins Krankenhaus Nymphenburg vom III. Orden, diesmal in die Herzstation. Man untersuchte und behandelte mich im Laufe von über drei Wochen gründlich, es wurde aber kein organisches, sondern ein konstitutionelles Leiden festgestellt. Sie haben mich mit Strophantin-Spritzen wieder auf die Beine gestellt, aber ich sollte mich nach der Entlassung schonen und nicht mehr so schwer arbeiten.

1951 kam dann endlich auch zu unserem Viertel die Wasserleitung, und wir waren nicht mehr auf unsere drei Pumpbrunnen in den zwei Häuschen angewiesen.

Ende 1952 ist der Pauli dann ausgezogen, weil er für seine Möbel, die er in einer Tenne untergestellt hatte, eine größere Wohnung brauchte. Es kam dann ein beinamputierter Flüchtling, der erst geheiratet hatte, in die Wohnung. Die Firma, wo der Mann gearbeitet hat, gab damals eine Mietvorauszahlung von 1000 Mark. Das Geld konnte ich mit der ewigen Bauerei gut gebrauchen.

In den Jahren 52/53 bin ich dann mit Stall und Bienenhaus auf das hergerichtete Grundstück umgezogen. Das haben wir dann ein paar Jahre später verkauft, weil unser Sohn nach Landshut heiratete und sagte, daß er nicht mehr zurück nach Oberau kommen würde. Er hatte bei der Bayern AG beim Ausbau der mittleren Isar Arbeit bekommen, und dort wollte er bleiben, aber es kam ganz anders.

Auch der Nusser Max ist dann bald ins Dorf umgezogen, weil es ihm bei uns zu abgelegen war und er sich zu der Schneiderei einen kleinen Laden zulegen wollte. Er hat, nebenbei gesagt, kein Glück in der Familie gehabt, weil seine nette Frau keine Schwangerschaft austragen konnte und mehrere Fehlgeburten hatte, was die beiden sehr bedrückte. Das gehört eigentlich gar nicht hierher, aber wir sind der Familie, die auch ihr Kreuz zu tragen hat, immer noch freundschaftlich zugetan.

In das kleine Zimmer neben dem Anprobierraum für den Schneider kam aber immer noch keine Waschküche, weil ich wieder nicht nein sagen konnte.

Auf Ersuchen der Gemeinde nahmen wir einen Mann auf, der aus der Lungenheilanstalt als geschlossen, aber nicht geheilt, entlassen worden war, und den seine Frau nicht mehr aufgenommen hatte. Nirgendwo kam er unter, denn wer will schon einen Lungenkranken, also gab ich ihm für ein paar Jahre das kleine Zimmerchen. Wir hatten mit ihm viel Ärger, bis er dann auf unsere Veranlassung in eine Gemeindeunterkunft kam. Wir sind dann endgültig in unser geliebtes Häuschen umgezogen.

Den Stall und den Heuboden haben wir zu Fremdenzimmer umgebaut, so hatten wir zu unserer Rente eine zusätzliche Einnahme. Die freigewordene Wohnung haben wir dann an eine Frau Eigner mit zwei Kindern vermietet. Im Garten habe ich ein Sommerhäuschen errichtet, sechs mal zwei Meter, für uns zum Schlafen, wenn alle Fremdenbetten belegt waren. Feste Mieter gab es damals genug, weil noch viele Leute nur notdürftig untergebracht waren. Auch von ihr ließen wir uns 1500 Mark Mietvorauszahlung geben, denn Geld und immer wieder Geld war bei uns Mangelware. Aber wir haben es nicht vergeudet, sondern damit und mit unserer Hände Arbeit immer wieder was geschaffen.

BEWEGTER LEBENSABEND

In diese Zeit fiel auch der Entschluß unseres Sohnes, zu heiraten. Er war eigentlich viel zu jung dazu. Aber wie es halt so ist, man verliebt sich, ein Kind kommt, und dann wird geheiratet. Da seine Schwiegereltern nur in die Heirat einwilligten, wenn er nach Landshut zog, waren wir von Haus aus dagegen. Wie recht wir hatten, stellte sich einige Jahre später heraus. Zur Hochzeit sind wir nicht hingefahren aus Ärger darüber, daß er so schnell und ohne weiteres von uns fortging. Er hätte hier sicher andere Partien machen können, aber welche Söhne oder Töchter machen es den Eltern schon recht? Schlimm wird es dann, wenn die Alten die Suppe, die ihnen die Jungen eingebrockt haben, auslöffeln dürfen, wie es bei uns später der Fall war, aber alles der Reihe nach.

Inzwischen war uns auch eine neue Hausnummer zugeteilt worden. Früher hatten wir Hausnummer 86 in der Reihenfolge der erstellten Häuser in Oberau. Nun aber, da Oberau in einer Schnelligkeit wuchs, daß man staunen mußte, weil die Gemeinde den Arbeitern billigen Grund gab und auch die Bauern noch zu einigermaßen erschwinglichen Preisen Baugrund verkauften, mußten neue Straßen und Ortsteile benannt und mit Hausnummern versehen werden. Heute ist das ganze 2200 Quadratmeter große Grundstück, das wir am Gießenbach kultiviert und gekauft hatten, mit Häusern bebaut. Eines davon gehört dem Markewitsch, der früher für die Amis den Kalk bei mir geholt hatte. Ich habe ihm das Grundstück nur verkauft, weil unser Sohn weggeheiratet hat und wir ihm eine größere Mitgift auf seinen Lebensweg mitgeben wollten.

Wäre er nur hiergeblieben! Niemals hätte ich dieses abgeschlossene schöne Grundstück zu so einem Schleuderpreis hergegeben.

8000 Mark brachte ich unserem Sohn. Wir kauften vom Wirt Luginger in Ergolding ein Grundstück von 56 Dezimal, bezahlten es und ließen es auf unseren Sohn eintragen. Wir dachten, wenn ihm der Schwiegervater, der in der Nachbarsgemeinde Essenbach eine größere Schreinerei hatte, etwas helfen würde, dann könnten die jungen Leute bald ein Haus auf dem Grundstück stehen haben.

Zum Hausbau ist es nicht gekommen. Mein Sohn schrieb uns, er könne jetzt nicht bauen, weil ihm sein Schwiegervater momentan nicht helfen könne dabei. Deshalb lasse er den Bauplatz für später liegen. Aber auch später wurde es nichts mit Bauen. Irgendwann erfuhren wir, daß sie den Bauplatz verkauft und sich ein Auto angeschafft hatten.

Also an Weihnachten 1957 kam der Sohn, wie wir erst meinten, zu Besuch. Wir waren inzwischen schon Großeltern geworden und hatten einen kleinen Enkel. Er kam alleine und sagte: »So, jetzt bin i do!«
Ich drauf: »Was soll das heiß'n, jetzt bin i do?«.

Ich merkte bald, was in seiner Ehe los war und fing an, ihm den Kopf zurechtzusetzen. Ich machte ihm klar, daß das nicht so leicht ginge und er ja schließlich auch Verantwortung habe für seine Familie. Er fuhr dann doch zurück nach Landshut, und die beiden versöhnten sich wieder einigermaßen.

Bald darauf kamen sie gemeinsam zu uns und meinten, sie möchten am liebsten wieder nach Oberau, und ob wir denn keinen Platz für sie hätten zum Wohnen. Ich sagte: »Was glaubt ihr denn, ich kann doch jetzt nicht wegen euch einen Mieter rausschmeißen, damit ihr Platz habt! Aber wenn ihr wollt und mir helft, dann bauen wir das Haus um und machen es länger und höher, dann gibt's Platz genug.«

Die Alten von ihr kamen dann auch mal und waren froh, daß es diese Lösung gab und ihre Tochter wieder bei uns reinkam. Wir brachten die drei notdürftig unter und fingen im September 1958 an, den Grund auszuheben. Ein Flüchtlings-Maurermeister machte die Beton- und Maurerarbeiten in Regie. Ich hatte wohl ein paar Angebote bekommen, aber die waren mir zu hoch, so habe ich die Arbeiten in eigener Regie vergeben. Ich mußte nur jede Woche das Geld herbringen, daß die Leute ausbezahlt werden konnten. Der Anbau mitsamt der Schneiderbude wurde ganz abgerissen, in ein ehemaliges Schlafzimmer kamen ein Bad und ein Klo hinein, und auf einer Fläche von vier auf drei Meter wurde angebaut. Sogar im ersten Stock kamen noch zwei Zimmer mit Dachschräge dazu.

Da die Maurer und Handlanger von mir gratis zu jeder Brotzeit und zum Mittagessen eine Halbe Bier bekamen, haben sie sehr schnell und gut gearbeitet, was bei Regie sonst ja nicht üblich ist. Alle drei Parteien, einschließlich meines Sohnes, konnten noch vor Weihnachten 1958 in ihre geräumigen Wohnungen einziehen.

Um alles bezahlen zu können, mußte ich eine neue Grundschuld eintragen lassen, und ich kam auf 17 000 DM Verbindlichkeiten bei der Sparkasse. Aber nicht nur durch die Mieteinnahmen und die Sommergäste, sondern auch durch die Bienen kam Geld herein, und ich konnte meinen Verpflichtungen schon nachkommen. In einem guten Jahr brachten die Bienen manchmal bis zu sechs Zentner Honig, das Pfund zu drei Mark fünfzig – wenn man die Unkosten abrechnet, immer noch eine schöne zusätzliche Einnahme.

Die Handwerker wollte ich nicht auf ihr Geld warten lassen, denn wer gut gearbeitet hat, soll sein Geld gleich haben. Da hab ich lieber mehr Zinsen und Tilgung bezahlt. Es war jetzt auch nicht mehr wie früher, daß ich für ein paar hundert Mark von der Bank einen Bürgen brauchte. Jetzt hatte man was geschaffen, und es war eine Grundlage da für die Sparkasse, aber auch mein Risiko.

Die Schwiegertochter hatte in Landshut und auch hier in einer Strickerei gearbeitet, so dachten wir, daß sie sich eine Strickmaschine kaufen und im Haus selbständig machen solle. Sie wollte das selber auch. Zur Maschine, die knapp über 3000 Mark kostete, gab ich 1200 Mark Anzahlung. Wenn die Sache klappt, dachten wir, ist das Geld ja nicht weggeworfen. Aber sie kaufte großzügig gleich noch einen Haufen Wolle, Kartons für den geplanten Versand und eine teure Zickzack-Nähmaschine. Sie war gewohnt, daß ihr Vati zahlt, nur daß diesmal der Vati nicht zahlte, denn der war ja nicht hier. Ihre Eltern kamen nur ab und zu mal zu Besuch und waren auch angetan vom Unternehmergeist ihrer Tochter.

Diesmal mußte ein anderer Depp bezahlen, und der war ich.

Dieses Experiment mit der Strickmaschine kostete mich eine schöne Stange Geld. Das Stricken im Haus der Schwiegereltern ging nicht so voran, wie wir uns das alle vorgestellt hatten, dann paßten die gestrickten Sachen den Kunden nicht, mit dem Versand klappte es auch nicht, und auch die Vertreter brachten die Stricksachen kaum los. So blieb die teure Maschine unbenutzt und vergammelte. Es war nur gut, daß es für eine solche Maschine eine Rücknahmeverpflichtung von sechs Monaten gab. Die Firma nahm sie zwar zurück, aber ich hatte meine 1200 Mark Anzahlung trotzdem los.

Ich will nicht auf Einzelheiten eingehen, aber es kam halt, wie es in dem Fall kommen mußte. Vielleicht wäre eine frühere Trennung gescheiter gewesen für meinen Sohn, denn die Ehe war nicht mehr zu retten.

Bei der Scheidungsverhandlung in München hat dann ihr Vater großzügig das Sorgerecht für den Buben übernommen. Das ist zum Glück aktenmäßig niedergelegt worden. Wäre der Bub seinem Vater zugesprochen worden, hätte er zwar bei uns bleiben können, wie ja auch schon die ganze Zeit zuvor, aber was sollte unser Sohn mit dem Kleinen, praktisch gehört ja ein Kind doch zu der Mutter.

Eine Alimentenklage ließ nicht lange auf sich warten, wurde aber abgewiesen. Sie mußte sich an ihren Vater halten, der ja das Sorgerecht übernommen hatte. Man gab schließlich mir die Schuld daran, ich sei die treibende Kraft gewesen, daß sich unser Sohn schließlich zur Scheidung entschloß, und das mag zum Teil schon stimmen.

Drei Jahre nach der Scheidung kam die Rechnung für die damaligen Schreinerarbeiten über 8000 Mark vom ehemaligen Schwiegervater, zahlbar innerhalb einer Woche bei Vermeidung einer Zwangsvollstreckung. Das hätte denen so gepaßt. Die Schreinerarbeiten waren nicht von mir, sondern von der Schwiegertochter bestellt worden. Ich ließ dann die Arbeiten amtlich schätzen, der Mann kam auf 5800 Mark. Mit dem Anwalt und den Gerichtskosten sind es dann auch 8000 Mark geworden, aber dabei blieb es. Nun hatte ich statt 17 000 Mark 25 000 Mark Schulden zu verzinsen und zu tilgen.

Dies alles paßt eigentlich gar nicht in meinen Lebensbericht. Ich bin da nur insoweit beteiligt, als ich für die Schnitzer meines Sohnes der zahlende Teil war, abgesehen von dem Ärger, den auch wir mit der ganzen Affäre hatten.

Unser Sohn war inzwischen 30 Jahre alt und wollte wieder eine Frau kennenlernen, um nicht weiter der Mutter zur Last zu fallen. Kurz und gut, im Sommer 1962 zog eine andere Frau bei uns ein. Er kannte sie schon eine Zeit lang. Sie war Näherin im Hummelsheim, einer kleinen Fabrik in Murnau. Mit ihrer Freundin war sie aus Wilhelmshafen gekommen. Beide haben sie hier ihre Männer gefunden und sind dagebblieben. Sie in Oberau und ihre Freundin in Peißenberg.

Im August 1962 fand in der evangelischen Kirche die Trauung statt. Sie ging auch noch nach der Hochzeit zur Arbeit nach Murnau, denn es mußten ja wieder Möbel und Betten angeschafft werden. Ich hab das wohl bezuschußt, aber später auf Heller und Pfennig alles zurückbekommen.

Nachdem nun alles vorbei ist, können wir auch wieder sorgloser leben, obwohl noch immer Mahnungen und sogar der Gerichtsvollzieher ins Haus kommen wegen der Schulden, die damals gemacht wurden. Deswegen war es schon gut, wenn wieder eine Frau ins Haus kam, denn der Junior kümmerte sich um Geldsachen überhaupt nicht. Drum hatte es ja soweit kommen können

Mit den Mieteinnahmen aus unseren Wohnungen und dem Honigverkauf zusätzlich zu meiner kleinen Rente ist es uns langsam gelungen, die Schulden zurückzuzahlen, und wir konnten sogar das erste Mal in meinem Leben nach der Vermietungssaison Urlaub machen, um auszuspannen. Aber das war keine richtige Erholung, sondern mehr eine Besuchsfahrt zu den Angehörigen meines jüngsten Bruders in der Fränkischen Schweiz.

Er war ja damals beim Tode meiner Mutter im Jahre 1908, als wir 13 Geschwister auseinandergerissen wurden, im Alter von zwei Jahren von Verwandten mit in die Oberpfalz genommen und dort großgezogen worden. Man wußte wenig oder gar nichts voneinander. Erst 1958, beim Umbau unseres Hauses, kam Besuch, ein junges Ehepaar. Mein älterer Bruder stellte sie mir vor und fragte, ob ich die Frau kennen würde. Es war tatsächlich die Tochter vom Bruder Schorschl, von dem ich 30 Jahre nichts mehr gehört hatte. Sie wohnten in Klein Seebach bei Erlangen und hatten da ein Haus mit Schmiede und Haushaltsgeräten.

Wir konnten jetzt nach der Saison immer für ein, zwei Wochen wegfahren, weil unsere gute Tante Berta den Stall mit den Tieren und unser Häuschen versorgte. Unsere Sommergäste von überall her sagten oft, wir sollten sie doch auch mal besuchen. Die haben wir dann abgeklappert, aber immer für die Unterkunft bezahlt, auch wenn wir bei denen gewohnt haben. Aber das ging auch nur ein paar Jahre gut wie man sehen wird, denn dann drehte die gute Tante Berta durch.

Im Herbst 1965 haben wir uns wieder einen Urlaub, sprich Besuchsreise erlaubt, denn ich wollte, ehe ich alt und gebrechlich war, noch einmal meinen Geburtsort in der Oberpfalz sehen. Also sind wir beiden im Herbst 1965, auch mein Bruder mit seiner Frau schloß sich an, mit der Bahn hingefahren. Die Zugverbindung nach Neukirchen-Balbini war allerdings etwas umständlich, aber ich hatte bereits brieflich wegen einer Unterkunft nachgefragt, so wurden wir vom Bahnhof abgeholt und gut in einem Gasthaus untergebracht.

Wir waren sehr erstaunt über die Freundlichkeit der Bevölkerung, was man von den Franken nicht sagen kann. Die Häuser waren sauber, die Straßen geteert, wie umgemodelt, wenn ich an früher zurückdenke. Nach einer Woche mußten wir dann wieder weiter zu meiner wiedergefundenen Verwandtschaft in Franken, weil wir zur Hochzeit der jüngsten Tochter meines Bruders Schorschl eingeladen waren. Die fand in der bekannten Wirtschaft Schottermühle in der Fränkischen Schweiz statt.

Auch in Köln, Darmstadt, Mainz, Bielefeld, im Schwarzwald und in vielen anderen Teilen Deutschlands haben wir liebgewonnene Feriengäste besucht und sind überall gerne aufgenommen worden. Die Leute hatten ja acht Tage bis drei Wochen bei uns ihren Urlaub verbracht und wären sicher nicht wiederholt zu uns gekommen, wenn es ihnen nicht gefallen hätte.

Noch eine unvergleichlich schöne, weite, wenn auch für uns beide sehr anstrengende Reise haben wir unternommen, und das sollte wohl für uns beide die letzte gewesen sein – dieses Mal im Frühjahr, denn da hatte die Bahn für alte Leute 50 Prozent Ermäßigung gewährt bei einer zusammenhängenden weiten Fahrt.

Im April 1968 fuhren wir mit der Bahn ab nach Hannover. Leider hatten wir keinen Liegewagen genommen, so waren wir die ganze Nacht eingepfercht mit fünf Personen in einem Abteil. Morgens um vier Uhr hatten wir in Hannover ein paar Stunden Aufenthalt bis zur Weiterfahrt nach Berlin. Da haben wir noch schnell eine Familie besucht.

Die Weiterfahrt nach Berlin war nicht gerade erbauend. Alle Augenblicke dachte man, jetzt kippt der Schnellzug um, so einen verlotterten Unterbau hatte die Strecke, obwohl sie zweigleisig war.

Neben den Gleisen sahen wir heruntergekommene Bauern-höfe und Felder und Wälder, welche zum Teil brannten, die aber niemand löschte, wahrscheinlich, weil gerade Sonntag war, oder die Leute hatten kein Interesse. Die Feuer waren je-denfalls durch Funkenflug aus einer Dampflok entstanden.

Ich sagte für mich, jeder, der so für dieses sozialistische Sy-stem schwärmt, sollte diese Lotterwirtschaft gesehen haben. Überhaupt sollten alle, die bei uns unzufrieden sind und gam-meln und demonstrieren, hinübergeschickt werden ins Para-dies der Arbeiter und Bauern. Und dann die vielen Kontrollen und Zensuren auf der kurzen Strecke von Helmstedt nach Berlin!

Aber in Berlin waren wir angenehm überrascht über den Empfang und die Betreuung während unseres leider nur zwei-tägigen Aufenthaltes bei Freunden in Kreuzberg und Spandau. Die eine Familie hatte einen Schrebergarten mit einem gut eingerichteten Gartenhaus. Es hätte mich schon gereizt, da mal auszuspannen, aber wir mußten ja wieder zurück nach Hannover und weiter nach Bremen.

Da haben wir gleich vier oder fünf Familien besucht, die alle schon mal bei uns waren. Da war was los, als eine Bekannte Geburtstag feierte! Aber an dem Kohl- und Runkelessen konnte ich mich nicht erbauen.

Nach zwei Tagen ging´s wieder weiter nach Wilhelmshafen. Am Hafen war gerade ein Ferienschiff nach Helgoland hergerichtet worden, der ersten Fahrt in diesem Jahr – wie gerne wäre ich mitgefahren, um mir auch mal Helgoland anzusehen!

Aber von den Eltern unserer Schwiegertochter in Wilhelmshafen haben wir erfahren, daß die Tante Berta daheim durchgedreht ist. Sie hat sich einfach ins Bett gelegt und die Nahrungsaufnahme durch die Schwiegertochter verweigert. Wir mußten also schauen, daß wir so schnell wie möglich heimkamen, um nach dem Rechten zu sehen. Wieder daheim hat meine resolute Frau erst mal ihrer bettlägrigen Schwester die Leviten gelesen. Es fehlte ihr eigentlich nichts, und in ein paar Tagen war sie wieder auf den Beinen, um ihre Tiere zu versorgen.

Jedenfalls hat das störrische alte Weib es fertiggebracht, daß wir uns nicht mehr getrauten, wegzufahren. Wir mußten ja denken, sie wiederholt das Theater und legt sich wieder hin und ißt nichts, und es hätte dann geheißen, die fahren in Urlaub und lassen daheim das arme alte Weib verhungern.

Aber zum Ausspannen sind wir in den fünf Jahren bei den Reisen sowieso nie gekommen. Mit dem vielen Aus- und Einsteigen und dem Gepäck schleppen war das mehr eine Strapaze. Zu Hause hätten wir es da jeweils schöner und angenehmer haben können. Weil wir so abgelegen und ruhig wohnen, kommen ja die Gäste so gerne zu uns, aber lange werden wir das mit dem Vermieten nicht mehr machen können, denn wir beide werden langsam zu alt dafür. Im heurigen Jahr 1973 ist meine Frau 74 und ich 76. Dieses Jahr wird es wohl noch gehen. Aber ich greife schon wieder den Ereignissen voraus, wir sind ja erst im Jahre 1969/70.

Im Frühjahr 1970 haben wir unser ganzes Anwesen schuldenfrei unserem Sohn übergeben, damit er nicht warten muß, bis er

60 ist, sondern vorher eine Chance hat, etwas zu unternehmen. Das hat er ja dann auch schnell mit vier Kameraden getan.

Mein Sohn und seine Kameraden planten, auf dem Grundstück, das nun ihm gehörte, ein Sechsfamilienhaus in Gemeinschaftsarbeit zu errichten. Sie machten das während ihres seit zwei Jahren aufgesparten Urlaubes im Herbst 1970, aber dazu mußten erst einmal unser Stall für Kleintiere und das Bienenhaus verschwinden. Die Schafe (Ziegen hatten wir schon keine mehr) wurden mit dem vorhandenen Heu nach Farchant verkauft.

Die Bienen, so ein Dutzend Völker, bekam schön eingewintert im Herbst 1970 ein Sohn meines Bruders nach Wielenbach mit dem ganzen Zubehör. Ich habe mit der Imkerei eine schöne Nebeneinnahme erzielt, wie schon gesagt, aber es gab auch schlechte Jahre, wo man fast nichts bekam, sondern ein ganzes Jahr umsonst gearbeitet hat. Die Imkerei ist eine Liebhaberbeschäftigung und nicht jedermanns Geschmack. Vor allem darf man dabei nicht nervös sein.

Ich hab mich all die Jahre im Bienenhaus aufgehalten und mich dabei wohltuend entspannt. Das ist mir die ersten Jahre schon sehr abgegangen.

Jetzt schreibe ich schon den zweiten Winter an meinen Lebenserinnerungen. Leider muß ich viel dabei sitzen, was mir gesundheitlich auch nicht gerade zu Gute kommt. Aber es geht dem Ende zu, Gottseidank bin ich bald damit fertig. Es geschieht auf vielseitigen Wunsch von Freunden und Bekannten. Ob es sich auszahlt, weiß ich heute noch nicht, aber ich habe Vieles in den beiden Kriegen, in Krankenhäusern, im KZ und verschiedenen Gefängnissen mitgemacht, was sich auch nicht ausgezahlt hat, da geht's auf die Zeit, die ich für die Erinnerungen verbrauche, auch nicht mehr zusammen. Jedenfalls, den Geist hält es noch ein bißchen wach.

Weil ich grad bei den Bienen war – der Neffe, dem ich sie verkauft habe, ist inzwischen bei einem schweren Verkehrsunfall ums Leben gekommen, auch die Frau, seine Tochter und noch ein Insasse wurden schwer verletzt.

314

Es war 1972, und ich war gerade aus dem Krankenhaus ge-kommen, wo sie mir ein neues Hüftgelenk einsetzen wollten. Nach der ersten gesundheitlichen Untersuchung hat sich her-ausgestellt, daß man wegen Durchblutungs- und Kreislaufstö-rungen und Diabetes die Operation nicht mehr wagen könne. Da haben sie mich dann gleich ein paar Wochen behalten und viel getan mit Spritzen, Bädern, Wickel, Strecken und Tablet-ten. Geholfen hat es nicht viel, auch deshalb nicht, weil ich mich durch das Schreiben an diesen Zeilen, und weil ich keine Aufgabe mehr habe, halt viel zu wenig bewege.

Trotz guten Willens wird halt das Gehwerk immer schlech-ter. Wenn wenigstens meine Alte mit rausgehen könnte, würde es, glaube ich, schon noch gehen, aber die hat jetzt zu viel Ar-beit im Haus, weil ja auch die Tante Berta, die ihr immer viel abgenommen hat, bettlägrig wurde und im Spätherbst 1971 gestorben ist. Nun sind wir beiden Alten allein im Häuschen, und meine bessere Hälfte hat viel Arbeit mit Vermieten und im Winter mit dem Heizen der vielen Öfen.

Inzwischen ist auch der große Neubau fertig, für den sich mein Sohn und seine Kameraden den Urlaub von zwei Jahren aufge-spart hatten. Allerdings mußte erst eine Brücke über den Bach gebaut werden, weil es keine Zufahrt gab. Die Kosten haben meine zwei Nachbarn und mein Sohn übernommen.

Die schönen großen Eigentumswohnungen sind inzwischen schon bezogen. So eine Wohnung kann sich ein alleinverdie-nender Arbeiter weder als Eigentumswohnung noch in Miete leisten, es sei denn, er hat keine Kinder oder seine Frau arbeitet mit.

Ich fühle mich in so einer supermodern eingerichteten Wohnung nicht wohl, da traut man sich ja nirgends mit der Arbeitskleidung hinzusetzen oder gar hinzulegen. Auch die gleichbleibende Wärme in der Wohnung mit Zentralheizung ist nicht mein Geschmack. Da ist mir eine Küche oder Wohn-stube mit einer einfachen Couch und einem knisternden Ofen schon lieber. In eine solche moderne Wohnung passen auch meine Hirschgeweihe, die Gamskrucken und die Rehg´wich-teln nicht mehr hinein. Da müßte man schon einen Hobbyraum dafür haben, wie das heute heißt, und in dem das alte Gerümpel aufhängen.

Ich möchte, bevor ich nun Schluß mache, erwähnen, daß ich 1964 einen Bausparvertrag abgeschlossen habe, und als wir dann 1971 übergeben haben, hatten wir über 14 000 Mark mit Zinsen und Prämien angespart, das waren gut über 50 Prozent der Bausparsumme. Ich habe mir die Summe ausbezahlen lassen und zur Schuldentilgung der Sparkasse überwiesen. Auch die eingetragenen Grundschulden ließ ich löschen. Die Restschulden von etwa 7000 Mark mußte der Sohn übernehmen.

So ist die ganze Angelegenheit nun für mich erledigt, und ich bin mit meinem Bericht jetzt auch am Ende meiner 75 Jahre angelangt. Gott sei Dank!
Sie waren turbulent, hart, aber auch schön. Die schönste Zeit, die ich erlebt habe, war die bei den sonst so verschrieenen Preußen. Das sage ich als eingefleischter Bayer. Der Grund liegt darin, daß man dort als Mensch akzeptiert und geachtet wird und auch meine Leistungen entsprechend honoriert wurden.
Ich habe die stille Hoffnung, daß sie auch in meiner Heimat eines Tages noch zur Einsicht kommen.

Zur Erinnerung
im Gebete

an Herrn

Josef Roith

„Loffer-Sepp"

* 6. 1. 1897   † 22. 10. 1974

———

Ach, Du hast jetzt überwunden
Viele harte, schwere Stunden,
Manchen Tag und manche Nacht.
Hast in Schmerzen zugebracht.
Standhaft hast Du sie ertragen
Deine Leiden, Deine Plagen
Bis der Tod Dein Auge brach.

Josef Roith

GLOSSAR

abbuckeln: demütiges, reuiges Verhalten zeigen

anbreiten: das im Haufen daliegende Gras zum Trocknen weitflächig mit der Gabel verstreuen

anfleddern: ein Wild nicht richtig treffen, waidwund schießen

aufgantern: auf einer Unterlage deponieren

Boggerlbahn: kleine Diesellock mit Loren (Schmalspur)

brocken: pflücken

Buga(t), die: Hüttenbett

Bulldog, der: Traktor

CIC: „Counter Intelligence Corps" – amerikanische Abteilung für Gegenspionage

Daxen, die: Zweige von Nadelbäumen

Dirn, die: Magd

einbrocken: in Bröckchen brechen und in Milch, Suppe oder Kaffee einweichen

Entente: verbündete Siegermächte des I. Weltkrieges

Faschinen, die: mit Draht gebündelte Zweige, oft von Weiden, zur Uferbefestigung, die dort Wurzeln schlagen sollen

Fourage, die: Lebensmittel, Futter, Proviant

Freibank, die: private Verkaufsstelle am Schlachthof für Fleisch, das bei der Fleischbeschau als nur bedingt tauglich abgestempelt wurde

Fuchzgerl, das: Fünfzigpfenningstück

Gäufahrt, Fahrt in den Gau (Umgebung), um (hier Schlachttiere) einzukaufen

Ganterbaum, der: Auflegbaum für Langholz

Glangerer, der: Spottname, Mensch, der glangri ist, auf etwas Lust hat, etwas will

Gosche(n), die: vorlautes Mundwerk

grammeln: Auskämmen der getrockneten Flachsfaserbündel

Grandln, die: runde Backenzähne des Rotwildes, gerne als Schmuckstück in Silber gefaßt

Griff, der: mit Eisenspitze versehener schwerer Hebel bei der Holzarbeit

Guatl, das: Lutschbonbon

gungeln: gemütliches Zusammenkommen an Winterabenden

318

Haber, der: grob geriebene, gekochte Kartoffeln, mit Mehl bestäubt und mit reichlich Fett in der Pfanne gebraten

Hafen, der: großes (irdenes) Gefäß; Schüssel, Topf

Heiter, der: negativer Ausdruck für störrisches Pferd, auch auf Menschen übertragen

Henkelmann: verschließbares, zweiteiliges Blechgefäß mit Henkel

Holzleg, die: Schuppen, in dem Holz gestapelt wird

Hunte, die: Braunkohlewagen

Jager: Kaiserjäger, österreichische Infanterie-Eliteeinheit

Josefitag: ehemaliger kirchlicher und gesetzlicher Feiertag am 19. März, wie mehrere andere katholische Namenstage inzwischen als Feiertag abgeschafft

Kalfakter, der: Gehilfe

Kipf, der: Aufsteckholz an den Wagenseiten, um mit Brettern die Ladehöhe vergrößern zu können

Knicker, der: feststehendes Jagdmesser

Koat, das: Humus

Köchel, der: Erhebung in einem Moos, im Murnauer Moos bewaldete Kalkhügel

Kokarden, die: runde Nationalitäten-Kennzeichen bei der Militärausrüstung

Laine, die: Bach

Lafette, die: Untergestell für Geschütze

Leiber, die: Angehörige des bayerischen Leibregimentes

Lus, der: Stück Land, das bei der Verteilung von unkultivierten Gründen verlost wurde

Luser, die: jägersprachlich für Lauscher, Ohren

Marketenderei, die: Gemischtwarenladen

Maulaff, der: geschwätziger Mensch

Mesmer, der: für Mesner (Küster) – (hier Hausname)

Metze, die: altes Getreidemaß unterschiedlichen Umfanges mit 20 Liter Inhalt

Protze, die: bespannbarer, zweirädriger Geschütz-Transportwagen

Ranken, der: Brocken

Remise, die: Unterstellhalle für Wägen

Remonte, die: in Ausbildung befindliches Militärpferd

retirieren: zurückweichen, sich zurückziehen

roßmuckig: sommersprossig

Russn, die: für Küchenschaben

Salettl, das: Pavillon, Laube, Gartenhäuschen

Sapie, der: langstieliges Holzfällerwerkzeug mit Haken zum Wenden und Ziehen von Holz

Schaffl, das: Eisenwanne

Schlenkertag: Tag zu Lichtmess (2. Januar), an dem die Dienstboten »schlenkeln« (müßig herumgehen), weil sie den Dienstherren wechseln (»aus- und einstehen«)

Schneid, der: Mut, Courage

Schupfen, der: Schuppen

Schwabn, die: für Motten, Küchenschaben

Schwaige, die: Sennhütte mit zugehöriger Alm

Schweiß, der: Jägersprache für Blut

Siele, die: Zugriemen am Geschirr der Zugtiere

Silberer, der: Silberschmied

Speis, die: Vorratsraum, meist neben der Küche

Spielbuam: Angehörige eines Jahrganges, die anlässlich ihrer Musterung mit Musik durch den Ort ziehen.

Stadel, der: Schuppen

Starzer, der: freier Nachlaufschlitten für Langholztransport mit nach hinten ragender fester Deichsel, vom »Braxer« geführt

Ster, der: altes Raummaß für Holz, Raummeter

Streb-Drische, die: um eine Stange aufgeschichtetes, getrocknetes Schilf als Einstreu im Stall

Stuck, das: weibliches Rotwild

Taferl, das: kleine Tafel mit Aufschrift des Vereins oder des Gruppennamens, bei Aufmärschen von Kindern vorangetragen

Umgang, der: Prozession oder zeremonielles Umgehen z.B. der Felder oder der Kirche

Watschen, die: Ohrfeigen

Watschen-Tanz: oberbayerischer folkloristischer Tanz für Touristen

watten: bayerisches Kartenspiel

Weichseln, die: Sauerkirschen

Wiegsäge (Wiagsog), die: Blattsäge mit zwei Griffen, von zwei Mann zu handhaben

Woigler, der: schwerer Rausch

Zapfen, der: Rausch

Zeiserl, das: Zeisig

Zeiserlwagen: vergitterter Gefangenentransportwagen, hergeleitet von Zeisigkäfig

zwirchen: ein erlegtes Wild zerlegen